Yuyi
Jiaoyu Jiaoxue
Sixiang Gaiyao

教育教学思想概要

于漪教育教学思想研究中心
组织编写

王荣华　王　平
主编

上海教育出版社
SHANGHAI EDUCATIONAL PUBLISHING HOUSE

本 书 编 委

组织编写 于漪教育教学思想研究中心

主　　编 王荣华　王 平

编写人员 陈　军　兰保民　谭轶斌
　　　　　　黄　音　孙宗良　金　薇
　　　　　　黄荣华　马玉文　王　友

目录

开篇   1
导语   1

第一讲　基础教育责任大于天   1
思想旨要   1
简明解读   2
    一、为人的终身发展奠基   4
    二、牢牢树立"全面育人观"   6
    三、培养有一颗中国心的现代文明人   9
    四、以教育自信创建自信的教育   11

第二讲　牢固树立以学生为本的核心理念   15
思想旨要   15
简明解读   17
    一、学生是教育的第一立场   17
    二、发展是学生的基本权利   21
    三、以素质教育促进学生全面发展   27

第三讲　追求育人真谛   31
思想旨要   31

简明解读	32
一、寻找育人准星	33
二、聚焦育人内涵	36
三、精耕细作的"育人"过程	43

第四讲　深入学生世界,勘探成长奥秘　49

思想旨要	49
简明解读	50
一、解读精神成长的密码	51
二、为精神成长赋能	58

第五讲　课堂质量决定学生的质量　64

思想旨要	64
简明解读	65
一、核心理念:实现全人教育	65
二、教学追求:攻坚克难,多管齐下	70
三、课堂定位:学生是学习的主人	76

第六讲　德智融合,滴灌生命之魂　84

思想旨要	84
简明解读	85
一、课堂教学:立德树人的主阵地	85
二、德智融合:滴灌生命之魂的探索	87
三、交响进行:等待充分的创新	96

第七讲 学科性质的时代篇章　102
思想旨要　102
简明解读　103
  一、时代召唤下的一锤定音　103
  二、多维度学理探索　108
  三、实践中的尴尬与希望　116

第八讲 内外贯通，拥抱生活天地　119
思想旨要　119
简明解读　120
  一、何为"内""外"　120
  二、"内外贯通"的必然性　121
  三、"内外贯通"的三个维度　123
  四、在生命体验中实现文化大贯通　131

第九讲 办学的战略意识与战役本领　138
思想旨要　138
简明解读　139
  一、战略意识决定办学格局　140
  二、历练战役本领　144
  三、攀登教育家高峰　151

第十讲 自我修为，学做人师　156
思想旨要　156
简明解读　157

一、深度觉醒:让生命与使命结伴同行　　157
二、永远求索:一辈子做教师,一辈子学做教师　　165
三、大基本功:真功夫是学术功底的展现　　171

第十一讲　薪火相传,让青春闪放光辉　　178
思想旨要　　178
简明解读　　179
一、后继有人的非凡意义　　180
二、创建活的教育学　　184
三、创新教师教育的多种形式　　188
四、关键在于博大胸怀　　191

第十二讲　人文精神铸就思想风骨　　197
思想旨要　　197
简明解读　　198
一、捧向教育的一颗丹心　　200
二、向教育的人文传统致敬　　205
三、尖锐的宽厚,冷峻的温暖　　209
四、通向人文主义理想教育建设　　216

后记　　217

开 篇

一

我们解读于漪和她的教育教学思想,先要学习中共中央、国务院对她的有关评价,中央对她卓越工作的定性和深刻思想的定位是我们学习于漪的总指导。

2018年12月,中共中央、国务院作出关于表彰改革开放杰出贡献人员的决定,于漪是受表彰的"改革先锋"中唯一的教师代表;2019年,新中国成立70周年大庆,中共中央、国务院表彰各行各业杰出的英雄人物,《中华人民共和国主席令》(第三十四号)授予于漪"人民教育家"国家荣誉称号,她是全国千百万中小学教师中的唯一代表。

中央庆祝改革开放40周年表彰工作领导小组办公室编写的《改革先锋风采录》对于漪的教育贡献有三方面评价,即"教文育人的旗手""时代师表的楷模"和"教育改革的先锋"。

习近平总书记对于千百万人民教师有极为深切的期望,提出了"四有"要求,即"有理想信念,有道德情操,有扎实学识,有仁爱之心"。于漪用70年从教实践,为我们做出了"四有"示范。遵循党的教育方针的"旗手"形象,在基础教育领域近70年实践的"楷模"精神,对于中国基础教育学理论创造的"先锋"学术……是于漪作为一个大写的"人"的精神风骨,也是于漪作为新中国人民教育家的显著特征。

二

我们解读于漪和她的教育教学思想,必须读她的论著。

于漪的理论建设和实践探索的成果基本呈现在《于漪全集》之中。这部中国教育有史以来第一部由基础教育教师所著的"全集"共21卷,近600万字,以共和国基础教育发展史为经,以于漪个人的阶段性学术创造为纬,全面反映了中国共产党培育的人民教育家于漪的学术世界和思想历程。无论是在实践上,还是在理论上,它最突出的贡献在于:用生动的实例,见证了中国共产党领导下的新中国的中小学基础教育的伟大实践;用丰富的成果,体现了社会主义制度下的基础教育体制与政策的优越性;用卓越的创造,构建了以党的教育方针为指导思想的新中国基础教育学的思想模型;用多彩的智慧,展示了一名中国共产党人在基础教育三尺讲台上的近70年艺术人生。"全集"无疑是我们初步认识于漪、初步学习于漪教育教学思想的生动教材。

三

于漪是新中国的人民教育家。我们解读于漪和她的教育教学思想,最核心的内容就是理解于漪作为新中国培养的人民教育家的创造价值。新中国是于漪不同于历史上任何一位教育家的时代属性。这个属性的标志称号就是"人民"。于漪一方面具有鲜明的"草根性",她和千百万教师一样,忠诚、执着、朴实。当班主任,带"乱班";当年级组长,全面负责学生成长。她始终是一个普通的中学教师,是人民中的一分子。另一方面又具有卓越的"先进性",她是党的女儿,是人民的服务员,又是民族的先锋战士。她让先进的教育理念在三尺讲台上开花结果。她把课上到学生心坎上,她的学术始终体现着民族精神、国家意识、党性原则和人民立场,这也是她作为一名教育家的政治性格所在。"草根性"萌发了她翻身做主的深厚情感;"先进性"催生了她为人民服务的责任担当。

于漪反复强调的思想誓言是:"我觉得一辈子肩上都挑着千斤重担,一个肩膀挑着学生的现在,一个肩膀挑着国家的未来。因为今天的教育质量就是明天的国民素质,所以我不敢有丝毫懈怠。"

于漪的所作所为和论文论著都以党的教育方针为思想立意制高点,都以国家和人民的迫切需要为理论研究的总课题。在中华民族伟大复兴这一根本利益上,于漪的政治眼力极为敏锐,人民立场极为坚定。例如关于"人文性"的教育讨论,于漪的讲话和专论的主线,一方面串起20世纪50年代的思想政治教育观、80年代倡导的知识能力观、90年代提出的个性化与人本观,以及21世纪以来所躬行践履的德智融合观;另一方面又跳出教育教学一技一艺之论,而从民族生存的高度来看当代青少年的人文精神成长。她总是把人的基本人格形成、党的事业接班人和社会主义建设者的政治选择与有着中国心的一代新人的世界视野融为一体,形成立体维度,从而提出中华民族新一代积极面向现代化、面向世界、面向未来的新精神。

正是因为具有强健和宏阔的政治格局,于漪教育教学思想所涉及的政治思想学习、民族文化认同、教师时代责任、人民教师"师魂",以及教育教学改革、国家教材编制与课程标准审订等重大教育问题,都展现了广阔的学术视野,体现了鲜明的政治抉择,表达了坚定的道路自信。

四

于漪的学术创造在于第一次总结了新中国基础教育领域的典范人物的先进经验与教育思想。

中国是一个教育大国,有着极为深厚的文化传统,诞生了一个又一个伟大的教育家。自中国共产党开天辟地诞生并创建新中国以来,基础教育的社会主义特性同样需要更多的教育家进行理论创造。新中国实施的教育不同于历史上任何一个时期的教育,必须关心每一个公民在极度贫穷中获得知识翻身;必须解决东西南北中不同文化地域的思想建设问题;必须从德智体美劳等多方面实施全人教育……所有这些都是中国共产党所担负的重大责任。怎样在新中国的社会主义制度下充分发挥教育的创造力？于漪作为一个立足于三尺讲台的一线"人民教师"的典型形象，为我们呈现了充分的实践见证和理论概括。《于漪全集》填补了这一空白。"全集"出版后，受到全国各地中小学教师的欢迎，这无疑反映了一个事实：于漪的思想应和着一线教师的精神律动和理论需求。同时也说明：于漪就是千百万中小学教师的"这一个"，她的教育经验也就是千百万中小学教师的经验，她的理论见识也就是千百万中小学教师的共识。比如：她的"一辈子做教师，一辈子学做教师"的为师之道；她的"教育就是立魂立根，在学生心田植爱国主义的根，植民族精神的根"这一育人的目的；她创立全国第一个教师学研究会，指出"让中国教育在世界上有话语权，要有中国教师自己的教师学"，同时用生动的构思和实践，探索了中国式的教师教育之路；等等。于漪是当代中国基础教育的典型，其思想高度也就是当代中国基础教育的一个时代刻度。在党的十八大以来反复强调道路自信、理论自信、制度自信、文化自信的这一新时代，第一次总结中国基础教育领域的典型思想，无疑是探索中国教育社会主义特色道路的重要举措。于漪所取得的这一理论成果，无疑是作为全世界最大基础教育实体的中国在当代的一项来自实践一线的学术积累。于漪所总结的学科经验凝聚着中小学各学科的共性。

五

于漪为新时代中国特色基础教育贡献了高超的教育艺术范例。

于漪是在讲台上成长起来的教育家，她的理论和思想都写在教育大地上。她的思想是在教育现场直接解决现实问题的过程中而丰富起来的，她的知和行都有着滚烫的现实感。近600万言的大著，呈现了千百节公开课教学画面，叙述了千百个映现着青少年心灵的教育故事，也剖析了无数个教育设计的巧思……于漪教育教学思想洋溢着鲜活的教育艺术性。不少读者说他们把《于漪全集》"当作小说来读""当作诗来读"。《于漪全集》的学术创造，在于她创造了一个充满泥土芬芳的"活"的教育学。活生生的人,活生生的课堂,活生生的教学,达成活生生的人生,这就是于漪教育艺术的丰姿。作为教育家的于漪,其本身就是一个鲜活人生的楷模。"于漪教育教学思想"也塑造了"于漪生命形象"。

于漪的生命形象无疑是新时代中国教师形象的化身。在实现中华民族伟大复兴的征途上,在办好全世界最大最强的基础教育的伟大创造中,于漪用她的思想写出了一个"于漪",也呼唤着更多的新一代"于漪"。

陈 军

导语

中国基础教育界,出了一位"人民教育家",她叫于漪,被称为"教文育人的旗手""时代师表的楷模"和"教育改革的先锋"。这些荣誉或赞誉背后具有怎样的意义?《于漪教育教学思想概要》给我们提供了完整清晰的答案,这是一本读懂于漪的书,也是读懂她所经历的中国教育改革时代的一本独特的书。

其实,于漪本人何尝不是一本独特的大书?

我和于漪先生"相遇",可谓久矣。20年前,从北京回到上海之后,在叶澜先生的建议下,我选择了"语文"作为探入基础教育改革、把握"理实关系"的切入点和突破口。这个过程异常艰难,只凭当年"文学青年"的热爱与激情,还难以在语文教育教学的汪洋大海上乘风破浪,更不足以担起参与并推进语文教育教学改革的重任。当时,我做了一件至今仍然深以为幸并引以为豪的事情:聚焦于漪,几乎搜集齐了她在那个年代已经发表过的文章、书籍,包括典型的教育案例、教学课例等,一篇篇、一本本地细读、研读和磨读。有了如此经历之后,于漪的语文教育教学思想,就变成了我语文教育教学研究的根基。我可以自豪地说,于漪老师是我的语文世界的根底性人物。

于漪及其思想的意义,远不止于此。"语文"只是她教育教学思想版图的起点和载体。

于漪思想的特质,首先在于她基于语文,又超越语文,形成了自己的"教育观":"教育就是立魂立根,在学生心田植爱国主义的根,植民族精神的根。"很少有人像她那样,把语文教育和教育的根,如此深深地扎在民族和国家之中,她坚信:基础教育是给中国人打基础的,一定要有中国的根、民族精神的根和爱国主义的魂,这个根和魂才是最重要的。因此,她眼中的中国教育,就是培养有中国心的现代文明人,是有中国自信、中国自尊的,能够放眼世界的,为世界和平做贡献的人,也就是能真正屹立于世界民族之林的中国人。

然而,如此这般理解于漪思想的特性,仍然是一种"片面的不充分",除非我们深入于漪"教育教学思想"的世界之中。这是于漪教育教学思想的另一条根脉。能够从众多一线优秀教师中脱颖而出的于漪,其独树一帜在于:不仅具有难得的"理论自觉",而且有罕见的"教育学自觉",当众声喧哗于经验总结、操作模式和技术方法之时,她却发出了这样的声音:"建设有民族传统和时代特色的中国本土教育学,建立我们自己的教育话语权。"这是她超越众多普通教师之处:真心感受到思想的意义,真实体会到理论的价值,真切生发了创建教育学的需要。由此铸就了于漪教育教学思想的终极密码:通过将语文、教育观、民族文化、中国情怀和教育学联系起来,实现了根与根的相互连接、根与根的相互滋养、根与根的相互建构,毕现了于漪教育教学思想的发展之路——从"出经验"到"出思想",从"出思想"到"出理论",再从"出理论"到"出中国教育学";这是把关于教育实践的"认识"变成教育理论的"见识"的过程,更是把教育理论的"见识"转化为教育学的"卓识"的过程。

于漪的教育学,是"中国教育学",不是西方教育学的经验、思想与理论在中国的"本土化",她的教育学,就是中国经验、中国理论,就是"中国教育学",是只有"在中国"才能出现的教育学。这构成了于漪的责任与使命:以教育自信创建自信的教育,以自信的中国教育创建自信的中国教育学。

于漪的教育学,是"活的教育学",是有着活泼泼的实践经验和生命体验的教育学,归根结底,是从于漪的个体生命中"长出来"的教育学。从教70年来,她把自我的生命融入课堂中,放在教育里,让教育与课堂有了因她而来的热血与魂魄、梦想与思想,促成生命与课堂、生命与教育、生命与教育学之间的互释、互证和互构,既造就了日趋阔达、澎湃的个体生命,又成就了充满生命感、本真感、实践感的教育学,通过"教我合一""文我合一""思我合一",在教育经验、教育思想与生命之间,在中国文化精神与个体生命之间建立了一种血肉联系。由此生成的教育学,具有切肤的生命体验、真切的生命情感,具备了有体温、可触摸和能呼吸的独特生命样态。这样的教育学,不再只是活在书本和文字之中,而是活在她的生命之中,活在她日常的所思所想所行之中。通过70年的教育生命,于漪把教育学活在了自己的生命之中,活在了课堂上,真正凝聚为她一直期待的"活的教育理论"。这种从生命中长出来的教育学,注定是一个持续积累生长的过程,《慎子·知忠》曾云:"廊庙之材,盖非一木之枝也;粹白之裘,盖非一狐之皮也。"一木不成廊庙,一腋难续白裘,一言鲜为文章,同样,于漪的"活的教育学",通过近600万字的《于漪全集》和这本《于漪教育教学思想概要》,印证了"累积的力量",见证了"坚持的力量",其中所经历的坎坷泥泞,布满了整个路途,但泥泞的路上才能留下脚印。

这本"活的教育学",既活在于漪的生命中,也活在其所经历的时代里,是一个人的教育教学思想与时代精神交融共生的产物。无论是"于漪之问"——"育分还是育人""教育怎样推动创新人才培养",还是"于漪之忧"——"教育安全之忧""国家安全之忧",以及全部的"于漪之学",都与其所经历的教育变革的大时代有关。与所有的教育家一样,于漪有着超乎寻常的对时代变迁的敏感,对时代精神的体察,并善于在潮起潮落、声沸声歇中明辨教育的本真声音,在风从何起、涌至何归模糊不清之时,指明教育的根本方向,进而结合自身的生命实践,解决教育改革的时代难题,化解时代困惑。她既是我们时代教育敏锐的批评家,又是高超的建筑家,她为这个时代的中国基础教育改革与发展,提供了充满"于漪风范"、鲜明"于漪标识"的"于漪方案"。

由于有了这本"活的教育学",并且活在了于漪的生命及其所处的时代里,因而活出了"人民教育家"的典范和标杆,成为"有理想信念,有道德情操,有扎实学识,有仁爱之心"的"四有"好教师典范,成为中国人民教师的典范、中国语文教育改革的典范、中国教师学和基础教育学思想的典范,化为当代中国教育家的新标杆。其标杆意义在于提出并回答了如下问题:有没有从自己的生命实践中长出教育教学的思想?有没有把这些思想在自己的生命中、在自己的课堂上活出来,成为一种"活的教育学"?这就是于漪教育教学思想的标杆意义:她在理实贯通、内外贯通和德智贯通中,活出了作为一位中国人民教师的情怀与胸怀、风骨与精神、理念与思想。

我相信,多年以后,我们依然可以确定不疑地说:这是一位贡献了充满中国泥土芬芳的"活的教育学"的人民教育家。这既是于漪及其思想的价值,也是《于漪教育教学思想概要》的意义:除了帮助我们在人与文化同构共生、人与时代同频共振的意义上,读懂于漪这个人,读懂这位当代人民教育家的文章气脉,感受其大格局与深见识,以及那种"尖锐的宽厚,冷峻的温暖"等之外,同时也蕴含了一种期待:倘若能由此孕育并催生未来新一代的于漪,则功莫大焉。无论如何,在迈向高质量教育体系的新征程中,中国需要更多的"于漪",需要更多像她那样创建了"活的教育学"的人民教育家。

李政涛

第一讲

基础教育责任大于天

 **思想旨要**

本讲主要揭示于漪的基础教育观。

毋庸讳言,相比于高等教育,基础教育在不少人眼中是没有什么分量的。针对这种偏见,于漪倾其毕生之力"为基础教育鼓与呼",这并不是出于她自己是一名基础教育领域的教师这一本位立场,而是源自她对学生终身发展的殷殷关切,源自她对国家建设和民族振兴战略的深刻思考。

在她看来,基础教育从事的是人的基本建设,给人的思想道德、行为习惯、科学文化打基础,为其终身发展奠基。一个人能不能和谐发展,能不能充分地释放潜能,成就人生,相当程度上取决于他在青少年时期所接受的基础教育质量。为此,就要时刻把"人"放在第一位,牢牢树立"全面育人观",聚焦在学生的全面发展和终身发展上。无论是学校办学,还是学科教学,都要时刻警惕功利思想和浮躁心态的侵蚀,时刻警惕落入"育分"而不"育人"的泥潭。

就国家和民族的发展而言,今天的基础教育,就是明天的国民素质和未来的民族性格,它直接关系到国家在国际格局中能否形成人力资源的优势,关系到国家建设和发展是否有后劲,关系到中华民族伟大复兴的宏图大业,其战略地位和战略意义绝不可等闲视之。因此,基础教育必须面向大众,面向全体学生,敬畏每个孩子的生命,用心倾听每个孩子的生命呼唤,充分激发每个生命个体的多元智能,而绝不应局限于英才教育,片面追求培养优秀创新人才。

正是因为基础教育关乎国家战略,教育安全关乎国家安全,因此,于漪对我们的教育应该培养怎样的人这一问题,给出的回答掷地有声:中国的基础教育,就是要培养有一颗中国心的现代文明人,要培养有中国自信、中国自尊的,能放眼世界的,为世界和平做贡献的人,也就是能真正屹立于世界民族之林的中国人。而在中国的土地上办教育,就一定要坚持走中国特色的教育发展之路,以教育自信创建自信的教育。

习近平总书记在 2016 年 5 月 17 日哲学社会科学工作座谈会上发表重要讲话,提出了"面对世界范围内各种思想文化交流交融交锋的新形势,如何加快建设社会主义文化强国、增强文化软实力、提高我国在国际上的话语权"的战略任务。于漪用她的思考,从基础教育领域积极响应总书记的号召。她认为,中国教育崛起的过程,必然是中国教育话语崛起的过程,中国基础教育理应树立自信,建立自己的教育话语权和理论体系,因为我们有大量的教育实践、教育硕果做支撑,有丹心与智慧浇铸而成的许许多多教书育人的经验做支撑。

简明解读

于漪的教育生命基本上是与新中国同步成长的。新中国诞生后不久,她就参加了教育工作,从此以后便一直坚守在基础教育第一线,伴着新中国成长历程的风风雨雨,摸爬滚打,耕耘探索,毕生从教,甘苦备尝。几十年来,她以高尚的师德修养、深厚的学术功底、精湛的育人技艺和无私的奉献精神,与党和国家的基础教育事业同呼吸、共命运,为基础教育发展殚精竭虑,鼓呼呐喊,献计献策,并在长期实践探索基础上展开系统思考和理论构建,形成了一套完整的教育教学思想体系。因此我们说,她是新中国培养出来的第一代人民教育家。

于漪的教育履历,说起来真的很简单。1951年大学毕业后,除了在华东人民革命大学附属工农速成中学教过几年文化课,自1958年后,她就一直在同一所学校工作。虽然这所学校几度更名,几度变更招生对象,但她从未再换过任何其他单位。

但要说特别也确实够特别的。她毕业于复旦大学,读的是教育系,参加工作后的头几年,教的却是基础文化课(主要是识字)和历史课,其间还出版了两本带有知识普及性的历史著作。没过不久,因学校缺语文教师,党支部书记的一句"工作需要",就让这名非中文系科班出身的教师,从此与语文教学结下了不解之缘。在这期间,除教语文外,她长期担任落后班班主任和全校秩序最差年级的年级组长,先后做过教研组长、教导主任、校长等职务,可以说,差不多学校里凡有的各种角色,她都有相当的深度体验。从20世纪70年代末开始,她还连续担任了五届上海市人大代表、三届市人大常委会委员、两届市人大常委会教科文卫副主任委员。

人们不禁要问,作为一名地地道道的基层一线教师,尤其是从事基础教育工作的一线教师,于漪被党和国家授予"人民教育家"的荣誉称号,凭的是什么?这就要求我们必须认真思考这样一个问题:怎样的人才能称为"教育家"。对此,除了相关文件以党和国家的名义所给的"教文育人的旗手""时代师表的楷模""教育改革的先锋"等定论,学术界同时也展开了思考。复旦大学哲学教授张汝伦先生在系统研究了她的著作后这样说:"盖教育家者,不仅要有长期的教学实践和教学管理的经验,而且要有自己的教育理念,或者说教育哲学,能够把自己的教育理念贯彻到他（她）所从事的一切教育工作中，并且形成系统的思想。于漪就是难得的这样的优秀教师兼教育家。"①

实践和经验，思想和理念，可以说古今中外所有教育家都在这两个层面达到了相当高度，于漪当然也不例外。近600万字的皇皇巨著，标志了她的思想高度；而在实践层面，无论是做教师当校长，还是在其他工作领域，她都有着令人仰视的卓越建树。作为一名教师，哪怕只在一个方面能够抵达她的高度，就已经很了不起了，而于漪却几乎在每一个领域都树立起了标杆。这是她与众多教育家的相同之处。而要说她有什么不同之处，可能恰恰就在于人们对这位人民教育家之所以充满好奇的地方：她来自教学一线，她从事的是基础教育，她是一名地地道道的"草根教师"。

于漪曾经在不同时间、不同场合自称"草根教师"，这虽然是一种谦虚的说法，但无意中也准确地揭示了她作为人民教育家的鲜明特质。因为凡是草根，无一不是深植于大地，带着田野里的泥土芬芳，具有坚韧的生命力、强大的孕育力和创造力的。作为一名终生从教的人民教育家，于漪站定在讲台上，成长于课堂中，直面新中国基础教育的现实，在教育教学第一线孜孜矻矻，躬行深思，从而形成了她对基础教育规律的深刻认识和鲜活阐述。

因此我们认为，"草根性"是于漪作为教育家的独特个性，同样也是她教育教学思想的基本特点。这三个字，至少揭示了两个特点：第一，于漪教育教学思想所关注的，主要集中在整个教育体系中的基础教育领域。第二，于漪的教育教学思想，不是写在从理论到理论的高楼大厦里，而是写在倾其毕生之力所奉献着的基础教育教学实践大地上。

一、为人的终身发展奠基

基础教育的主要任务是什么？它是向每个人提供为一切人所共有的最低限度的知识、观点、社会准则和经验的教育。它的目的是使每一个人能够发挥

---

① 张汝伦.人文主义的教育理念——于漪教育思想管窥[J].上海教育，2019(1)：16.

自己的潜力、创造性和批判精神,以实现自己的抱负和获得幸福,并成为一个有益的公民和生产者,对所属的社会发展贡献力量。可见,基础教育有它特定的任务,那就是为学生的终身发展奠基。在基础教育阶段,要把人类文明发展过程中所积累下来的最基本、最核心的知识、经验、价值、准则,在孩子心智发展最活跃的阶段,提供给他们,目的是激发他们自身的发展潜力和创造力,在自我不断得到建设与完善的基础上,成为一个对他人、对社会、对国家、对人类有所贡献的人。

正因为如此,于漪特别强调基础教育在整个教育体系中的战略地位和战略意义。"百年大计,教育为本",而基础教育则是本中之本[1]。人在基础教育阶段所接受的教育,是基本生理的、心理的、思想的、道德的、科学的、文化的教育,没有良好的基础教育,学生人生的根系就扎得不深,就发育得不够粗壮,其后续的发展就会受到严重影响。同时,基础教育又承担着塑造未来民族性格和提升整体国民素质的重任,它是面向大众、面向全体学生的教育,在国家发展和民族振兴的历史征程上具有重要的战略意义[2]。

但是,在当前时代背景下,基础教育从来没有像现在这样让全社会如此关注,同时也从来没有像现在这样经受着来自各方面的考验,多元文化背景下的价值观分歧疏离着教育的正确走向,经济社会的功利选择冲击着教育的基本底线,网络传媒的放大效应削弱着教育的公信力,海量的冗杂信息消解着教育的育人功能。所有这些,让基础教育承受着不能承受之沉重,忍受着不能忍受之痛苦,经受着不能经受之迷茫。于是在外部,批评指责的声音不绝于耳;而内部,则奇论迭出,乱象丛生,堂而皇之的标语口号满天飞,而违情悖理的荒谬做法司空见惯。

而个别对基础教育了解不深的高校教师,又会对基础教育的专业性、重要

---

[1] 于漪.于漪全集:第1卷[M].上海:上海教育出版社,2018:80.
[2] 同[1]124-126.

性提出这样那样的质疑。

随着经济社会的不断发展和市场经济的日益繁荣,急功近利的思想也应运而生。这种思想同样深刻地影响了基础教育。为了将来能够多赚钱,家长往往更多地关注孩子的考学、就业等问题,相应地,对教育的要求和评价,也往往停留在升学率、优秀率,以及与此密切相关的考试成绩等指标上。社会对教育的这种评价取向,必然会让教育内部的价值天平发生倾斜,于是教育内部的评价标准,也开始更多地关注学生的分数,出现了学校"育分不育人",学生"求学不读书"的现象。与这种功利化的教育观相呼应的,就是对技术、工具和量化标准的不恰当的强调和重视,尤其是在精英教育价值观主导下的"择校风",以及各种以超前教学、过度学习为主导的校外补习班,更是给基础教育的基本价值带来了巨大冲击,同时加剧了家长的焦虑,在某种程度上带来了一些社会矛盾。

就是在这样的时代语境中,于漪拨开乱象的丛莽,穿透喧嚣的聒噪,向人们鲜明地提出基础教育应该坚守的价值观:面向大众,面向全体,为人的终身发展奠基,为国家发展、民族未来奠基。针对片面质量观,于漪强调平等教育的重要性;针对学校办学的泛技术化倾向,于漪呼吁校长要超越"技术办学",思考"文化育人",要研究人,研究学生和教师;针对超前教育及与此相关的诸多功利之举,于漪呼吁尊重学生成长规律,将"一切为了学生发展"的教育目标真正落到实处。她站在人的整体建设的人文高度和国家民族未来发展的战略高度,审视基础教育的价值和责任,既让人们认识到了基础教育在整个国家发展战略中的重要性,也让每一位基础教育工作者体会到了自己肩头沉甸甸的重担。

如果我们深入阅读于漪关于基础教育的相关论述,就会发现,其中有价值层面的引领,有方法层面的指导;既有宏观的视野,也有具体的分析。这些论述,不仅有益于校长深入思考如何把握学校教育的正确方向,而且为广大一线教师深入理解教育教学问题,提供了非常重要的思想资源。

二、牢牢树立"全面育人观"

于漪的"全面育人观",就是她一直强调的"既教书,又育人",也是她"胸中

有书,目中有人"的思想结晶。

生命如花,青少年学生的生命更是一朵朵鲜艳的、生机勃勃的花朵。怎样让学生茁壮成长,让生命的花朵迎着朝阳灿烂绽放,教育,尤其是基础教育,有许许多多工作要做。于漪聚焦在学生精神生命的培育和发展这一核心,从教育本质的探寻、文化语境的审视和教学现状的剖析等维度,多层面地阐述了她的"育人观"。从于漪的诸多论述中我们不难发现,于漪是站在人性的高度和文化的视角来看待每一个学生的。因此,她的育人观具有浓郁的人文色彩,是具有强烈的生命情怀的教育观。

从人性的角度,于漪正视学生心灵世界的丰富性,正视不同学生个体的差异性,关注学生成长过程中的烦恼和失意,坚持将学生心灵发育作为一个完整的连续体来看待,反对机械割裂,反对重"智"轻"德"、重"术"轻"人",对那些将学生的宝贵生命放在分数至上的祭坛上,以满足学校、家长和教师功利需求的做法,表达了强烈的愤慨,提出了尖锐的批评,呼唤人们"要从心底里敬畏孩子的生命"。这种人性视角和生命情怀,具有情感的温度和直指人心的力量。

在于漪看来,要切实落实"一切为了学生发展",既不能靠生硬灌输来完成,也不能靠空洞说教来达致,更不能靠机械操练来实现。教育教学重"术"而轻"人",忽视心灵世界的滋养与提升,学生就会缺少精神支柱的支撑,落入"技术主义"的桎梏[①]。心灵的发育和成长是一个隐性的、连续的过程,是一个"由情而理,由直觉反映而本质探究,由低级而高级"的连续体,因此只有注重熏陶感染和潜移默化,方能收到春风化雨、润物无声的效果。要真正"走进学生世界",用教育教学的吸引力和感染力,拨动学生的心弦,引发他们心灵的共鸣,用文化的甘露和智慧的琼浆,滴灌学生德性与智性的生命成长。

在教学中常常会有一种不良的倾向,就是无论数理学科还是人文学科,有些教师过于强调知识、技能和方法的传授,而不太重视学生情感的激发和价值

---

① 于漪.于漪全集:第2卷[M].上海:上海教育出版社,2018:205.

观的引导。有的教师把训练当作制胜的唯一法宝,机械训练、强化训练、标准化训练在不少课堂上仍然司空见惯,这说到底还是对"教书"与"育人"的关系问题存在模糊认识。那么究竟应该怎样认识二者的关系呢?

关于这个问题,于漪的诸多著述,对于廓清我们的认识,深化我们的理解,有诸多助益。早在1978年,针对当时不少人片面强调语文学科的工具性,忽视乃至否定语文学科的思想教育价值的情况,于漪就著文立论,旗帜鲜明地提出了"既教文,又教人"的思想。于漪的这一思想,不仅对语文教学有指导意义,对任何学科,包括数理学科,同样具有借鉴价值。无论什么学科,教师的教学,无一例外都是以特定学科的知识体系和能力框架为载体,发展学生的智力,提升学生的德性。因此,任何学科的教学,都是"教书"与"育人"密切结合的过程,用于漪的话说,就是"教书要为育人服务"。"真正的教育"是引导人的精神达到高处的真实之境,是人生境界的提升;知识技能则是帮助精神攀升的阶梯①。科学文化基础在中小学要力求少而精,力戒多而杂,知识传授和能力培养要尊重学生成长的规律②,聚焦于培养学生的核心素养,为学生的终身发展植入知识和能力的"核"动力,切不可舍本逐末,拔苗助长,迷信超前学习,一味机械训练,泯灭孩子的好奇心、求知欲和学习探究的兴趣。

在于漪的教育教学思想中,"教书"与"育人"是一体之两端,相辅相成。"教书"如果脱离了"育人"的价值引领和目标导向,就会被功利所绑架,被技术所俘虏;而"育人"如果不能够贯彻在"教书"扎扎实实的实践行动中,落实到课堂教学和学校教育的每一个环节中,那么就不能够收获滴灌心灵、培养智性与德性之效。

"全面育人观"是于漪一以贯之的基本的核心的思想。从1978年起直至今天,于漪多次撰文,或发表演说,强调"教书育人"的重要性。为什么要不厌其烦

---

① 于漪.于漪全集:第2卷[M].上海:上海教育出版社,2018:214.
② 于漪.于漪全集:第1卷[M].上海:上海教育出版社,2018:217.

地反复述说呢？因为教育的现实生态往往不能令人满意，而是受到这样那样的思潮或力量的影响，导致教育在"教书"与"育人"两端失衡。因此我们会发现，当"育人"流于空泛而无所依托的时候，于漪会重点强调"教书"之于"育人"的重要性；而当"育人"价值受到忽视，在教育教学实践行动中不断弱化乃至流失的时候，她必然会强调"育人"目标的重要性。无论是就基础教育的整体情况而言，还是就语文教学而言，莫不如此。而现实状况往往是，教育总是更多地受到功利价值观和工具理性、技术主义的影响，因此，于漪对"教书"的"育人价值"的流失所表达的忧思，则令人感到格外的深痛。

于漪在不同历史时期对于"教文育人""教书育人"的全面育人观的论述，让我们发现，"全面育人"总是与具体的教育实践或教育现实密切联系在一起的。这些论述，有的针对"机械操练"而发，有的针对"标准化试题"而发，有的针对"教育现代化"容易流于技术主义倾向而发，还有的则表现出她在"教书育人"思想上的国际视野和民族立场。所以这些论述，无一例外地表现出一个共同特征，那就是，在于漪这里，"全面育人观"不只是一种理论表达，更重要的是一种实践话语。

三、培养有一颗中国心的现代文明人

习近平总书记在2018年全国教育大会上的重要讲话特别强调指出，"培养什么人、怎样培养人、为谁培养人"是教育的"根本问题"，应该说这是极具战略意义的"灵魂三问"。随着改革开放的不断深化，人们的视野日益开阔，教育的现代化、国际化程度也不断提升。在学生的培养方向上，我们越来越注重培养学生要具有现代意识、国际视野。这本来是没有问题的，但是，如果我们培养出来的学生，只有西方思想，而没有民族情怀，没有国家认同感；只有现代意识，而没有传统文化底蕴，那么我们的基础教育，还是中国的基础教育吗？此外，在学生的全面发展与个性化发展的关系问题上，在德育与智育的关系问题上，在学生成长过程中对他们"头脑""心灵"与"身体"的重视程度问题上，也有一些偏

颇的认识和不恰当的做法。

正是基于这些问题,于漪鲜明地提出,中国的教育,就是要"培养有一颗中国心的现代文明人"①,从学术的角度积极而有力地回答了习近平总书记所提出的"灵魂三问"。

随着社会的发展和国际竞争的加剧,所有的挑战都聚焦在人的培养上,教育现代化成为历史发展的必然,只有现代化的教育才能培养现代化的人,而教育现代化的核心和灵魂,是教育价值、教育思想、教育观念的现代化②。因此要牢牢把握当代文明社会的价值与品质,坚定不移地弘扬科学精神和人文精神③,"以德育为核心,以实践能力、创新精神为重点"④,教在今天,想到明天,以明日建设者的要求来指导今日的教育教学工作,使学生具有"高尚的人格,宽厚的自然科学与人文科学的知识基础,自主求索、运用知识发展创新、服务社会的观念与能力"⑤。创新能力是一个人能力的最高表现形式,是能力的最高境界,教育的最终目的就是要把人的创造力诱导出来,为此,必须让学生发挥学习主体的作用,在学习生活中有思考、探究、发展的空间。教育强,则国家强,在我们由"穷国办大教育"向"大国办强教育"的转变过程中,创生智慧,释放活力,培养有中国立场、有世界视野、有文化认同、有创新精神的一代代新人,创办我们泱泱大国的"强教育",那么实现中华民族伟大复兴的中国梦便指日可待。

作为受教育的对象,学生是成长发展过程中的生命体,但是,他们的成长从来就不是抽象的,而是处在价值标准纷乱驳杂的价值世界里,在多元文化交融碰撞的文化语境中。在于漪看来,这些青春的生命,是作为中华文化的继承者和发扬者来培养的,因此,就必须通过教育让他们的生命具有鲜明的中华民族

---

① 于漪.于漪全集:第 2 卷[M].上海:上海教育出版社,2018:176.
② 于漪.于漪全集:第 1 卷[M].上海:上海教育出版社,2018:99 – 100.
③ 同②101.
④ 同②105.
⑤ 同①207.

的文化属性。正是基于这一认识,对片面重视外语教学、宣称"从小就做国际人"的荒唐做法,于漪给予毫不留情的激烈抨击,她说:"不好好补中国文化的课,是要数典忘祖的。"①这绝对不是教育上的狭隘民族主义。作为"现代文明人",具有开阔的国际视野本来就是题中应有之义,因为"教育的重要任务是向受教育者传承本国的优秀文化和人类的精神文明"。于漪忧虑的是"三片文化"对学生心灵世界的侵蚀,针对的是从教学内容到教学、管理手段一概唯"洋"是尊的违背常识的错误做法,担心的是教育领域中悄悄渗透进来的"思想的殖民"。这种针对性,使于漪关于学生的"文化生命观",具有了丰富的现实内容和鲜明的时代色彩。

四、以教育自信创建自信的教育

新中国成立以来的基础教育,从规模到质量,都取得了举世瞩目的成就。然而,长期以来,很多人对我们所取得的这些成就却有意无意地忽略了,对我们具有中国特色的基础教育实践经验也不够重视,而对西方教育话语的盲从盲信,从某种程度上使人们忽视了中国基础教育的基础性、实践性和民族化的特点。随着教育国际化交流程度的不断深化,许多国家,尤其是西方的教育思想被介绍进来。这些思想,作为一种参照和借鉴的资源,对于丰富我们自身的教育文化,改进我们自身的教育实践,是很有价值的。但是,受长期以来形成的"言必称希腊"的不良学风的影响,再加上这些西方强势话语有强大的经济实力作为后盾,这就让不少专家学者过高地估价了西方教育话语的功能和价值,而对我们自己鲜活的、富有教育成效的大量的教育实践缺乏足够的研究,对我们自身的教育文化传统缺乏足够的重视,以至于让我们的基础教育成为西方教育话语的实验田,长此以往,中国基础教育在世界范围内的教育交流中不仅不会获得话语权,而且会逐渐失声。

在当前价值多元、西语肆虐、理念横飞的时代背景下,中国的教育该何去何

---

① 于漪.于漪全集:第1卷[M].上海:上海教育出版社,2018:193.

从？教师又该如何自处？这确实是一个值得人们深思的大问题。

于漪在复旦大学求学时，读的是教育专业。当时她就有一个心结，教育学所谈论的绝大多数都是外国的理论学说，我们中国那么悠久的历史文化，那么深厚的教育传统，为什么在教育学中却没有一席之地？因此她有一个宏愿，就是要建设中国本土的教育学。应该说，于漪几十年的从教经历，就是她以自身的教育实践，扎根现实土壤，立足国情、区情、校情、学情，建设中国本土教育学的努力过程。从这个角度来理解她"让生命与使命结伴同行"的名言，同样会带给我们一些新的启示。

不容否认的是，从新中国成立以来，我们的教育是深受外国教育思想影响的。"文革"之前，凯洛夫教育学在基础教育领域几乎独霸天下，之后布鲁纳的学习理论、布鲁姆的目标分类学等来自欧美的各种教育理论纷纷被译介到国内来，被人们奉为圭臬，成为主导教育教学实践的至尊法宝。当然，教育要发展，就一定要有海纳百川的胸怀和气度，一切人类教育史上的宝贵思想，都可以拿来为我所用，但总归还是要以"我"为主。但现实往往并非如此，由于中国长期以来在国力上与发达国家的差距，导致了不少教育理论家，无视中国教育的具体国情，无视中国悠久的教育历史和传统，无视中国文化自身的特色，一切唯西方是从，在西方强势教育话语面前，乖乖投降，束手就缚，甘心做西方教育思想的忠实的仆从。对于这种做法，于漪感到痛心疾首，因此，在多篇文章中，她反复呼吁，要建设有中国特色的基础教育，要拥有中国自己的教育话语权，要树立我们自己的文化自信和教育自信，要建立属于我们自己的教育理论体系。这些论述，构成了于漪教育教学思想的重要内容。

需要指出的是，在于漪的教育教学思想版图中，"教育自信"就像一部恢宏的交响音画中反复出现的音乐动机，次第演进，逐渐清晰，遂成为扣人心弦的主题旋律。早在20世纪80年代，为了"让中国的教育在世界上有话语权，要有中国教师自己的教师学"，她发起成立了全国第一个教师学研究会——上海市教师学研究会并担任会长,并在后来主持撰写了中国第一部研究现代教师学的著作《现代教师学概论》①,90年代,有研究西方教育理论的学者希望能够以她的教育教学实践作为案例,对此,她毫不犹豫地予以回绝,她说:我绝不会让自己的实践沦落到去做外国理论的论据。21世纪初,她又表达了"建设中国本土教育学"的宏愿,2010年前后,她又多次撰文呼吁"语文教师必须有教学自信力"②,"语文教育要致力于拥有自己的话语权"③,"要建立自己的教育话语权"④。在这几篇文章中,她深入分析了语文教学的"他信力"和教育研究领域"言必称希腊"的内在原因,指出了这些不良倾向的负面作用和深层危害,阐述了教学自信和话语权自觉对于教师成长、课程改革和教育发展的重要意义。到2016年底,作为这一思想的集中表达,她撰写了《以教育自信创建自信的教育》这篇长文,次年初发表在《人民教育》杂志上。在她看来,真正的"有中国特色的教育学",不是靠一套概念术语、几本著作就能表述清楚的,因为它蕴藏在广大一线教师富有实践智慧和创造品格的教育教学实践过程中。

在她接连发表的一系列文章中,于漪集中阐述了"教育自信"的价值和必要性,以及确立教育自信的方向和路径。在《树立自强不息、办好有中国特色基础教育的信心与勇气》一文中,针对"与国际接轨"的口号,她一连提出了9个疑问,旨在引导人们关注本民族、本国家、本地区的教育领域中的实际问题,提醒人们"考虑问题必须站在地上,不能飘到半空"。在《建立自己的教育话语权关键在回顾走过的路》《坚持走有中国特色的教育发展道路》和《要在"化"上下功夫》等文章中,她具体阐述了建立自己的教育话语权的方向和途径。那就是,一方面要对我们自己的教育心怀敬畏与自信,认真回顾、梳理、反思这30年来我们教育走过的路;另一方面还要拥有两个视野:一个是中国历史发展的视野,另

---

① 上海市教师学研究会.现代教师学概论[M].上海:上海教育出版社,1999.
② 于漪.于漪全集:第4卷[M].上海:上海教育出版社,2018:244-251.
③ 同②192-196.
④ 于漪.于漪全集:第2卷[M].上海:上海教育出版社,2018:58-63.

一个是世界文明发展的视野;同时,还要在教育专业领域走自己的路,树自己的旗,在"化"上下功夫。为此,在教育实践过程中,我们就要坚定信心,立足国情,放眼世界。"一是要贯通古今,梳理我国几千年来的教育史,特别是新中国成立以来教育成功的经验。二是要拓宽视野,'左顾右盼',结合中国国情学习国外的先进经验。在教育软实力的建设中攻坚克难,提炼出自己的理论,拥有中国教育泥土的芳香,在世界上发出声音。"[1]办教育眼睛要向外,开阔视野,但更要朝内,树立自信,走中国特色的道路。面向世界,绝不是照抄、移植乃至贩卖国外的教育理论,更不能满口外国名词术语,盲目崇拜西方教育理论,自甘于思想矮化。[2]

从于漪关于"教育自信"的诸多阐述中,我们体会到,以教育自信建设自信的教育,创建本土化的、有中国特色的基础教育学,说到底是一个文化自觉、文化认同和文化自信的问题。从这个意义上来说,在教育中如何培养我们的学生对中华优秀文明具有深度的认同感,则关乎教育话语的未来发展,因为教育的薪火是代代相传的。只有我们培养的学生真正具有一颗闪亮的中国心,我们中国自己的本土教育学的大厦才能够越来越宏伟,越来越牢固。

---

[1] 于漪.于漪全集:第2卷[M].上海:上海教育出版社,2018:205-206.
[2] 同[1]60-63.

第二讲

牢固树立以学生为本的核心理念

 **思想旨要**

无论外部世界有多少风云变幻,无论教育改革提出什么新概念、新名词,于漪始终能在乱花渐欲迷人眼中坚守教育初心,坚守"学生是教育的第一立场",始终深信教育的目的就是培养"人",当学生的德智体美劳全面发展了,教育的价值和意义就得以充分彰显。以学生为本,是于漪的教育本质观。

今天,我们每位教师都能朗朗上口地说出教育教学要以学生为本,但在20世纪七八十年代,当大家普遍认同以知识为本、以知识体系为本的时候,于漪提出了以学生为本、以学生发展为本的理念,这种认识上的突破,无疑是革命性的超越。

于漪是思想者。她善于融通中西、传承古今,善于把握教育和政治经济制度间的关系,善于站在时代发展的高度,提出自己的观点和见解。"今日的教育就是明日的科技,后日的经济"①,"教育之争是世纪之争、人才之争、国力之争"②,因此教师要"教在今天,想到明天"③。于漪始终认为,教育重在提升人的精神世界。在习近平总书记提出"四有"好老师要求后,于漪认为"四有"是中国教师的"国标",核心是关注教师精神的成长,从而把学生的灵魂往上提升,使其"求真""求善""求美"。④

于漪是耕耘者。她在讲台上用生命歌唱半个多世纪。正是在这几十年的教育教学实践中,她深切意识到发展是学生的基本权利,把每个学生蕴藏的潜能变成发展的现实,使他们终身受益,是教育的职责和每一个教育工作者的使命。⑤无论哪个年代,无论面对何种类型的学生,于漪始终和学生的心弦对准音调。她从不做墨守成规的教书匠,总是用慧眼去发现学生身上的无限潜能,和他们一起喜怒哀乐,把健全人格的自由发展还给学生。当今中国基础教育改革倡导让每一个学生的潜能充分发挥,于漪在欣慰之余强调,教师要走进学生的心灵世界,要用敏锐的眼光去发现孩子的优点,因为每个孩子都是可塑之材。

无论做教师还是当校长,于漪时时处处以学生为本位,以学生全面而富有个性的发展为本位。她注重课程教学三个维度的融合,注重学生综合素养的培育,积极倡导并自觉践行面向全体学生的素质教育,以素质教育促进学生德智体美劳全面发展。

90多岁的于漪谆谆告诫我们,"办教育,最重要的是培养孩子要有一颗中国心。这颗心里,要装着亲情、友情、师生情、乡情、赤子情,要装着国情、国运、老百姓的安危,求世界之大同"⑥。作为教师,我们要拥有像于漪一样为学生今日健康成长和明日长足发展的大爱和大智,充分认识到"拔节孕穗期",青少年

---

① 于漪.于漪全集:第1卷[M].上海:上海教育出版社,2018:98.
② 同①81.
③ 同①263.
④ 郭景扬."学生是教育的第一立场"的教育本质观[J].上海教育,2019(1):22.
⑤ 于漪.于漪全集:第2卷[M].上海:上海教育出版社,2018:125-126.
⑥ 范彦萍.生逢盛世的你们要勇挑重担[N].青年报,2021-6-1(5).

学生的培养不能以获取知识为唯一目的,因为成"人"比成"才"更为根本。

简明解读

一、学生是教育的第一立场

于漪强调"人"是教育的目的,深刻认识到以学生为本是教育本质的回归。她深切理解党的教育方针,敏锐意识到时代的发展要求,她在20世纪提出的很多看法,与21世纪初国家颁布的《基础教育课程改革指导纲要》的精神不谋而合,与当前国家提出的"培养全面发展的时代新人"的要求高度契合。

（一）把学生放在教育的核心位置

于漪在报告和著述中多次引用《大学》中的"大学之道,在明明德,在亲民,在止于至善",强调求学的目的就在于彰显内心的美德,达到至善的境界。她还常引述《易经》中的"天行健,君子以自强不息;地势坤,君子以厚德载物",强调教育要培养品德高尚的"君子"。

于漪在文中也提及柏拉图《理想国》中的"洞穴隐喻"。该隐喻简言之,就是把人从洞穴里引出来,从一个洞穴之人变成阳光之下的理性之人。柏拉图借苏格拉底之口,说出教育就是把人的灵魂和精神引向真理,把世界从黑暗引向光明,这就要在本质上增强人的精神力量。

复旦大学教育系毕业的于漪从东西方先贤的智慧中获得启迪,认识到教育不能是功利的、物质的,智慧本身就具有德性的意味。如果教育朝向物质、短视、功利,只会导致真善分离,那么理性就难以启蒙,善和美也就无从培养。"教育事业是具有理想性的事业,'真正的教育'是引导人的灵魂达到高处的真实之境,是人生境界的提升;知识、技能是帮助灵魂攀升的阶梯。"[①]"这一教育本质

---

① 于漪.于漪全集:第1卷[M].上海:上海教育出版社,2018:209.

呼唤着我们的教育必须把学生放在教育的核心位置,以学生为本,对学生的成长负责。"①

于漪认为,学科教学要提高质量,不能丢失了"人",有了"人",教学内容就会丰厚起来。于漪曾以语文教学为例来阐述这个道理。学习杜甫的《茅屋为秋风所破歌》,很多老师往往关注"安得广厦千万间,大庇天下寒士俱欢颜,风雨不动安如山"的美好愿望,但是于漪还关注到了杜甫在成都草堂时的"断炊之危",读出了最后一句"吾庐独破受冻死亦足"的千钧之力。只要天下寒士活得好,自己屋破受冻致死也值得。在于漪的课堂上,学生懂得了,人生最难的莫过于战胜自己的私欲,杜甫在如此艰难的情况下所袒露的恻隐之心、仁爱之心,光照人寰。于漪说,你把"人"放进去思考、比照,让学生受到精神养料的滋润,他们的做人境界就会不断提升。②

作为新中国首批语文特级教师,于漪在课堂中摸爬滚打几十年,从最初的"胸中有书,目中有人",到后来"教文育人"思想的形成,她对"以学生为本是教育核心理念"的认识和实践愈发深刻。

"什么是教育?教育就是培养人。什么是中国教育?就是培养有中国心的现代文明人。我们要培养的绝对不是那些只给外国人打工的人,而是要培养有中国自信、中国自尊的,能放眼世界的,为世界和平做贡献的人,也就是能真正屹立于世界民族之林的中国人。如果只重技能技巧,忽视大目标,就会贻误我们的未来。"③于漪的话语总是这样直抵内核,又熨帖人心。

(二)"术"与"人"不可错位

1979年,于漪撰文《既教文 又教人》引起强烈反响。她认为,人的培养要放在特定的历史条件和特定的社会环境下来认识,时代需要的是基础扎实、思维敏捷、应变能力强、富有创新精神的人,而不是书呆子。时任人民教育出版社

---

① 于漪.于漪全集:第2卷[M].上海:上海教育出版社,2018:126.
② 于漪.改进语文教学效果的实践探索[J].上海课程教学研究,2021(6):6.
③ 同①211.

副总编辑、中国教育学会中学语文教学专业委员会理事长的刘国正同志写信给于漪,充分肯定该文切中时弊。

改革开放初期,于漪之所以能在百废待兴中看到"人",在语文教学中关注"人",是因为她敏锐地意识到了整个世界格局的变化。20世纪80年代,世界各国的竞争转入经济竞争,转入综合国力的竞争,其实质就是高科技的竞争。于漪认为教育唯有以人为本,才能与以人为本位的知识经济相适应,于是发出了"教育的竞争,说到底是人才的竞争"[1]"今日的教育,就是明日的科技,后日的经济"这样振聋发聩的声音。

21世纪我们国家要在世界上立于不败之地,起作用的因素很多,但最重要的就是拼人才,哪个国家的人素质高,哪个国家就能立于不败之地。未来社会将更加开放、更加国际化,基础教育到底要培养怎样的人,方能适应时代的发展,迎接未来的挑战……这些问题始终萦绕在于漪脑海中。在不断学习和思考的基础上,于漪在20世纪80年代初提出了20个字的育人目标——"基础宽厚、勇于发展、敢于创新、人格完善、造福社会"[2],其中,"人格完善、造福社会"8个字尤其值得咀嚼。

邓小平同志"三个面向"的题词,开辟了教育新航道。于漪认真学习,做了很多读书笔记,还把启示一条条写下来。她在1984年发表的文章中就提出,"要切实树立育人大目标,须真正按教育要面向现代化、面向世界、面向未来的指导方针办事,在教育观念上进行革命"[3],教育的重要任务是培养创新人才,创新人才除了具有创新精神和实践能力之外,必须具有高尚的道德品质、正确的价值观念。贯彻国家教育方针,培养学生就是要抓住一个核心、两个重点,即以德育为核心,以实践能力、创新精神为重点。"学习知识技能在学生成长过程中是必不可少的重要部分,但绝对不是全部,'术'与'人'错位,无疑就会形成学

---

[1] 于漪.于漪全集:第1卷[M].上海:上海教育出版社,2018:98.
[2] 同[1]99.
[3] 同[1]83.

生思想道德、科学文化以及身体素质等方面的种种残缺。"①

此时的于漪,已充分认识到"人"是教育的目的,是教育的出发点和归宿,教育要培养学生的实践能力和创新精神,更要以德育为核心,让学生成"人"比成"才"更为根本。

(三) 教在今天,想到明天

于漪常常语重心长地跟老师们说:"教育,一个肩膀挑着学生的现在,一个肩膀挑着国家的未来。"②她站在时代的制高点,站在科教兴国、人才强国战略的制高点,站在与基础教育先进国家竞争的制高点上提出,要"教在今天,想到明天"。因为教育事业是未来的事业,是为未来培养人的,因此要以对明日建设者的要求来指导和确定今日的教育教学方法。她常常从自己当年的教育对象出发,思考他们毕业后参加工作、大展宏图是什么年代,那时的中国和世界是怎样的,他们明日应具备怎样的思想道德素质和科学文化素质,才能适应未来现代化建设的需要。

当前,随着经济全球化进程的不断推进,各种价值观发生冲突,中小学生往往分辨不清什么才是主流价值观。于漪常常思考,当形形色色的腐朽的资产阶级思想和先进的科学技术一起进来后,如何增强学生的辨别能力和抵制精神污染的能力,教育要负起责任。"我们要培养的人应有高度的思想觉悟,能敏捷地接受各种新的信息,作出判断,作出正确的反应,能说会写,有一定的文化修养,也就是要培养为社会主义现代化事业奋斗的、有理想、有作为、思想敏锐、基础知识扎实的新一代人。"③教育的效益是滞后的,学生的素质如何,几十年以后必然见分晓。

今天,无论身在何方,即使躺在病榻上挂着盐水,于漪仍牵挂着教育。她为中国香港局势、世界局势深感隐忧,"教育安全就是国家安全啊!"此时,我们深

---

① 于漪.于漪全集:第1卷[M].上海:上海教育出版社,2018:183.
② 同①263.
③ 于漪.于漪全集:第3卷[M].上海:上海教育出版社,2018:293.

深悟出,于漪为何在几十年前就强调"今天教育的质量就是明天的国民素质"①,也更深刻地认识到新课程是"铸魂工程"背后的深意。

2020年,当中国人民万众一心投入新冠肺炎疫情这场艰苦卓绝的斗争时,91岁高龄的于漪满怀激情地说:"立德树人必须站牢社会主义伟大祖国和全人类生存发展的制高点,竭尽全力培养学生的大视野、大情怀、大担当,积极有效地冲破目光短浅、分数至上、一己之力的藩篱,引领学生把国家安全昌盛、人民幸福安康、人类命运共同体的理想追求镌刻于心,立志一辈子锲而不舍落实到行动中。"②当国家提出"为谁培养人,培养怎样的人,怎样培养人"这一关乎教育根本的重大课题时,于漪心中有着清晰的答案。

"习近平总书记明确要求,我们办的是社会主义教育,要培养社会发展、知识积累、文化传承、国家存续、制度运行所要求的人,培养一代又一代拥护中国共产党和我国社会主义制度、立志为中国特色社会主义奋斗终生的有用人才。这是我们思考和谋划教育工作的逻辑起点,也是必须牢牢把握的正确政治方向。要坚持教育为人民服务、为中国共产党治国理政服务、为巩固和发展中国特色社会主义制度服务、为改革开放和社会主义现代化建设服务,真正做到为党育人、为国育才。"③于漪的"以学生为本",始终牢牢坚持社会主义办学方向的政治原则。

二、发展是学生的基本权利

人的生命体本身蕴含着多方面的发展潜能,教育的任务就是把学生的潜能变为发展的现实。在于漪看来,每一个学生都得到发展,不仅是现代民主的基本理念,而且是每个学生的基本权利,教师要保护并尊重这种权利,创造条件实

---

① 于漪.于漪全集:第1卷[M].上海:上海教育出版社,2018:263.
② 于漪.培养学生的大视野、大情怀、大担当[J].教育家,2020(16):7.
③ 孙春兰.深入学习贯彻习近平总书记关于教育的重要论述 奋力开创新时代教育工作新局面[J].人民教育,2018(20):8.

现这个权利。①

(一) 每个学生都是活泼泼的生命体

于漪曾出版过一本名为《和中学生交朋友》的书,那本书中收录了她给许多从未谋面的中学生的回信。那些来自全国各省市,和于漪素昧平生的学生只要写信给她,她都不厌其烦在第一时间回复,或解答困惑,或拨开迷雾,或殷殷鼓励,或深切期许……她不愿辜负任何一个生命,她珍视每一个学生的生命价值,因为她深信,每个学生都是活泼泼的生命体。

在于漪看来,每个学生都是独一无二的,各有所长,所以教师要对学生的个体性、独特性、多样性给予充分的尊重,要因材施教,创设宽广的发展空间,让每一个学生的个性得到发展,潜能得到发挥,生命追求成为现实的可能。只有在这样的学校状态中,学生才不会是"容器",才会主动求取、自主发展,真正成为学习的主人。

因此,于漪在教学改革中,一方面注重教学内容的完整和丰厚,另一方面注重教学结构的改革和创新。于漪认为,传统教学都是我讲你听,个别学生问,教师解答,这是线性的往复,在这样的课堂中,有部分学生更像是听众或观众。于漪在一次报告中回忆说,当年有个学生学习很困难,他很自责,"于老师,你的课很好听,但我不会"。这话激起了于漪的反思。学生学不会,这是教的问题啊!课堂中到底谁是主人?学生是学习的主体,教师是教学的主体。所以,一定要改革课堂教学结构,一定要让教作用于"所有的学",学反作用于教,学和学要相互作用,形成一个网络式的学习磁场,把所有的学生组织到这个学习磁场里来。教师提出一个核心问题,起码要面对三个层面,即面对大多数的学生,照顾有困难的学生,关注学有余力的学生。基础教育要面向每一个学生,课堂教学要因材施教,"有教无类"的目标,2500年前在孔子那里是没有办法实现的,但在我

---

① 于漪.于漪全集:第2卷[M].上海:上海教育出版社,2018:127.

们的手里要实现。①

（二）让学生拥有适应变革的能力

1996年,联合国教科文组织发布《学习:内在的财富》报告,首次提出学习的"四大支柱",全面阐述了国际社会对人类未来和学习问题的理解。报告提出,教育如果仅仅从数量上去满足永无止境的知识和技能的需求,既不可能又不合适,因为新世纪将为信息的流通、储存和传播带来前所未有的手段,所以培养人具有适应变革的能力是教育的重要功能。

于漪对此有着深切的认识和理解。她认为任何一名教师都不可能把孩子未来所需要的全部知识都教给他,但如果教会他如何阅读、如何分析、如何辨别,这些就能让孩子终身受益,这就抓住了"学会求知"这根支柱。第二根支柱是"学会做事",就是要有首创精神、合作精神。第三根支柱是"学会共处",未来很多工作离不开共同参与,所以中小学课堂中就要培养学生的合作精神、参与精神。第四根支柱"学会生存"的重要性更是不言而喻,一个不会生存、不会发展的人,生存空间会越来越小。

作为一校之长,于漪在办学理念、教育内容、学校管理、课程设置、教育评价等方面都坚持做到促进学生全面发展与个性发展相统一。以课程设置为例,于漪强调以多样性、丰富性来适应和满足全体学生的身心需求。"它不只是技术层面操作的问题,重要的在于育人的理念。统一的课程实施有文化含量的问题,有强化和剪裁的问题;校本课程的建设更是有选择与创新的问题,不能草率从事,不能填空档。"②所以,于漪引导校内教师开设那些能激发学生旺盛求知欲、打下扎实文化底蕴、开阔眼界的有质量的课程,并在课程实施过程中让学生学会求知、学会做事、学会共处、学会生存。

于漪还强调在课程设计和教材编写中,要给师生留有适当的空间和时间。

---

① 于漪.改进语文教学效果的实践探索[J].上海课程教学研究,2021(6):7.
② 于漪.于漪全集:第2卷[M].上海:上海教育出版社,2018:291.

"如果塞得满满的,没有余地,缺少弹性,师生往往苦于应付,难以有创造性地教,有创造性地学。"①于漪对"标准化"深恶痛绝,时时强调每个学生身上蕴含着有待开发的巨大潜力,所以要想方设法让他们获得成长,让学生感到天生我材必有用,让学生拥有直面未来的能力。

(三) 课程教学做好三个维度的支撑

以学生为本的理念,必须要扎扎实实落实到课程教学中。如何落实?于漪给出了掷地有声的回答——做好三个维度的支撑。

于漪对世界课程改革趋势有着全面的了解和把握。"20世纪以来,从世界范围看,有过三次大的课程改革。第一次课程改革主要是因为工业发展的需要、资本发展的需要。过去的教育是绅士教育,后来要变成大众教育。到20世纪中期的时候非常强调知识,'知识就是力量'这句话是根据工业发展的需要倡导的。20世纪七八十年代以后,就开始世界上的第三次课程教材改革。这次课程改革最大的特点就是发现把人当成物是不行的,必须以人为本。这是一个很大的变化,必须以人为本,把人附着于机器是不能解决问题的,支离破碎的知识也是不能解决问题的。"②

当于漪拿到教育部2001年颁布的《基础教育课程改革纲要》时,她的心中涌起了改革的豪情。因为纲要围绕"素质教育"和培养"四有"新人的总体目标,从课程功能、课程结构、课程内容、课程实施、课程管理、课程评价等方面提出了课程改革的具体目标,六个"改变"无疑是新世纪课程改革的声声春雷和阵阵鼓点。

比如,改变课程过于注重知识传授的倾向,强调形成积极主动的学习态度,使获得基础知识与基本技能的过程同时成为学会学习和形成正确价值观的过程;改变课程内容难、繁、偏、旧和过于注重书本知识的现状,加强课程内容与学

---

① 于漪.于漪全集:第1卷[M].上海:上海教育出版社,2018:85.
② 于漪.于漪全集:第3卷[M].上海:上海教育出版社,2018:128.

生生活、现代社会和科技发展的联系,关注学生的学习兴趣和经验,精选终身学习必备的基础知识和技能;改变课程实施过于强调接受学习、死记硬背、机械训练的现状,倡导学生主动参与、乐于探究、勤于动手,培养学生搜集和处理信息的能力、获取新知识的能力、分析和解决问题的能力,以及交流与合作的能力。

《基础教育改革课程纲要》还第一次提出了"知识与技能、过程与方法、情感态度与价值观"三个维度的目标。于漪说,这是课程功能的巨大转变。以前只关注"知识与技能"这一个方面,现在不是不需要关注这一方面,而是要三个方面同时关注。"教育的基本职能是促进青少年的发展,较长时间以来,我们有意或无意地重技能技巧,轻人的总体素质的培养,把'人性'置于'技性''物性'之下。而今从以知识为本,以知识体系为本转换到以促进学生发展为本,这是对人的尊重,对学生的尊重,抓住了教育的本质。"[1]

关于"知识与技能"这根支柱,于漪认为同样要体现以学生为本的理念,要立足学生实际去设计和实施。于漪上过2000多堂公开课,教过各种版本的语文教材,她发现许多教材内容是大学学科的"压缩饼干",比如语法就是语法学的"压缩饼干",逻辑就是形式逻辑的"压缩饼干",因此,教师教起来极其困难,学生学起来消化不良。

1981年,于漪作为全国中学语文教师的唯一代表,应邀在全国语法和语法教学讨论会上发言。她强调中学语法教学主要是给学生做铺基石的工作,初中生不易接受抽象概念和枯燥理论,所以只要学习最基本的语法知识就行了,"设计师(指语言学家)应该目中有语法,胸中有中学师生"[2]。

对"过程与方法"这一根支柱,于漪认为这是把东方教育的重结论和西方教育的重过程相结合,是极有价值的。"学习不是靠外塑,而是靠内发,因此过程培养非常重要。"[3]新课改本着以学生为本的理念,对知识和能力进行整合,强主

---

[1] 于漪.于漪全集:第1卷[M].上海:上海教育出版社,2018:212.
[2] 于漪.于漪全集:第3卷[M].上海:上海教育出版社,2018:77.
[3] 同[1]159.

干、删枝叶①、重能力、重方法,这样教师教得不吃力,学生学得更有效。

于漪对"情感态度与价值观"这根支柱更是心有戚戚焉。她从横纵两个维度来阐释,"从横向角度看,情感态度与价值观是相对独立的;从纵向角度看,三者具有递进关系,是从低级向高级发展的心灵连续体"②。她认为,情感不仅指学习兴趣、学习热情,而且指亲情、友情、师生情、赤子情,是内心的体验,心灵世界的丰富。态度不仅指学习态度、学习责任,而且指:求真求实的科学态度,讲究公正、诚信;乐观的生活态度,积极向上,笑迎困难;宽容的人生态度,团结合作,和谐相处。价值观不仅强调个人的价值,而且强调个人价值与社会价值的统一;不仅强调科学的价值,而且强调科学价值与人文价值的统一;不仅强调人类的价值,而且强调人类价值与自然价值的统一,引导学生确立对真善美的价值追求,确立和谐发展的理念。③ 总而言之,情感态度与价值观不能脱离学科内容,不能穿靴戴帽,不能乱贴标签、随意拔高,只有融入教学过程中,才能春风化雨,使教学具有吸引力,闪现育人光辉。

三个维度就像三根支柱,三根支柱若仅仅是三足鼎立,缺乏内在联系,课程功能恐又发生偏差。善于用系统论思维考虑问题的于漪清晰地看到了这一点。她指出,任何一个要素的传授,对于系统而言,都不具有整体性,只能是整体中的一个要素,整体性只存在于系统本身。只有当整体中的诸多要素共同发展、和谐发展时,各要素之间才能相互作用,实现整体发展,此时,整体的质量就能提高。因此,教学内容最根本的,要从单一功能转换成多重功能。④

于漪在20世纪80年代就提出,语文教学内容要融知识传授、能力培养、智力发展、思想情操陶冶为一体,在学语言文字的同时,要发展学生的思维力、想象力、创造力、意志力,要陶冶学生的思想情操。于漪用的是"融",按她自己的

---

① 于漪.于漪全集:第1卷[M].上海:上海教育出版社,2018:213.
② 同①159.
③ 同①214.
④ 于漪.改进语文教学效果的实践探索[J].上海课程教学研究,2021(6):6.

解释,"融"不是"1加1加1"的"和",而是融合在一起,把知识、技能、情感态度与价值观融合在一起,所以是"积"。这是一个立体的、多维的、融合的系统,是多元价值的有机融合,现在提出的"语文学科核心素养"是多功能的。[①] 其他学科何尝不是如此。

三、以素质教育促进学生全面发展

早在20世纪,于漪对全面质量观就有着深刻的理解和践行。一方面,于漪注重全体学生的发展,她强调教育要面向全体,不是面向一部分或小部分,这是提高全民素质的问题,具有战略意义,所有学生都有权利受到良好的教育;另一方面,于漪从不单纯以学业成绩的优劣来评判学生的好坏,或者来论断教育质量的高低,她注重的是通过素质教育来促进学生德智体美劳全面发展。

(一) 培养体格健壮、精力充沛、意志坚强的学生

20世纪八九十年代,于漪担任上海市第二师范学校校长,该校的素质教育闻名全国。于漪说过,学校抓素质教育要抓根本,"抓灵魂的建设"。如果校长和教师不相信学生的能力,任何事情都要管理,学生的自制自律意识与能力是不可能提升的。教育工作头绪繁多,一定要牵住牛鼻子,抓在要害处。

于漪践行的素质教育没有什么标准模式,她强调教师应根据具体的对象、环境、条件、内容采取相应的教育措施,学校应该是一个让每个人都能够自由发展与成长的天地。于是,广播操、运动会、文艺会演、大型接待活动……学生都是主角,都会自主策划、自我管理。正是在以学生为本位的素质教育实践中,上海市第二师范学校培养出了一大批优秀毕业生,这些"一身正气、为人师表"的毕业生踏上教师岗位,又培养出一批又一批德智体美劳全面发展的社会主义建设者和接班人。作为一校之长的于漪十分重视体育。在她看来,体育充满着团队精神、不怕吃苦的精神、克服困难的毅力、艰苦奋斗的精神。"健康的心灵寓

[①] 于漪. 改进语文教学效果的实践探索[J]. 上海课程教学研究,2021(6):6-7.

于健康的身体。身体是否健康关系到一个人一辈子的生活、工作、学习。"①

当于漪看到很多的小胖墩儿和戴着深度近视眼镜的学生,听到有些学生在新学期升旗仪式上因体质差而晕倒时,她忧心忡忡,大声疾呼:"我们不是培养玻璃娃娃,不能用圈养的方法让他们碰不得、摔不得,不能经受风吹日晒雨淋。我们培养的人要体格健壮,精力充沛,意志坚强。"②于是,本不喜欢足球的于漪看起了足球,因为男学生喜欢,所以她要去了解。而女学生喜欢排球,于漪便和她们一起打起了排球,感悟"铁榔头"的拼搏精神。

近年来,习近平总书记强调要"文明其精神,野蛮其体魄","野蛮其体魄",指的就是要强身健体。"少年强、青年强则中国强。少年强、青年强是多方面的,既包括思想品德、学习成绩、创新能力、动手能力,也包括身体健康、体魄强壮、体育精神。"③

(二) 引导学生陶冶情操、追求美好

今天,教育内卷化现象越来越严重,很多人都处在焦虑之中,学生焦虑、家长更焦虑,老师焦虑、校长同样焦虑。2020年,于漪在接受《解放日报》首席记者采访时说:"教育本来是追求真善美的事情,社会要发展,一定要靠教育培养人。教育把人的个体发展跟人类整体命运结合起来,个体发展好了,国家、民族的整体命运才能长足进步。如果教育整天处在焦虑中,那怎么行。"④

于漪觉得当前社会上的一些看法实际上存在着很大误解,诸如"教育就是吃苦""唯有现在吃苦才能创造美好生活"之类。"教育并不是现在吃苦,而是现在就要追求美好,让孩子精神放松,而不芒刺在背。教育当然要学习知识,记忆、理解,有一定练习,但苦中是有乐的。教育生活本身,就是一个追求美好的过程。"⑤所以,于漪强调要重视美育,陶冶情操,因为美育是不功利的。孩子接

---

① 于漪.于漪全集:第 2 卷[M].上海:上海教育出版社,2018:282.
② 同①.
③ 习近平总书记于 2014 年 8 月 15 日看望南京青奥会中国体育代表团时的讲话.
④ 于漪.美是不功利——美育访谈录三[N].解放日报,2020-6-9(8).
⑤ 同④.

受教育不能从忧患开始,一定要快乐陪伴,引导他去追求美好,否则就会丢失"完整的人"。

(三)让学生用自己的双手创造美丽人生

20世纪80年代的上海市第二师范学校校园面积约为80000多平方米,但学校没有外聘一名保洁工。校园的保洁工作全部由学生以班级为单位轮值完成。每天早上不到7点,学生就在校园里忙碌起来了,有拿着大扫把扫校园长廊的,有拿着小拖把清洁楼道和厕所的,有下厨房帮厨的,有在绿化带里种植或维护花草的……据上海市第二师范学校毕业生回忆,她们(绝大多数是女生)常常是两名学生扛着扁担,挑着木桶,到隔壁小区的粪池里去挑大粪,为的是给校园绿化带的麦冬施肥。就这样,学生用自己的双手扮靓校园,创造着美好生活,在这个过程中培养起责任意识、合作意识、家国情怀,自力更生、艰苦奋斗成为行动自觉。

2018年,习近平总书记在全国教育大会上提出,"要在学生中弘扬劳动精神,教育引导学生崇尚劳动、尊重劳动,懂得劳动最光荣、劳动最崇高、劳动最伟大、劳动最美丽的道理,长大后能够辛勤劳动、诚实劳动、创造性劳动"。于漪在接受《上海课程教学研究》编辑采访时说的第一句话就是:"在我看来,劳动不仅是一种习惯,也蕴含了一种精神。劳动既是创造世界的,也是创造人的。在新时代,劳动的价值和意义一点儿也不逊色。劳动是创造我们美丽人生的!"①

无论是德育、智育,还是体育、美育和劳动教育,于漪敏锐地认识到,学生德智体美劳各项素养不是简单并列的,更不是机械割裂的,而是有机融合不可分割的,其融合的最终指向就是人格,"要培养全面发展的人,也就是要培养人格健全的人"②。92岁的于漪再一次回到工作了一辈子的学校时这样说道:"一名教师职业生涯中顶大的事就是一个心眼为学生。教师生命的意义和价值都在

---

① 焦婧茹.劳动教育,让孩子拥有幸福生活的能力——于漪谈新时代中小学劳动教育的内涵、意义与推展[J].上海课程教学研究,2019(9):3.
② 于漪.于漪全集:第2卷[M].上海:上海教育出版社,2018:125.

学生身上体现。每个孩子都是家长的宝贝、国家的宝贝。我一定要按照党的教育方针让他们全面发展。"①

"素质教育实施 20 多年来,逐渐成为我国教育的核心理念和社会各界的广泛共识。我们要遵循教育规律和人才成长规律,努力构建德智体美劳全面培养的教育体系,把立德树人贯串到教育工作的各领域、各环节,使素质教育具体化,培养全面发展的时代新人。"②在实施素质教育这一点上,于漪同样有着极强的预见性和行动力。

一个人最宝贵的童年和青少年时光是在学校度过的,这是他们人生中的重要阶段,也是接受教育的重要阶段。在这个阶段,必须要做到育才和育人相统一,而育人最为根本。因此,育人是学校一切工作的出发点和归宿,学校的所有工作都要以学生为本,这样才能充分体现出育人的价值。

---

① 范彦萍.生逢盛世的你们要勇挑重担[N].青年报,2021-6-1(5).
② 孙春兰.深入学习贯彻习近平总书记关于教育的重要论述 奋力开创新时代教育工作新局面[J].人民教育,2018(20):7-8.

第三讲

追求育人真谛

思想旨要

在于漪看来,教育是理想的事业、神圣的追求、崇高的使命,这决定了她对基础教育高站位的认识,也决定着她对教育的挚爱深情。本讲简述于漪的育人观,育人观是于漪基础教育观的重要组成部分。

于漪将"育人作为教育基本的也是最终的目的"[1]。受"浅层次的教育价值观"的不良影响,出现了"重术轻人""见知不见人""育分不育人"的现象,"育人千古事,得失寸心知。首要的是全身心投入,高度觉醒",不能"以分论长短,一'俊'遮百丑。必须有所作为,个人价值须和社会价值和谐统一,指引学生走正确的人生道路",教师要找准育人的准星,明确为谁培养人,培养怎样的人。于漪认为,"基础教育是国民素质的教育,国民素质要提高必须是要德智体美劳全

---

[1] 于漪.于漪全集:第2卷[M].上海:上海教育出版社,2018:125.

面发展"①,"学生的德智体美各项素养不是简单并列,更不是机械割裂,而是有机融合不可分割的,其融合的最终指向就是人格的完善,是人的综合素养"②。因此要站在高位,培养全面发展的人。同时,"教师一定要培养孩子做一个有中国心的现代文明人。要有一颗中国心,必须在心中点上中国自己的灯火,不能只点洋蜡烛,这才是教师对学生最大的仁爱之心"③。在实践中,教师应瞄准育人准星,精耕细作。于漪在实践中,引入革命文化、红色经典精髓培根铸魂、启智润心,力求"五育"融合,相互支撑,引入中华优秀传统文化涓流。"一个人没有信仰没有信念,魂就没有了,就会失魂落魄。"④她引导学生树立崇高的理想信念。"德智体美劳五育并举,不是割裂开来,1加1加1,而是各育之间既有区别,又有紧密联系,是全面发展的有机组成部分,是立德树人根本任务的重要载体。"她以德为先,探索德智融合,以美润心。"文化是一个民族的灵魂,无论是国家意识还是人格精神都需要文化的支撑。一个国家、一个民族最深层次的力量是价值观。"⑤她从传统文化的精华中汲取营养,涵养学生的心灵。

于漪一辈子讲的是教育的真谛,一辈子呼唤的是教育的灵魂,每一位教师都应牢固树立教书育人观念,并以此引领教育教学实践,创造育人育才的精彩。

简明解读

基础教育的基本任务和根本目的是育人。人的素质的提高、人的可持续发展推动社会的可持续发展,教育作为社会发展的革命性力量,有效地推动社会不断进步。育人观要切合国家对国民素养的要求,体现国家意志,以培养社会

---

① 于漪.于漪全集:第2卷[M].上海:上海教育出版社,2018:183.
② 同①125.
③ 同①177.
④ 同①184.
⑤ 同①119.

主义建设者和接班人为目标;育人观要切合时代发展对人的素养的需求,以往我们是穷国办大教育,现在是大国办强教育,要紧跟时代步伐;育人观要打破某些观念和模式的制约,回归以人为本,以学生发展为本,重申学生在教育中的核心位置。

于漪这样论述自己的育人观:以育人作为教育基本的也是最终的目的。在我们的教育中真正体现以人为本、以学生发展为本的原则,为实现全体学生的全面发展与终身发展奠定基础,就成为我的基础教育观,成为我此生不变的永恒追求。①

于漪的育人观具有丰富的启示性。首先,育人既是理想信念,又是教育的常识。"育人"是教育的本质,要仰望星空奏神曲,在时代发展中明确定位和价值。"育人"不是高不可攀的,要体现在教育教学的全过程中,脚踏实地唱"人"歌,每一步都不能偏离准星,致使常识扭曲,走向异化或淡化。其次,"育人"须站在我国基础教育奠基的特点上来认识。育人是实现基础教育战略意义的关键所在,基础教育是"根"的教育,根正才能枝繁叶茂,因此育人须立民族精神之根,铸爱国主义之魂。人才是国家进步的"动力源",基础教育要扣好人生第一粒纽扣。从事基础教育的人在教育实践中必须不断认识自己肩挑的重担,思考究竟应该培养什么人,为谁培养人,怎样培养人。

一、寻找育人准星

育人不是泛泛而谈,而应放在特定的历史条件和社会环境中认识,有时代的特征,有地域的特点。这就构成了经纬纵横的育人起点。所谓"经",是从时代发展的角度看待育人,预判社会变革对人的发展提出的新挑战,以前瞻性的眼光为明日建设者所需要的素质与能力奠基;所谓"纬",是站在与基础教育发达国家竞争的制高点上,正本清源,彰显我国教育的精神和魅力,这就是于漪常提到的,面对教育问题要有"中国立场、世界视野、时代命题"。

---

① 于漪.于漪全集:第2卷[M].上海:上海教育出版社,2018:125-126.

真正推动社会可持续发展的是人的可持续发展,人的素质的提高,基础教育是奠基的阶段,"基础"的内涵是什么,"奠"怎样的"基",对学生成长至关重要。"教育的本质聚焦在人的培养、人的发展、人的精神提升上,聚焦在学生的全面发展和终身发展上……发展是学生的基本权利。把每个学生蕴藏的潜能变成发展的现实,使他们终身受益,这是教育的职责,更是我们每一个教育工作者的使命。"①

然而,在实际过程中出现了种种准星偏移的情况。于漪多次提到"重术轻人""重智轻德""应试教育""见知不见人""育分不育人""片面的教育质量观""片面育人观"等问题的严重性,机械操练、考试加码、分分计较的桎梏窒息了学生的求知欲,扼杀了创造的火种,学生视学业为畏途,负重成长,苦不堪言;"以分判人,首当其冲的是男娃娃";"以考定教,最受伤害的是学生的全面发展";②……这些问题的根源,在于"被浅层次的教育价值观"所左右,造成的影响是巨大的。"'人的全面发展'的思想是马克思主义最高价值理想,是未来社会的价值目标。新时代教育面向未来,为未来塑造新人,须树立全面质量观,着力于学生德智体美劳全面发展。人的成长立体、多维,需要方方面面的营养与锻炼。质量观指挥着教育教学行为,教在今天,一定要想到明天学生的长足发展,对学生高度负责,识别、抵制片面质量观的侵害。"因此,要打破某些观念和模式的制约,找到育人的准星。

纵观中国基础教育的发展历程,我们在探索中不断明晰目标,回归教育的本质——培养人,逐渐突出全面育人的重要性。"以分论长短,一'俊'遮百丑。为谁学习的教育我们太缺失了。学生求学,学习目的、学习动机是为人为学的基本准则。人生迈出第一步时,就应把基础夯正、夯实。有人说:'这是老古董,今日求学就是为自己。'培养目标偏离准星,中华优秀文化中为人、为学的志气

---

① 于漪.于漪全集:第2卷[M].上海:上海教育出版社,2018:126-127.
② 同①78-79.

与傲气不知不觉丢失。这方面,学校必须有所作为,个人价值须和社会价值和谐统一,指引学生走正确的人生道路。"

如何找准育人准星,于漪从三个层面加以思考。

第一,从古今对教育本质的探析中找到育人的"火种"。《礼记·礼运篇》讲道:"大道之行也,天下为公,选贤与能,讲信修睦。故人不独亲其亲,不独子其子,使老有所终,壮有所用,幼有所长,矜寡孤独废疾者皆有所养,男有分,女有归。货,恶其弃于地也,不必藏于己;力,恶其不出于身也,不必为己。是故,谋闭而不兴,盗窃乱贼而不作,故外户而不闭,是谓大同。"于漪总会在第一课时谈学习的目的和动机,"通过教育,使个人狭小的心变得有亲情、友情、乡情、赤子之情。把读书和做人结合起来,明报效国家之理,明做人之理"。"大同"是自古以来社会的追求和理想,而社会是由人组成,因此,教育必须指向人的研究、人的培养、人的发展,以人的完成来实现"大同"的追求,这也是育人的文化根基。

第二,辩证看待中西方对"人"的不同理解,探寻育人的中国"话语体系"。中国的教育与国外的教育根本不同在于"培养什么人",中国文化是"尚群"的文化,需要"大家好"。"西方哲学将'人'界定为用理性思考,获得最大利益的动物,因此他可以扩张,可以侵略,可以殖民。我们中国人讲'人',是仁而爱人。什么叫'仁','人'字旁边一个'二',做人心中要有别人。我们'人'是一撇一捺,要互相支撑,倒掉一笔就不叫'人'。"[①]西方的民主、自由是以钱为前提的,这对经济、政治、文化、教育产生了很深的影响。教师要辩证地看待文化的交融,警惕一些不良的西方思想,认清其背后的用心。中国的基础教育要有中国的特色,育人也应从我们特有的对"人"的认识出发,立民族精神的根,铸爱国主义的魂。近年来国家嘉奖了一批各领域为祖国做出杰出贡献的楷模,"伟大出自平凡,平凡造就伟大",这些才是这个时代真正应该值得崇敬的人,是党培养出来的人,他们忠诚于祖国的事业,创造了巨大的物质财富和精神财富,与西方

---

① 于漪.于漪全集:第2卷[M].上海:上海教育出版社,2018:185.

"学而优则钱"的思想泾渭分明。

第三,"育人"要随塑造时代新人的节奏奏出美妙的乐曲。于漪一直重视基础教育对国家发展的战略意义,做在当下,目光却要长远。不要认为教育的力量甚微,张桂梅老师让女孩子们读书,走出大山,要斩断贫困的代际传承,这是怎样的情怀?教育确实能改变一个家庭的命运,而教育也可以通过提升一群人的素质,改变一群人的命运来推动国家未来的发展。"中国特色社会主义教育的'优质',就'优'在对学生发展权利的尊重,对他们德智体美劳身心全面发展的培植与呵护,对他们人生价值的形成与创造起至关重要的无可替代的作用。"教师肩负培养国家未来人才的重任,所育之人是时代新人,一定要契合未来发展的需求,有博大胸怀,高瞻远瞩,有良好的科学文化素质,有生存发展的真本领。

寻找育人的准星,纠正片面的质量观、重术轻人等准星偏移的现象,也是避免西方强势文化对学生产生不良的影响,回归教育本质,强化国家意识,以实现"立德树人"为根本任务。

二、聚焦育人内涵

于漪的"育人观"植根于我国基础教育的土壤之中,显示了本土化的特征。一是前瞻性,即与国家建设发展相适应,以今天的教育培养明天的新人,直至今日,在我国开启全面建设社会主义现代化新征程时,基础教育也将以实质性举措推进教育的高质量发展;二是全面性,基础教育体量大,关系到日后每个社会成员的素质。通过教育,使得全体社会成员的素质都得到提高和发展,教育的全面性特点决定着今日育人的全面性;三是持续性,历史奔腾向前,教育须在改革中不断迭代创新,育人难收立竿见影之效,关键在打好人一辈子的根基,其作用是细水长流的。

育人,不能只一般地理解为培养学生,而应放置在特定的历史条件和社会环境中认识,要教在今天,想到明天,以明日建设者的素质要求、德才标准来指导今日的教育教学工作。立德树人是教育的根本任务,不断探索培养怎样的人

是教育的核心价值所在。

（一）站在高处，培养学生全面发展

于漪在论述素质教育时，经常提出一个发人深省的问题，表面上"轰轰烈烈的素质教育，扎扎实实却在应试教育"，揭示了素质教育在实施过程中遇到的阻力和障碍，这也是教育方针在一线教育教学实施过程中逐渐"变味"的表现。

马克思就曾经提出"人的全面发展学说"，我国第一代领导人毛泽东提出让孩子"德智体全面发展"，第二代领导人邓小平也提出了要培养"有理想、有道德、有文化、有纪律"的"四有"新人，习近平总书记提出要"深化学校思想政治理论课改革创新，加强和改进学校体育美育，广泛开展劳动教育，发展素质教育，推进教育公平，促进学生德智体美劳全面发展"。由此可见，教师培养德智体美劳全面发展的人既是对教育本质的回归，又是培养担负民族复兴大任的时代新人的使命和职责。

然而，壮丽的蓝图受到"浅层次的教育价值观"的影响，有些人又在忙着增加学生的应试负担。原先只需要学好语数外，现在强调全面发展，艺术要考、体育要考，考什么学什么，考什么补什么，于是增加压力，落实到"考试"。有些家长提前帮孩子抢到体育一对一的辅导班而自诩太有"前瞻眼光"；很多人不理解，为什么一些以往被看作培养兴趣的学科，一定要直接与升学挂钩；也有人认为，艺术、体育更多靠的是天赋，后天再怎么补也没有用。乱象丛生，令人焦虑。

于漪站在战略的高度，结合实践探索培养全面发展的人的价值和意义所在。从个体角度而言是为了学生"今日的健康成长和明日的长足发展"。"作为一个活生生的人，学生的德智体美各项素养不是简单并列，更不是机械割裂，而是有机融合不可分割的，其融合的最终指向就是人格，是人的综合素养。从某种意义上说，一个人人格的高下优劣往往直接决定了他作为一个人的基本素质的高低。"[①]这其中有两层含义，一是教在今天，想到明天。"教育绝非一时一事

[①] 于漪.于漪全集：第2卷[M].上海：上海教育出版社，2018：125.

的耀眼,而是在培养学生全面发展的同时,要十分关注他们的终身发展。学生世界充满了奇幻,又充满了现实要求,将来能否担当起建设祖国、造福社会的重任,就看今日我们基础教育为他们'奠'怎样的'基'。是短视、功利,只顾眼前,还是着眼于可持续发展,给他们的思想品格、情操意志、关键能力、创造意识以足够的养料与启示,须站在高处,正确把握教育的价值取向。学生的终身发展,不仅是国家与民族发展的需要,而且是学生自我发展、实现生命意义与价值的需要。要充分发挥学生的能动性,激发他们成长的欲望,发掘他们成长的潜能,为他们的终身发展打下扎实的基础。"今天的学生是未来的社会主义事业接班人,全面发展是为了培育综合素养,以适应个人的终身发展,适应社会发展的需要,不能使今天教育留下的缺憾成为明天步入社会后的"短板"。二是将"潜能"变成"发展"的现实,"人的生命体本身蕴含着多方面的发展潜能,教育的任务就是把学生的潜能变成发展的现实。每一个学生都得到发展,不仅是现代民主的基本理念,而且是每个学生的基本权利,我们要保护并尊重这种权利,创造条件实现这个权利"①。基础教育是打底子的教育,也是见证生命潜能发挥的时机。过去,人们诟病多少发明家、艺术家、运动员被扼杀在应试教育中,今天,我们更不能追求片面的育人观。基础教育像土壤,只有营养全面,幼苗才能健康生长。生活本就是教育,而生活充满了真善美,学生伴着"高山流水"想象伯牙子期,奔跑着感受风的节奏,每一个生命都有无限的可能,对美的追求、对力量的渴望、对收获的期盼符合学生的天性,而这些天性中最美妙的部分,是要靠教师唤醒的,所以德智体美劳缺一不可。

从基础教育的战略高度而言,于漪认为,"今日的教育质量决定了明日的国民素质"②,"基础教育是国民素质的教育,国民素质要提高必须是要德智体美全面发展"。这是国家发展和民族未来的期盼,是培养社会主义建设者和接班

---

① 于漪.于漪全集:第2卷[M].上海:上海教育出版社,2018:127.
② 同①173.

人的责任担当。每个人都是一滴水,聚集起来才会有涓涓细流,才会有浩瀚奔腾之势的江河。每一份力量向上才能维护国家长治久安,勇挑中华民族伟大复兴的重任。培养全面发展的人是通过提高个人的综合素养来实现国民素质的整体提升,那些把全面发展和"艺术""体育"应试画等号的做法本质上仍然是重术轻人、重智轻人,把"教育当作交给学生谋生的手段",没有树立深层次的教育价值观。

早在20世纪90年代,于漪就撰文指出,全面发展是教育本体的价值标准。"教育观是人们对教育问题的根本看法。它的核心问题是怎样看待教育价值标准。社会主义的教育应体现工具价值标准与理想价值标准的统一。工具价值标准指的是:教育要主动适应经济、社会、政治、科技发展的需求,为社会主义现代化建设服务。理想价值标准指的是教育本体的价值标准,要使受教育者德智体美劳全面发展。两个标准统一的教育功能是:教育为社会主义现代化建设服务,培养德智体美劳全面发展的社会主义事业建设者和接班人。基于这样的认识,必须克服片面追求升学率的倾向,必须面向全体学生。"①她探索个体发展与社会发展之间的联系,扎扎实实进行德育、智育、美育、体育和劳动教育,将五育并举作为实现教育的社会功能的重要途径,这番理论与实践具有一定的前瞻性。

在基础教育阶段,全面发展的内涵十分丰富。于漪认为:"所谓德,就是懂得做人的道理,品德要高尚。所谓智,就是得有一定的科学文化知识。所谓体,就是身体要健康。所谓美,就是要有高尚的审美观。"②在于漪看来,"五育"既是一种坚守,又是一种实践创新,各个学校都应结合自己的校情、学情来挖掘、丰富"全面发展"的内涵,做到创新性的发展和创造性的转化。比如,一些学校将"崇公、养品、静思"作为办学目标,这都是从校情出发、从普遍现象中的症结

---

① 于漪.于漪全集:第16卷[M].上海:上海教育出版社,2018:232.
② 于漪.于漪全集:第2卷[M].上海:上海教育出版社,2018:183.

出发,对培养全面发展的人做了"校本化"的尝试。

习近平总书记在全国教育大会上指出:教师是人类灵魂的工程师,是人类文明的传承者,承载着传播知识、传播思想、传播真理,塑造灵魂、塑造生命、塑造新人的时代重任。每位教师都肩负着新时代教师的"时代重任",既要关注知识、思想、真理,又要聚焦灵魂、生命、新人,教学生真本领,为学生的全面发展奠基。

(二) 时代新人的"中国心"最为紧要

于漪回忆儿时的求学经历,常为老师声泪俱下的报国之情所感动,语文课上老师教辛弃疾、陆游诗词的慷慨激昂,将爱国思想撒播到学生的心田,使学生终生难忘。于漪那一代人经历了战争年代,将个人的荣辱与祖国的存亡紧密联系在一起,因此,她深切认识到,新时代的教育必须传承和发展优良传统,在培养什么人的问题上立场坚定、旗帜鲜明。

"教师一定要培养孩子做一个有中国心的现代文明人。要有一颗中国心,必须在心中点上中国自己的灯火,不能只点洋蜡烛,这才是教师对学生最大的仁爱之心。而我们彰显、弘扬中国优秀传统文化,就是要点亮心中这一盏中国的明灯。"①"家是最小的国,国是千万家",个人是家庭的细胞,家庭又是社会的细胞。我们所培养的人,要有高尚的人格修养,更要有家国情怀,这是一种生命个体对于祖国的认同,也是靠自己的奋斗将祖国建设得更好的理想和行动。

先进的教育理念可以没有国界,但我们培养的人必须有"中国心",黄皮肤、黑眼睛,拥有一颗中国心,立志为实现民族伟大复兴而学习、奋斗。"现实状况是不少学生在不少方面,尤其是做人方面有不少缺失。有的属于幼稚,不明事理;有的受外界影响,是非混淆,荣辱颠倒。这些都需要教育,需要正确的引导。如:追求的目标偏离准星,国家意识淡薄;追求西方时尚,对一百多年来中西文化交流不对等全然无知,对优秀传统文化知之甚少,民族文化自信心薄弱;对涌

---

① 于漪.于漪全集:第2卷[M].上海:上海教育出版社,2018:177.

进来的强势文化缺乏辨别能力,优劣不分,照单全收,乃至错把腐朽当神奇,受金钱至上、享乐人生的思想侵蚀,对公民的责任、公民的义务考虑得比较少。"①随着西方强势文化的冲击,一些问题接踵而至。多年前,"留学热低龄化"就成为热议话题;"尖子生"踩其他国家的高考踏板,进入国外大学学习的现象并不罕见。从正面看,其中不乏对中国基础教育整体质量的肯定,但值得警醒的是,其中有些人包括有的"学霸"崇尚西方,以服务西方为荣,不惜鄙薄生他养他的祖国,从本质上说是"香蕉人",东方人的黄皮肤包裹着一颗西方人的心。

要培养有中国心的时代新人,教师自己就应先做到。如何才能成为一个有中国心,有民族自尊心、自豪感的时代新人?于漪从历史文化、时代发展的角度给出答案。

首先,必须补中国文化的课。"任何一个国家的发展都是建立在原有积累的基础上的。唐太宗也知道'以史为鉴,可以知兴替',学历史本身就能认识社会发展规律。我们对历史很不重视,只要提到教育就是讲数理化和外语。中国人向来最讲历史,但是现在的学生不讲历史。"②明史可知兴替,文化和文字都诞生在历史长河中,知道祖宗的"道"是什么,知道"根"在哪里,这样才会有对民族的基本认识。除了历史之外,还要从中国传统文化中汲取营养,比如诵读一些优秀的古诗文,从中了解中国文化的精粹,辨明具有民族特征的人伦是非,不能"数典忘祖"。此外,于漪还特别强调母语学习的价值和意义,她认为"母语是民族文化的根,民族文化是民族团结的纽带,对外是屏障,对内是黏合剂"③。要重视母语教育,不能只把它看作交流的工具,而是继承并发扬民族精神,弘扬中国文化的载体,因为"民族的语言文字是本民族的文化地质层,它无声地记载着这个民族的物质和精神的历史。爱自己的民族就应该热爱母语,它是民族文化

---

① 于漪.于漪全集:第1卷[M].上海:上海教育出版社,2018:172.
② 同①193.
③ 同①193-194.

的根。母语的盛衰,意味着一个民族生命力的盛衰;母语被粗暴对待,实质上是对一个民族心灵的挫伤"①。

其次,知行合一。"要知道世界上什么之间的距离最远?距离最远的不是天涯,也不是海角,'知'和'行'的距离是最远的……提出彰显、弘扬中华优秀传统文化的目的,就是要把'知'变成自觉的行动,要创新性地发展、创造性地转化。"②于漪更是用核潜艇之父黄旭华的例子示范了什么是"知行合一"。黄旭华为国家核潜艇事业做出杰出贡献,却隐姓埋名,做沉默的砥柱,青丝已化作白发,依旧对祖国的事业有拳拳之心,生命与使命同行,这就是将传统文化中的"忠诚""谦逊""自强"化作理想追求,化作脚下的每一步路。

再次,身上须有时代的年轮。有人总认为教师就是吃"经验饭"的行业,只要教材不改,一份教案可照本宣科几十年。没有进取精神,何谈精神创造?我们需要培养的是社会主义的建设者和接班人,是能适应未来挑战的时代新人,教师本身就要跟随时代奋勇前进。要在思想上松绑,从思考问题的习惯轨道上解放出来。教师做久了,常易犯"三多三少"的毛病:眼前的学生看得多,将来建设者的形象考虑得少;知识与能力看得多,情感态度与价值观考虑得少;考试分数看得多,综合素质考虑得少。这种育人观念与当今培养目标的要求距离甚远。教育要面向现代化,面向世界,面向未来,教育观念必须进行革命。"面向现代化"揭示了教育发展的立足点与不懈追求;"面向世界"提供了一种开放视野和新的参照系;"面向未来"强调了教育的长周期和必须具有的超前意识。教育观念的转变,在改革中的重要性居于首位。认识高了,有深度,有广度,思想通了,激情涌了,人就会聪明起来,办法也多了。时代性使教育永葆青春,焕发生机,只有跟紧时代的脚步,教育之树才能常青。

于漪的育人观是坚定不移地培养全面发展的、有中国心的时代新人。

---

① 于漪.于漪全集:第2卷[M].上海:上海教育出版社,2018:249.
② 同①176-177.

三、精耕细作的"育人"过程

"育人"难,是因为眼中没有人,"心中有学生,我们在教育教学中就能产生热情,产生智慧,充满活力,浑身就会有使不完的劲,就会去不懈地追求。认识了教育的这一本质,我们就会大局在胸,就会始终站在教育发展的前沿,牢牢把握课程改革的核心,就能够促使自己成为真正的教育工作者,而不是仅仅将教师这一职业作为养家糊口手段的教书匠。"[1]一个心眼为学生,就能精耕细作,于漪正是这样在教育的天地中进行了育人观的精彩实践。

(一)树立高尚的理想信念

学生要明读书之理、明做人之理、明报效国家之理,教师以人育人,也同样需要"立德",这个"德"不是狭义的,不仅指教师在培养学生时候所需的德行,而且指一种正确的价值取向,有高尚的精神追求、正确的生活道路和行为取向。育人先育己,育己后育人,教师要以高尚的情操培育学生良好的道德情操,以人格魅力感染学生。"人格魅力是无权力的力量,但能春风化雨,润物无声,点点滴滴入心头。"[2]

习近平总书记曾提出好老师要"四有",其一就是要有理想信念。于漪一直强调教师要有民族精神的根,爱国主义的魂,因为教师是为国家服务的,是肩负培养祖国未来公民的重任的。"立德",重要的是树立高尚的理想信念,"用我们现在的话来说就是'德才兼备',我们现在也要讲信仰,一个人没有信仰没有信念,魂就没有了,就会失魂落魄"[3]。基础教育中的育人就是培根铸魂,而理想信念是价值观、人生观、世界观的综合体现,能看出一个人的品性、视野和格局。即便同样是将医生作为职业理想的青年人,一个是为了救死扶伤,一个是觉得可能会有很多"灰色收入",看似同一个理想,追求却大相径庭。树立理想信念不是一个句号,而是省略号,它引领着一个人的人生,因此,如何树立正确的理

---

[1] 于漪.于漪全集:第2卷[M].上海:上海教育出版社,2018:127.
[2] 同[1]28.
[3] 同[1]184.

想信念就显得尤为重要。

首先,树立榜样,向时代的楷模学习。"有人认为这个时代讲实际,高尚是标语、口号,谈论它是一种奢侈。这种看法乱人视听。社会上各行各业追求高尚的人不在少数,'感动中国'的许多人物就是社会的高标,学习的榜样。作为育人的教师应站在精神高原之上,而不是下降到精神低谷,跟风、随波逐流。一个精神卑俗的人不可能担当好培育学生健康成长的重任。"①当我们看到92岁的上海新四军历史研究会名誉会长、上海警备区原副政委阮武昌坚持站在讲台重温人民军队的峥嵘岁月,当我们看到111岁的抗战新四军老战士、华东师范大学原党委书记施平的身影出现在荧屏上,我们敬佩万分,他们就是活着的丰碑,他们身上的历史厚重感来自"为党奉献,为国奉献"的卓越功勋,他们口中的一句"希望青年人传承理想信念"是最能鼓舞斗志的。于漪始终秉持对学生进行革命文化、红色文化教育的热情,在担任教师时,她就请新四军老战士、著名作曲家朱践耳为学生讲怎样创作《唱支山歌给党听》《接过雷锋的枪》,请烈士夫人讲述自己亲人舍身为人民的感人肺腑的故事。这些英烈、楷模由那些最亲近他们的人来讲述,形象更立体饱满,精神品格也得到更多的情感认同,学生听后眼含热泪,心中埋下了爱国、爱党的种子,红色基因代代相传。

其次,践行红色文化、革命文化和社会主义先进文化。"纸上得来终觉浅,绝知此事要躬行",对于学生来说,只有化为行动,理想信念才有了实际的价值。精神品格不是口号,而需转化在日常的行动中,于漪抓准每一次能够对学生进行思想教育的机会,比如学习雷锋精神,就应该体现在点滴细节中,友爱同学、帮助他人,细小的举动也能践行雷锋精神。此外,她还带领学生到福利院、养老院讲革命故事,讲述的过程就是内化的过程。学生在表演中"爬雪山、过草地",重走了长征路;边朗诵边"问苍茫大地,谁主沉浮",这些都会成为他们前进的动力,成为一盏盏明灯。

---

① 于漪.于漪全集:第2卷[M].上海:上海教育出版社,2018:28.

于漪教育教学思想概要

（二）五育互相支撑和融合

中共中央、国务院印发的《关于深化教育教学改革全面提高义务教育质量的意见》重要文件明确提出，要"五育并举"，全面发展素质教育，这是新时代我国深化教育教学改革、全面提高义务教育质量的纲领性文件，为义务教育指明方向。作为一名教师应拥护并实践国家的教育方针，而不是自成门户、另立体系。虽然培养德智体美劳全面发展的人的教育方针已提出多年，但是"智育"在学校教育中仍是"重头戏"，其中心地位很难撼动，其他"四育"不过是点缀。

"知识传授和技能培养在基础教育中占有重要位置，但它不是素质教育的全部，只是素质教育有机组成部分，是人的素养的一部分。新时代教育塑造新人，须树立全面质量观，着力于学生德智体美劳全面发展。片面质量观干扰，不坚守全面育人，某些方面短板乃至缺板，就会对学生的成长造成残缺，这种伤害，不完美，有的会影响一辈子。道德有缺失、体魄欠强健、审美少体验、劳动不实践，任何一项都会影响成长的质量，影响人生的走向，影响人生的幸福。树的成长除了阳光、雨露，还要吸收氮、磷、钾，乃至微量元素，更何况人的发展？"于漪一直在探索"五育"相互支撑和融合，也不断呼吁素质教育要落到实处，在实践中于漪主要形成了以下的做法和经验。

首先，德育为先。"1949年以来，从'德智体全面发展'到提出'四有新人'，从'素质教育'再到十八大提出的'全面实施素质教育'，显示出我们走有中国特色的教育发展道路的指导方针是非常明确的。'育人为本，德育为先'是每一个教育工作者必须遵循的。"[①]一边是看似有立竿见影之效的"智育"，一边是无法量化的"德育"，如果没有正确的全面育人观，很难明白德育的重要性，"人有了脊梁骨才能直立行走"[②]，才能成为真正的人。人之完成德是根本，缺德少品，精神坍塌，人就站立不起来。德性的养成从来不是一蹴而就，要常抓不懈，点点

---

① 于漪.于漪全集：第2卷[M].上海：上海教育出版社，2018：71.
② 同①116.

滴滴进入受教育者的心头。

其次,德智融合。"德智体美劳五育并举,不是割裂开来,1加1加1,而是各育之间既有区别,又有紧密联系,是全面发展的有机组成部分,是立德树人根本任务的重要载体。五育之间相互融合,互相依存,有强烈的全面育人意识,深入思考、探究,就可发现其中的奥秘与美妙。所有教学都有教育性,深入钻研教材,就可发现蕴含的育人宝藏,从思想观点、道德情操到人格品性、言行细节,无不闪发光彩。课选准切入口,德智融合,学生既学科学文化,又受情感、态度、价值观的熏陶、引领。"从学科德育到德智融合,于漪的思考建立于学校学习的常态。学生在校时,绝大部分时间都在学习文化知识,因此学科要成为德育的主渠道,课堂要成为德育的主阵地。于漪的德智融合理念先在语文学科进行研究和实践,通过学科知识体系和价值体系的统一,力求德智融合,协调同步,相得益彰。第一,将德的"核"在教学中"落地生根",通过教学引导学生树立正确的价值观念,培养良好的道德情操;第二,围绕"政治认同""国家意识""文化自信""公民人格"深度开发课文,教学设计不再停留在知识技能层面,更多地要引导精神层面的构建;第三,在教学方法上突破一言堂、满堂灌,"教育不是无情物",要以平等的师生关系促进教学相长,以德育德,以人育人。

再次,以美润心。于漪从没停止过探索教育的美,追求教育的美。"美本身就是生活。我们中国讲大千世界,大美无言,美是无处不在的。大自然美,社会上许多高尚的人、高尚的思想,朴素的、很深厚的人际关系,英雄的家国情结,也都是美。每位孩子、成人,都拥有丰富的美,也追求生活的美好。爱美是人的天性,追求美好是人们共同的目的。所以在教育中,美非常重要。"①她将这种想法转化到实践中,去开掘语言文字的美。"汉字,双脑文字,独具美感。它的内在结构和体态,有的非常飘逸,有的矗立不动。要把这种美的感觉教进去。汉字是历史的眼睛,我教语文,教的是历史风云、世态人情。通过会说话的汉字,你

---

① 于漪.美是不功利——美育访谈录(三)[N].解放日报,2020-6-9(8).

就给它以美感。"课是用生命在歌唱,一堂好课带来的不仅是感官的享受,而且是心灵的陶冶,"美是心灵的优雅",于漪以美育贯串,启智润心。

(三) 中华优秀传统文化涵养心灵

于漪的教育教学思想来源于实践,在中国基础教育土壤中生根、生长,她不希望中国教师的实践变成西方教育理论的东方案例选,东方人有东方人的智慧,我们也应该有自己的教师学和教育学。"中国的教育需要拥有两个视野,一个是中国历史发展的视野,另一个是世界文明发展的视野。我们要用这两个视野帮助我们树立自信。任何一种学术都具有独立性,其他国家再成功的经验都不能代替自身的独立思考。"[1]中西方对"人"的认识、对"人"的价值的认识出发点就不同,因此"育人"的内涵、方法也有所不同,既反映了政治、经济的特点,文化也起到了决定性的作用。

"中华民族之所以历经内忧外患,五千年打不烂、摧不垮,归根到底是民族文化、民族精神的支撑。民族经济可不断变革,民族政治也因各种因素而变迁、变革,而民族文化是一个民族的深层性格,是一个民族的语言、信仰、价值观、生活方式和思维方式,只要有民族脊梁在,这种文化就压不垮。"[2]文化是维系民族生存的精神纽带,它是一种集体品格,青少年通过了解中华文化,寻"根"溯"源",读懂小我,追求大我。"文化是一个民族的灵魂,无论是国家意识还是人格精神都需要文化的支撑。文化的漂移与无根状态会对青少年学生人格的形成产生非常不利的影响。一个国家、一个民族最深层次的力量是价值观。"对于一名教师来说,如何才能使中华优秀文化入耳、入脑、入心?

于漪认为,"传统文化教育在'文本中开掘、过程中点拨、情感上激励、思想上启迪,是一套行之有效的方法,可以将知识、思想、情感、价值观融为一体,让学生获得德育与智育的双重滋养"[3]。把关于民族精神特质的问题装进学生的

---

[1] 于漪.于漪全集:第2卷[M].上海:上海教育出版社,2018:71.
[2] 同[1]285.
[3] 同[1]117.

脑袋:中国人之所以成为中国人的特性是什么？中华民族之所以成为中华民族的特性是什么？"中华文化有精华有糟粕，但它所积淀的核心价值基本未变，讲仁爱、重民本、守诚信、崇正义、尚和合、求大同的理念，是涵养社会主义核心价值的重要渊源。取精华，除糟粕，传承精神命脉，能让青少年学生的心灵获得丰富的滋养。"[1]优秀的传统文化揭示了中华民族最根本的精神基因，是经济社会发展的精神导向，推动国家进步发展的智慧源泉，传统和现代不是对立的，教师需引导学生建立传统文化与社会主义核心价值观的联系，培育与弘扬社会主义的核心价值观，并在实践中做到知行合一。

朱熹曾言:君子教人有序，先传以小者近者，而后教以远者大者。说的是教育要循序渐进，由浅入深，"习小学"可养德性，为"大学"打基础。基础教育是本中之本，年少时记诵的知识可受用终身，年少时学习的道理也会成为做人的根基。"学生的人生是单程票，耽误不起也马虎不得。育人千古事，得失寸心知。教师要全身心投入，高度觉醒。"多一点敬畏之心，少一点功利之举，这是教师的天职，也是对生命的最高礼赞。

---

[1] 于漪.于漪全集:第2卷[M].上海:上海教育出版社,2018:286.

第四讲

深入学生世界,勘探成长奥秘

思想旨要

教育理想的向度和实践的归宿在于"培养人",本讲揭示于漪的学生观。"学生是万物之灵。每名学生都是具有独立性的人,他们的成长发展不是靠外力掌控,而是主体的自我认识,自我生长。他们不是'物品',不是'工具',任你使用,而是有主动性、能动性的万物之灵——人。"①于漪从中国传统文化中找到答案和灵感——"人是万物之灵"。

研究学生是开展教育的重要前提。"教师的'教'是通过学生的'学'而发挥作用的,因此教师要不断研究学生的新情况和新特点,要'和学生的心弦对准音调'。"②在学生身上,我们可以看出时代的特质,也能发现一些普遍的规律,因此,要通过解锁学生的精神密码来深入学生的世界,发现学生成长中的关键

---

① 于漪,黄音.穿行于基础教育森林[M].上海:华东师范大学出版社,2018:17.
② 于漪.于漪全集:第2卷[M].上海:上海教育出版社,2018:142.

问题并予以回应,"倾听每个生命的呼唤,施以阳光与雨露"①。"音调"不是固定不变的,教师要将时代的活水引入学生的成长过程中,"眼看四路,耳听八方"。"学校就是小社会……尊重、宽容、利他、各得其所,必不可少。各有各的美丽,善于聚集,才能奏响生命的和谐乐章。"②教师既要关注物理环境、心理环境和信息环境,以及三者对学生产生的综合影响,又要顺应教育变革的趋势,在学校教育、家庭教育、社区教育合力中发"专业"之声,"好话也要好好说"。

学生的世界色彩斑斓,学生观决定着教育境界的高低,教师眼中有人,从人出发,对课程、课堂、评价的理解会更有血有肉,目光更长远,更能守正创新。勘探成长的奥秘使学生"亲其师,信其道",更重要的是,教师以正确的学生观引导学生形成正确的世界观、人生观和价值观,实现生命的共同成长。

简明解读

发展性、独特性、独立性是学生观的基本内容,如何对学生观进行本土化的演绎,使之具有中国基础教育特点?

"一个学生就是一本丰富的书,一个多彩的世界。几十年来我教过各种类型的学生,面对这些丰富的'书',我一本一本认真读,一点一点学习、领悟,逐步懂得师爱的真谛,也品尝到亦师亦友的无穷乐趣。"③首先,学生是发展中的人,而人所共有的便是情感,因此情感交流是实践转化的重要途径。其次,于漪提出"和谐",这是站在中国文化伦理与道德的高度,建立"个体"与"群体"的密切联系。再次,教育刻有时代的年轮,要将培养学生当作时代赋予教育的命题,所

---

① 于漪.于漪全集:第 2 卷[M].上海:上海教育出版社,2018:205.
② 同①213.
③ 同①204.

思所想所为需有时代气息。

于漪这样概括自己的学生观:"学生是学习的主人,是能思善思具有主观能动作用的人,而不是'容器';教师要把从教出发的立足点转换到从学出发,要目中有人;教师的'教'是通过学生的'学'而发挥作用的,因此教师要不断研究学生的新情况和新特点,要'和学生的心弦对准音调',要启发学生学,引导学生学,珍惜并激发他们的潜能,培养他们的创新意识和创新精神;只要心中有学生,胸中有全局,锲而不舍,持之以恒,我们一定能够实现我们的教育目标。因此,既要重视学生在教学过程中的作用和价值,又要做到教师和学生很好地结合,充分发挥'教'和'学'的两个积极性。"① 这包含着几层关键的含义:一是学生是"万物之灵",具有发展和创新的潜能;二是为"学"而"教",分析、研究学生是教学的基础;三是引导学生"内建",真正成为学习的主体、生活的主人;四是在平等的师生关系中实现教学相长。

一、解读精神成长的密码

于漪是怎样对"学生观"进行实践转化的呢?

早在20世纪70年代,于漪就提出"既教文,又教人"的观点,"语文课是进行思想教育十分有利的阵地,服从于培养社会主义建设事业接班人的总目标",毕业生看望老师时说的话更坚定了她的想法。于漪教《文天祥传》,使学生领略中华民族的浩然正气,富贵不能淫,威武不能屈。学生走上社会,感叹:"贫贱也不能移啊!外国的先进科学技术我们当然要学习借鉴,但是脚要牢牢站在社会主义的土地上。"这就是上进学生心里的课,犹如人生路上的一盏盏明灯。

有学生说:"毕业多年,那些曾经学习过的课文早已淡忘,但老师的一句'文学,教会人包容',使我学会用包容之心看待生活,用平常之心对待欲望,诗意的美不仅存在于作品之中,而且真实地存在于天地间。"于漪的话,使其终身受益。

一名好教师,会引导学生精神世界成长。每个学生的精神成长都像一个密

---

① 于漪.于漪全集:第2卷[M].上海:上海教育出版社,2018:142.

码锁,解锁密码的过程正是教师将"学生观"实践转化的过程。

(一) 与学生的心弦对准音调

"基础教育是大众教育,须面向全体学生。大众教育不排斥英才教育,但不能只当英才教育的配角。人是有多元智能的,各有所长,各有所短。基础教育着眼于全体学生,为全民族素质的提高奠基。还要清醒地看到,有时有些受教育者并非真'英才',而是拔苗助长的对象,无后劲。要倾听每个生命的呼唤,施以阳光与雨露。"①要与学生的心弦对准音调,就要倾听生命的呼唤,更重要的是了解学生成长中的关键问题。

学生的心很难琢磨,需要教师下功夫。究其原因,倒并不是因为学生的想法太过复杂,而是人心本就难测,人要了解另一个人本来就是一门学问。只不过,想做一名好教师,就必须突破成长环境不同、经历不同引发的代沟,多换位思考,有意识地褪去"成熟",从学生心智发展水平出发去感受、理解他们眼中的世界。

比如当下,在探索大中小学教育衔接时,教师预设学生会遇到的困难大多来自课程设置的增加、学习内容的加深和学习方法的不当,一旦深入学生世界,就会发现学生所遇到的问题不仅局限于学习方面,他们会更关心在新的学校里能否交到好朋友,会不会被排挤在一个个"小团体"之外。另有一些小问题在成年人看来不值得一提,例如不善于表达的学生会因为上课时回答不出问题而感到尴尬,有倾诉欲的学生会因为老师没有给他充分表现的机会而失望,无法抵挡游戏、手机的诱惑,屡屡与父母产生冲突,与班上的异性正常相处却被起哄,等等。

"我总是换位思考,设身处地为他们想想,不能以成人的想法、做法来框,要理解他们的心情、愿望、快乐、忧愁,少下'禁止令'、少设'阻挡栏',要正面引

---

① 于漪.于漪全集:第2卷[M].上海:上海教育出版社,2018:205.

导,积极为他们'出谋划策'。"①成人也是从青葱岁月走过来的,不妨从自己的成长经历中去分析学生所遇问题的合理性,这是一个从褪去"成熟",走向理解"天真"的过程。

应对的策略是什么？不得不承认,经验是一柄双刃剑,但教师的"成熟"往往体现在能找到具体现象背后的一般规律,更客观地分析问题,看清问题的实质,只有经历了"成熟",才会明白"天真"才是最高级别的"成熟"。这一点,学生是参不透的,因此,可以在这些方面下点功夫,引导学生解决问题。此外,就是情感上的鼓励、肯定,并不是所有的问题都要去解决,大海能做到自净,过滤其中的杂质,学生之间的一些矛盾和问题完全可以交由学生自己处理,慢慢消化、排解,自信是人生路上必不可少的"行囊",在自我意识的建立还不够完备之时,教师正面的引导、积极的肯定能激发学生的自信心和成就感,这是一个人成长路上必不可少的条件。

（二）引时代活水进入学生世界

学生在面对镜子中的"小我"之余,还要在人类命运共同体的宏大体系中寻找自己的坐标,成就广阔的胸襟和格局。这并不是夸大其词,纷繁复杂的现实问题往往会通过各种媒介冲破象牙塔壁,摆在学生的面前,"教师为学生今日的健康成长,明日的长足发展,引领他们把'小我'融入'大我'之中,建设有意义的人生"。

"要做到牢固树立育人的大目标,就要研究和深入到学生成长中的三个世界——生活世界、知识世界、心灵世界。以德育为核心,促进他们生活上健康、开朗、自理、自立；促进他们爱学乐学,善于求知,勇于探索；促进他们丰富心灵,提升思想,奋发向上。三个世界要和谐发展,不能只重其一,不重其他,要坚持质量的全面提高。"②教师不能因为疲于应付"事务性"工作而忽视顶顶重要的

---

① 于漪.于漪全集:第21卷[M].上海:上海教育出版社,2018:41.
② 于漪.于漪全集:第2卷[M].上海:上海教育出版社,2018:276.

"育人","育人"需要智慧,穿行于"三个世界",直面时代命题,助力学生的精神成长。

要引时代活水进入学生的世界,激发学生的潜能。学生接受新鲜事物的速度快,也容易对新生事物产生兴趣,这就倒逼教师关注时代发展的脉搏,将精华以丰富的形式融入实践中,使学习情境更为真实,使活动更亲和有趣。更重要的是,焕发时代生机的背后,要体现对教育价值和意义的深层思考,要站在时代的高度明晰国家对人才培养的大目标和具体要求。

让"劳动"走进统编教材可谓意义深远,但实践过程中会遇到不少问题。例如语文教材中的"劳动光荣"单元,选取讴歌劳动人民、劳动模范、劳动精神的课文,学生读钟扬、读袁隆平,对创造性劳动的艰难与功勋理解起来没有想象中那么困难,但他们不明白为什么张秉贵"抓糖"一过秤分量就刚好是一件难事,更无法理解《诗经》中先民集体劳作的艰辛与快乐。究其原因,现在的学生动手实践的机会很少,专心读书成了唯一的"义务",衣食住行都是父母现成准备好,不少甚至发展成为时代洪流中的"巨婴"。于漪在上海市第二师范学校做校长时,学校很大,80000多平方米地却没有一个清洁工,绿化种植、卫生保洁都由师生一同承担。"环境不是靠向别人伸手要来的,是要靠自己创造的,学校除了教书育人、服务育人、制度育人、管理育人,还可以劳动育人。""新时代重新发现和认识劳动教育的价值和意义,弘扬劳动教育,培养中小学生的劳动情怀和劳动素质,有助于全社会营造崇尚劳动的正能量。德智体美劳,每一个方面都有其自身的特点和在教育中的功能。"①许多时代症结可归结为教育的缺失,教师更应引时代活水,站在战略高度认清问题,来弥补缺失。

同时也要注意分辨,并不是所有新鲜的事物,所有流行的都是有营养的。"学校教育经常碰到的苦恼事是与社会、家庭教育的不协调乃至冲撞。学校教

---

① 焦婧茹.劳动教育,让孩子拥有幸福生活的能力——于漪谈新时代中小学劳动教育的内涵、意义与推展[J].上海课程教学研究,2019(9):4.

育的权威性常受到光怪陆离的某些社会现象的冲击,在学生身上,负面影响超过正面教育的效果。做深入细致的工作当然势在必行,但在合适的情况下,可运用法律武器,保障教育的有效性。教育法以法律的形式对社会环境做规范,对儿童青少年健康成长能起极大的保护作用。"[1]

(三) 创设活动,为步入社会做"演练"

社会学家费孝通提出了"差序格局""团体格局"两个重要的学术概念,揭示了社会对于人的思想、行为的种种影响。班级是个"小社会",学生身处其中,公、私、群、己是相对的,也会面对价值、文化、观念的冲突,教师要适当引导,使规则内化为自觉,存差异也不失和谐。

现在学生生活的环境变了,同伴游戏减少,而基于网络的虚拟交流某种程度上加剧了孤独感。城市里孩子广泛接触网络,但现实感很弱,他们在虚拟的世界体会到真实感,在真实世界里又被虚拟感包裹,与网上的朋友交心,与现实里的同学却疏于交流,甚至心存戒备。虚拟世界的真实感使他们感到简单放松,而现实世界须有责任、有担当,太过麻烦。种种想法会影响学生之间的关系,进而影响班级的整体氛围。因此,教师要尊重多元文化,鼓励学生的自我实现,通过创设各种各样的集体活动培育共同价值,形成积极向上的氛围,通过学生自主管理,不断完善制度文化。集体就是一个小社会,在活动的驱动下,学生之间就会有交流,有分歧和冲突是正常的,在缓解冲突和矛盾的过程中,学生自然而然学会了宽容,"沉默者"或许就会发声,"边缘人"或许会站到展示的舞台,"躲避者"慢慢成为"决策者"和意见领袖,这既是一种磨炼,又是未来走向社会的演练。

"社会是各种关系的总和。学校就是小社会,有各种各样的关系,如师生关系,生生关系,学校领导和教师的关系,教师之间的关系,教师与员工的关系,等等,这各种各样的关系如何和谐相处是一门大学问。尊重、宽容、利他、各得其

---

[1] 于漪.于漪全集:第2卷[M].上海:上海教育出版社,2018:215.

所,必不可少。各有各的美丽,善于聚集,才能奏响生命的和谐乐章。"①深邃的夜空衬托点点星光才有了迷人的群星璀璨,和而不同,美美与共,春天的苗圃才能繁花似锦,姹紫嫣红。

(四) 在教育"合力"中发专业之声

教育是民生,关系到学生个人和家庭的未来,随着社会对教育的关注度越来越高,教育问题成了社会性的问题。曾经有人仿照马斯洛的需求层次理论,将子女教育放在"金字塔"模型的顶端,从侧面反映了对高质量教育的期望值和教育投入很高。教育也是国家战略,"今天的教育质量就是明天的国民素质",要以培养社会主义建设者和接班人为目标,为国家的经济发展、人才储备提供基础。学校教育、家庭教育、社会教育三者最好要形成合力,但现在很多是形成分力。比如学校要减轻负担,实施素质教育。学校减作业,家庭加作业,社会机构忙着赚钱。② 报载:一个7岁的孩童每个星期要参加社会上举办的6个不同类型的辅导班,这种折腾,到底对谁有利? 对孩子的伤害,谁该负责? 专家学者不断呼吁要警惕教育中的"内卷"现象,多少家长又能听得进劝说,不再将孩子推进恶性竞争的泥淖? 家长、学校、教师之间的博弈,让孩子不知何去何从。

无论是学校、家长,还是社会的其他教育力量,其"靶心"都是学生的全面发展,但形式和内容应各有侧重,在形成合力的过程中,如何才能体现教师的专业性?

首先,要传播正确的评价理念。家长口中时常出现的"别人家的孩子"是横向比较的产物,"对于孩子的成长来说,纵向比较非常重要,这是用辩证、发展、历史的眼光进行评价",垂直水平上的变化更能看出学生的进步。随着国际、国内对教育评价研究的不断深入,教师要引导家长关注评价改革的整体趋势,明确评价的重要功能是诊断并改进学习,而不是仅仅用来分高下、作比较的。

---

① 于漪.于漪全集:第2卷[M].上海:上海教育出版社,2018:213.
② 同①209.

其次,要增加指导方法的科学性。对子女教育高期待的家庭的动机与结果未必一致,子女教育高介入、高度参与有时收效甚微,甚至产生负面影响,产生问题的原因在于方法不当。教师可以根据丰富的经验和扎实的学理提供引导。比如家长在陪伴子女做作业时,一味就题说题,一看到子女做错就指指点点,甚至让"家庭作业"变成"家长作业",这时教师就可以引导,让家长懂得参与子女作业的方式有许多,除直接参与外,还有间接参与的方式,例如排除环境干扰、习惯和态度养成、引导子女自我监督等,这些从长期来看往往能收到更好的效果。

再次,要运用合理的沟通技巧。教师不仅要和学生做朋友,也要和家长做朋友,袒露赤诚之心才是最好的"自我保护"。"沟通要从学生与家庭的实际情况出发,有理有情有节,千万不能采用向家长告状的形式……'沟通'不是推卸责任,把难题甩给家长,沟通的目的是让家长了解学生在学校的情况,教师了解孩子在家里的情况,分析问题所在,寻找改进的方法和路径,让孩子更健康地成长。"[①]这就是"好话好说",避免学生认为教师是在告状,产生隔阂。"少讲缺点与错误,少就事论事,多以事论理;多激励进步,少冷言冷语。要宽宏大量,尊重和包容各种类型的家长。要讲点语言艺术,让家长理解你的苦心,信任你的真情,共同担起培养下一代成人成才的责任。家风家规好,教育子女有方的要充分发扬,请他们介绍,请学生转述,传播正确有效的家庭教育理念与做法,供其他家长借鉴。"

虽然学校、家庭、社会教育的侧重点不同,但都应坚持两点原则:一是每一个生命都值得敬畏,因此,要发现孩子身上的优点,捕捉他们身上的真善美;二是做人最重要。"几乎每个家长都期盼孩子成龙成凤,而不顾及孩子本身的具体状况。家庭教育本应着重于孩子的品德、习惯,这是做人最重要、最基础也是

---

① 于漪,黄音.穿行于基础教育森林[M].上海:华东师范大学出版社,2018:37.

最核心的。"①不只是家庭教育,所有的教育都要把"学做人"放在重要的位置,这样的教育才不至于错位。

二、为精神成长赋能

于漪"学生观"在实践转化中呈现怎样的特征呢?那就是为学生的精神成长"赋能"。

人终其一生都在探寻人生的意义,而意识空间会决定选择指向,在基础教育阶段,教师要唤醒学生的潜能,为其精神成长赋能。

杨绛先生说过:"读书的意义大概就是,用生活所感去读书,用读书所得去生活。"基础教育阶段是学生认识自我、人生起步的重要阶段,也是人生观、价值观、世界观形成的关键时期,教师要引导学生看清人生的意义,追寻积极的人生价值。

"学生是万物之灵。每名学生都是具有独立性的人,他们的成长发展不是靠外力掌控,而是主体的自我认识,自我生长。他们不是'物品',不是'工具',任你使用,而是有主动性、能动性的万物之灵——人。"教育提供了寻找解决各种各样的人生问题的方向,教师要引导学生发现开启这一切的钥匙掌握在他们自己手中,生命的姿态由"我"决定。

人是"万物之灵",更细致地勾勒出教师的角色肖像,丰富了师生、生生关系的内涵。

(一) 倾听需求,师爱荡漾

教育事业是爱的事业,没有爱就没有教育。在教育楷模的先进事迹中,总能被其中的师爱所感动,面对的对象不同,师爱的呈现方式也不相同。"师爱是一种温暖,一种高尚,一种关注,一种理解,一种包容,一种体贴,一种动力,一种引领。内涵极其丰富。"②

---

① 于漪.于漪全集:第 2 卷[M].上海:上海教育出版社,2018:209.
② 于漪,黄音.穿行于基础教育森林[M].上海:华东师范大学出版社,2018:26.

爱是学生成长的基本需求,学生观的转化实践需要从学生的需求出发,因此,教师应将师爱贯串在教育的过程中。"师爱荡漾应覆盖学生求学过程的方方面面,生活的,学习的,思想的,精神的,物质的,等等。身体健康要关心,而精神方面的成长更为重要。当今社会纷繁复杂,多种价值观并存,多种文化交织呈现,对无文化积淀、无生活经验的学生更要在明辨是非、追求理想信念上积极引导,切实引领他们'扣好人生第一粒扣子'。"师爱须全身心投入,浸润在教育的点点细节之中。

师爱不是一个抽象的概念,更不是空中楼阁,而是实实在在、非常具体的行为。教师先要做到倾听生命的呼唤。学生在学习、生活中多多少少会有障碍、困惑和曲折,但不是所有的学生都愿意将困难倾诉出来,这时,就需要教师用心体察,学生的一个眼神、一个动作、一个举动,都会发出信号,教师通过捕捉细节,耐心观察,可以发现一些甚至学生自己都没有意识到的问题。而后,就是建立信任,可以通过了解他们的兴趣爱好走进他们的生活,勘探心灵的奥秘。遇到问题后,要适时诊断,争取做到"一人一方",有针对性地提供对策,帮到"点子"上,建立"一人一档"。解决困惑不是一蹴而就的,旧的问题会反复,新的问题也会出现,因此要对学生进行追踪式的研究。

在物资匮乏的年代,教师要帮助学生解决基本的温饱问题,虽与学生没有直接的血缘关系,却可以省出自己的口粮保证学生有吃的。如今,时代发展,大部分学生无须担忧温饱,也不会再因物质短缺而带来极大的不安全感。现在的学生所面临的危机是思想上的侵蚀,某些别有用心者将消费主义、享乐主义等不良风气与娱乐、商品"捆绑销售",让学生小小年纪就瘫倒在"舒适圈",无力自救。物质的匮乏要帮,精神的贫瘠更要帮,今天吃不饱,也许明天吃一顿就能补回来,但如果不良思想不纠正,或任由思想的土地一片贫瘠而不撒播种子,是很难在短时间内弥补回来的。在当下,师爱更需要关注学生的精神层面问题,以敏锐的洞察力和清晰的判断力扫清学生成长的障碍,增强他们的是非判断能力。可坚持榜样领航,以古今中外卓越人物、英雄人物,尤其以中华民族英烈人物为榜样,点燃学生心中理想信念这盏灯,点亮人生的路程。

师爱是一种大爱,凡是"爱"都必须适度。"爱,不是姑息,不是迁就,爱是'严'的孪生兄妹。没有规矩,不能成方圆。培养人,要有严格的要求,严格的管理。这个规矩,就是党的教育方针,要以它为准绳。'爱'是'严'的基础。爱是对事业的忠诚,对莘莘学子的无限期望。有了爱满天下的胸怀,'严'才会有效果。'严'要严在'理'上,'爱'中有'严','严'中有'爱',学生在温暖的阳光抚爱下就能健康成长。"①师爱讲究情理,既要有悲天悯人之心,又要受理性思考的制约。

师爱荡漾,荡涤心灵,才能奏好"双重奏",实现师生生命的共同生长。

(二) 引导"内建",唤醒自觉

如今的青少年尤其重视"自尊"和话语权,在孩子的心中,尊严是底线,不能踩,而以往"大人说话,小孩别插嘴"的教育须改变,他们更倾向于和大人直接对话。不少教师认为,日常教育教学中的一大难点就是应对"生成"不在"预设"范围内,无法把控,这项不小的挑战使得不少教师将学生的奇思妙想扼杀在摇篮中,不给学生表达的机会。即便是有的公开课看上去学生能尽情发表看法,其实也是排练后背诵脚本,学生依旧没有获得真实的话语权。

"一言堂"的现象并不罕见,这种教学方式的存在必然有其合理性,但如果理念依旧停留在传统灌输式的教育教学模式上,就违背了人的本性。传统灌输式的特征就是把教育对象当作"物",教师说、学生听,学生只能屈服于教师的权威。"就人的本质而言,年长的'师'与年少的'生'是平等的,都是万物之灵,年长者对年少的学生应尊重、爱护,有悲悯之心。"②每个生命都有它的名字,都值得尊重,值得敬畏。教师应如何看待课堂上学生的举手提问和质疑,又应如何看待课后学生对自己的观点提出不同意见?是蓄意捣乱,有意抬杠,还是挑战

---

① 于漪,黄音.穿行于基础教育森林[M].上海:华东师范大学出版社,2018:43.
② 同①17.

耐心？

在教学中，教师想通过不断钻研教材，精心设计，以扎实学识、逻辑思辨给学生带来科学文化的收获，也在钻研的过程中逐渐厚实自己的学识功底，丰盈自身的精神世界，这些固然很重要，但如果是以满堂灌的方式，那最终只能是一个人"登台表演"，最多是实现了自我生长。每一堂课会影响学生的生命质量，也是教师生命质量的反映，教学不是"填鸭"，不仅教师要做发光体，每一名学生也都是发光体，才能各得其所。

教师的"外塑"要促进"内建"。"学生获得知识、提高能力不是全靠教师的'外塑'，主要靠学生自己的'内建'。学生是在一定情境下，如在社会文化背景、学校文化背景、课堂环境气氛下，借助其他人的帮助、协作，获得知识与能力。教师传递的只是知识信息，学生积极参与，主动参与，才能内化为自己的所得。因而，学生在课堂上动口、动手、动脑，生命涌动至为重要。"①平等的对话就是思维的碰撞，是激发彼此潜能的过程。"对话"意识的形成，是教师角色的转变，教师的道德、理想、情操、学识在学生身上内化，进而形成自己的认识，而不是把自己的思想"拷贝"几十份，替换学生的头脑。平等的"对话"一旦形成，单向输送转变为双向流动，自我生长才能在思想交锋中衍生灵感，教师和学生互相教育，教学相长。

"现代教育要求充分尊重学生人格，满足其内在的成长需要，使学生充分认识到自我的人生意义和生存价值。因此，教育要由单向灌输走向双向对话，也就是由单向影响转向双向互动。"②"对话意识"的表现是师生关系的平等和谐，其实质就是尊重和理解。

"闻道有先后，年少的学生幼稚、粗糙、不完美，是未长成的常态，不能苛求，关键在年长的教师要练就敏锐的洞察力，发现他们身上闪光的东西，真心实意

---

① 于漪.于漪全集:第2卷[M].上海:上海教育出版社,2018:228.
② 同①144.

地欣赏、品评、激励。"①也许有人会说,教师对于学生的表扬远没有一句批评来得分量重,也许你表扬了学生十句,只批评了一句,他能记得的只有那白纸上唯一的黑点。赞美、信任和期待具有一种能量,它能改变人的行为,表扬、批评都要在理上,当学生感受到教师的信任和尊重时,便感觉获得了支持,从而增强了自我价值,会将自信、自尊转化为积极向上的动力,尽力达到对方的期待,因此,教师要练好"长善救失"的本领,这也是平等对话的策略。

(三) 生命对话,共同生长

生命的涌动并不仅仅来源于学生一方,教育的魅力之一就在于生命与生命的交错、对话。学生观的实践转化是一个动态生成、共同生长的过程,并不能照本宣科,也没有统一的模式,"一个人心中总要有一盏明灯,因为教师的工作是双重奏的。一重奏是你自己的人生一定要奏响中国特色教育的交响曲。与此同时,你还要引领学生走一条正确健康的人生路,奏好他们人生的乐章"。

随着时代的发展,教育会面临一些以往碰不到的困境。比如,学生获取学习资源的渠道日益多元,教师的部分功能可能会有所弱化,职业成就感降低。再比如,一些用心不纯的补课机构利用家长迷信成绩的心理,将家长的担忧转化为商机,宣传力度大,学生以往的"两点一线",变成了"三点一线"。不排除其中的一些内容是有作用的,但也会出现一些糟粕,更可怕的是,学生开始在学校里"表演性学习",上课似乎专心听讲,其实思想在"打盹",对于学校学习的信服度、依赖度和专注度都有所减弱。

实际上,教师对学生产生的影响是很大的,教师的思想境界、人格魅力、学术素养会影响学生的成长。"教师不管是自觉或不自觉,对学生的作用都不可能是'零',不是正面作用,就是负面作用。与学生朝夕相处,课内外的言行都是世界观、人生观、价值观的亮相。"正所谓学高为师,身正为范,"教师的人格力量是对学生进行素质教育的重要保证。教育力量只能从教师人格力量的源泉中

---

① 于漪,黄音.穿行于基础教育森林[M].上海:华东师范大学出版社,2018:17.

产生出来。离开了言传身教、春风化雨，教育功能就被消解"，人格的力量渗透在教育的点点滴滴中，更容易被学生所吸收。教师不但要引领学生发现学习的乐趣，做学习的主人，而且要在教育中滴灌生命之魂，使他们对生命产生敬畏，主动探寻生命的价值和意义。

学生眼中的好老师，是能够对他们的生命成长、精神成长起到引领作用的，而不是一个只会"敲黑板"画重点的"机器"。在教一篇课文时，教师要感动学生，先要感动自己；要求学生思索人生的价值与意义，先要自己对人生有所领悟；想要引导学生的精神成长，先要自己精神成长，好在人是"万物之灵"，教师也要不断认识与发展，这就构成了教师和学生相互促进的基础。

教学相长的内容十分丰富。首先，促进教师拓宽自己的认知边界。一线教师偶尔在课堂上会被学生问倒，通过课后反思，加深学习可以开阔、提升视野，建构或完善知识体系。其次，提升育人境界。教师是学生的一面镜子，学生也是教师的一面镜子，能照出教师的优点和不足，更能照出教师心里的底色，教师通过倾听生命的呼唤来增添悲悯之心、人文情怀，以更宽广的胸怀接纳每一个学生，以仁爱之心关怀每一个生命。再次，在自我实现中增强使命感。教师传道、授业、解惑，在学生的精神成长中塑造自己生命的崇高价值，以明澈之心、热爱之情全身心地投入教育工作中，"理想就在岗位上，信仰就在行动中"。

"刚柔交错，天文也；文明以止，人文也。观乎天文，以察时变；观乎人文，已化成天下"，中国文化的旺盛生命力来源于它的包容性很强，海纳百川，兼收并蓄。学生观的实践转化既是面对国外的教育思想"放出眼光，运用脑髓"，取其精华，加以借鉴，也是中国传统文化"幼吾幼以及人之幼"在新时代教育中的创造性转化和创新性发展。

"一花一世界"，静候不如化作阳光、雨露和泥土。一朵花的绽放是觉察、理解、接纳的过程，也是陪伴、体验、唤醒的过程，生命永恒，教育永恒。

第五讲

课堂质量决定学生的质量

 **思想旨要**

基础教育是帮助学生打"地基"的重要阶段,它的成功与否,会影响学生的一辈子。学科教学是学校教育的主要领域,课堂是立德树人、培养时代新人的主阵地。如何科学地认识课堂,形成课堂教学的有效策略,提升课堂教学效益,是于漪教育教学思想的一个重要组成部分。本讲简要阐述于漪的教学观。

课堂的核心指向是培养完整的人,因此对今天课堂教学的价值有一个再认识的任务,课堂教学要"滴灌学生的生命之魂",要培养现代人的素质、能力、智力和价值观念,实现熔知识传授、能力培养、智力发展、思想情操陶冶于一炉的综合效应,让学生真正成为课堂的"发光体",教师就要正确理解课堂,正确定位课堂的师生关系,确立学生的主体地位,课堂教学的所有方法策略与实践操作,都是在这个基点上而建构起来的,这也构成时代对教师的新要求。

于漪的教学观,包含理性建构与实践探究两个层面,前者指导与引领后者,

后者又证明并完善前者,两者融为一体。因此,解读于漪的教学观,不能仅仅站在一个层面,或者把两个层面割裂开来机械地解读,而要整体地解读与理解,才能真正认识我们这个时代应有的教学观。

 **简明解读**

一、核心理念：实现全人教育

于漪认为,学科教学的核心追求是培养完整的人。她说:"学习的目的,在于彰明内心美善的德性,在于使人自新,在于使人处在最高的至善的道德境界。"[①]因此,"课要教到他们身上、心中"。这形成了于漪教学观的思维原点。

（一）实现价值重构

于漪指出,人的成长最重要的是精神层面的追求。因为物质生活是生存的基本保证,物质基本满足就能获得快乐,而精神上的追求则是人内在的需求,人要追求诗意的精神家园,让生命的清泉汩汩流淌,这些是生命成长的本源,体现了生命的意义、生命的价值、生命的丰厚和完美。因此,学科教学,不仅要实现学生的知识成长与能力成长,还要实现其思想情操与价值意识的成长,从而培养完整的人,这构成学科教学的重要使命。这在今天的核心素养视域下尤为重要。

于漪认为,基础教育是帮助学生打"地基"的重要领域,它的成功与否,会影响学生的一辈子。并且,这一"地基"的打造,必须建立鲜明的时代意识,要放在特定的历史条件和社会环境中去认识,要以明日建设者的素质要求、德才要求为标准,要明确"育人"目标的内涵。例如,今天语文学科的育人目标,就是从语文的教育功能出发,培养具有现代人素质、能力、智力和价值观念的明日建设者。她说:"对这个'现代人'的内涵,我的理解是'思想活跃,富于理想,自学能

[①] 于漪.于漪全集:第2卷[M].上海:上海教育出版社,2018:126.

力强,善于吸收各种新信息,能不断更新自己的知识结构,勇于改革创新''有良好的习惯,有奋发的精神,有追求真知的旺盛的求知欲,有克服困难的锲而不舍的意志与毅力'。"①因为,这是"滴灌生命之魂"的事业。

由此,于漪提出了"种子说"。她始终认为,学科教学的重要追求,就是在学生的心底撒播种子,知识的传授也是如此。她指出,只要把种子撒播到学生的心田里,就会开出智慧的花,结出能力的果。因为,前人的知识是后人创造新知的摇篮,历史文化的积累,知识的传承与发展,是科学文化知识创新的基础。教师如果不能把这种文化科学知识的历史继承性告诉学生,不把学生引到知识的巨人肩上,激发他们思想的火花,教学就失去了意义。

于漪认为,这在今天尤其重要。当今学生思维活跃,科技知识起点高,生活知识丰富,对未来有美好的憧憬。但与此同时,他们又存在明显的不足,如国家意识淡薄,道德观念、集体主义观念淡薄,又由于民族优秀文化传承薄弱,有的学生对西方文化不辨良莠,不识美丑,缺乏正确的文化判断力而照单全收。因为,在科技飞速发展、经济与社会发展日新月异的现代社会,多元经济并存,多元文化碰撞,信息传媒普及,都会对他们产生正面或负面的影响,他们的思想、道德、情操、价值观,他们的兴趣、爱好、追求,他们的行为举止无不渗透着时代的气息。时代的特点既给学科教学带来有利的条件,又带来严峻的挑战,如何让我们的课堂进入学生的心灵世界,发扬他们的长处,帮助他们树立信心,使他们的综合能力与综合素养获得较好的发展,为他们的终身发展奠定坚实的基础,是我们必须重视并值得付出心血研究的问题,这也必然成为今日学科教学的中心问题。因此,学科教学为学生撒播知识与思想的种子就尤为重要。

基于此,于漪率先提出了学科教学培养"现代人素质"的宏大任务,提出了学科教学价值重构的要求,赋予了语文教学目标新的时代内涵。

---

① 于漪.于漪全集:第3卷[M].上海:上海教育出版社,2018:19.

(二) 建构课堂理念

于漪曾反复强调,今天的课堂,是立德树人、培养时代新人的主阵地,今日教育所有育人目标的实现,都有赖于卓有成效的课堂教学。她说:"我把课堂当作传播知识、促进学生整体成长的广阔天地,打开四面窗户,引进八方来风,把大量的知识信息带入课堂,根据学生的年龄特征、知识水平和理解能力,补充大量课外有鲜明时代特色的知识,使教学的整个过程充盈时代的活水,激发起学生内在的持续不断地探索语文知识宝库的求知欲。"[1]她明确指出,课堂教的是"知识的核",因此,语文学科必须从母语教学的个性特点出发,把学生领进语文学习的广阔天地,把语文学习的课堂延伸到课外、校外,为学生打开认识现代社会、认识生命价值的大门,全面提升他们的整体素养,这构成了她的语文教育目的论,成为她"教文育人"观的一根最重要的支柱。其实,这也应该成为所有学科对课堂教学的基本认识。

由此,于漪构建起课堂的基本准则与策略系统:直面于"人"—植根于"爱"—发轫于"美"—着力于"导"—作用于"心"。[2]

直面于"人",是指在语文教学中要特别关注"人"本身。于漪把全面塑造优质的"人"看得比传授知识、培养能力更为重要。为此,她在教学指导思想和教学方法上实行了几个转变:把以"教"为主的课堂教学立足点转变为以"学"为主,即"教"为"学"服务,一切从"学"出发,又以"学"为归宿;把直线型的课堂教学结构转变为网络式结构,即把教师与学生的单向型联系转变为教师与学生、学生与学生、学生与教师的多向型联系,使课堂真正成为学生锻炼听、说、读、写能力与发展智力的场所。由此,整个课堂由"学"发端,通过"学"与"学"、"学"与"教"、"教"与"学"的多向交流,产生对话场,激发了学生思考的深度和探求问题的意识,这正是直面于"人"为课堂教学带来的新局面。

---

[1] 于漪.于漪全集:第3卷[M].上海:上海教育出版社,2018:27.
[2] 同[1]45-49.

植根于"爱",则是课堂要有大爱,这爱,在课堂教学中体现为明确坚定的学生立场,一切为了学生更好地成长。因此,教学不能只考虑我教了什么,更要考虑我的课堂让学生得到了什么。正因为植根于"爱",于漪才那样竭尽心力在课堂浇灌学生。她深有感触地说:"让课堂生活产生持久的魅力,首先在于教师对生活有执着的追求,在课堂中倾注自己的爱。"①

发轫于"美",即语文教师在课堂中所要抓住的根本就是"美"。如文学作品的解读,就是一个审美的过程。作品的"真"与"善",都必须融入"美"的形态中来。因此,对一篇作品的"真"与"善"的求索,也只有从"美"的角度切入才能取得良好效果。这是语文课堂上教与学都要遵循的一条重要原则,背离这个原则的语文教育和语文教学,是不可能成功的。

着力于"导",即于漪认为,凡属心灵层面的东西,都带有某种模糊性,它是无法量化的。因此,探究心灵,采用过于刻板而严谨的做法,不仅是徒劳的,而且会适得其反。懂得了这个道理,在语文教学上,就应有与之相适应的一套方法。她采用了"导引"之法,"导",才能发挥学生学习的主动性;"导",才能使知识真正为学生自己所有;"导"的过程本身就是一种启迪智力、开发智力、培养情操的最好方法。如语文课堂常常追求让学生"身临其境",但于漪指出,仅仅"身临其境"是不够的,必须"身历其境",语文课堂要让学生进入情境,切身体验,才能使学生真正体悟语言文字背后那动人心魄的美。

作用于"心",这是由于漪的语文学科的"人文说"和"教文育人"的语文教学观所决定的。心灵的塑造最难,但是,对于教育而言,它又是最为根本、最有成效的。正如苏霍姆林斯基曾说,教育素养的重要特征的第一个标志,就是教师在讲课时能直接诉诸学生的理智和心灵。因此,她的所有课堂教学艺术、教学手段都瞄准"心"而来,为着一个"塑人先塑心"的伟大目标而来。

从上面五点我们可以清晰地看出,它们可以构成课堂教学的准则与策略系

---

① 于漪.于漪全集:第3卷[M].上海:上海教育出版社,2018:47.

统,我们更可以看到,它们又远远超越方法策略的范畴,即超越了"术",而进入"道"的层面。于漪说:"就是上述五点,构筑起我教学艺术的'核'。它没有一个固定的程式,我们也许可以用一个比喻来表述:我的教学风格像'水',水本无形,形随容器,因势赋形,所以'大象无形'。"[①]大象无形,这是一种至高的境界,从这里我们也可以领悟到,其实,"境界"这两个字,贯串于漪所有课堂教学理念的建构与实践追求,值得我们好好体悟。

(三) 追求综合效应

课堂教学必须实现综合效应。在于漪看来,语文教学是一个完整而多元的系统工程,德育、智育、美育等各个具体范畴的教育目标,均构成这个系统的要素。而任何一个要素,对于系统来说,都不具有整体性,整体性只存在于系统本身。因此,只有当整体中的诸种要素共同发展、和谐发展的时候,各要素之间才能相互作用,实现整体的发展。也就是说,在语文课堂教学的过程中,只有当"知识传授、能力培养、智力开发、思想情操陶冶"多管齐下、齐头并进时,语文课堂教学才能收整体之效。

于漪又强调,这个整体之效又绝不是各部分简单相加之"和",而是事半而功倍之"积"。也就是说,课堂教学要实现多元价值的有机融合。在表达这一思考时,于漪用了一个"熔"字,这个"熔"字,不仅表明了整体的系统培养目标中各种因素不分主次轻重的同等地位,而且强调了几种要素结合的最佳途径和方法,是春风化雨,是水乳交融,是"化",是"育",而不是贴标签,不是生搬硬套,是内在构建,而不是外在塑造。这样一种倡导,正是遵循着学生的思维与学习规律,强调在一个完整课堂教学过程中实现育人的综合效应。

这样一种理念,来自全面育人的高度。全面育人,就是要求语文课堂熔思想、知识、能力、素质培养于一炉,从"多管齐下"的全局观念来处理教材,设计教学过程,使学生在各方面得到培养和发展。她举例说:"比如,我教《晋祠》,课堂

---

① 于漪.于漪全集:第3卷[M].上海:上海教育出版社,2018:50.

的第一个环节,要求每个学生口述祖国的名胜古迹,而且在速度和表达上有要求。学生从上海小刀会起义的点春堂讲到西藏的布达拉宫,从杭州的西子湖谈到长白山的天池,思想集中,兴趣甚浓。安排此环节,目的是使学生在以下几方面获得培养:锻炼口头表达能力;相互启发,扩大视野;了解中华民族的灿烂文化,进行爱国主义教育,增强民族自豪感。第二个环节,学生听写《中国名胜词典》的'晋祠'条目,并与课文对照比较,找出异同。其目的是:激发求知欲,训练学生听和写的能力,训练其思维的敏捷性,检验阅读理解的准确度,训练比较思维的能力。这正是我全面育人观在课堂教学环节中的充分体现,每一环节都有明确的训练目的,每一环节都从多方面起育人作用,都具有多重功能。站在这样的高度,讲课就会立体化,就会出现轩昂的轮廓;否则,起点太低,通道太窄,课堂教学就很难有纵横捭阖、收放自如的广阔天地,而只能给人平面化的局促的印象。"①这样的语文,其教学目标怎能不"熔"杂多于整一?

于漪强调:"可以这样说,没有我对语文教学整体性的认识,就不会有我语文教学的'教文育人'观。"②课堂的追求还是来自对学科教学理性认识的深刻与完整。

二、教学追求:攻坚克难,多管齐下

"不抄教科书,不吃别人嚼过的馍",于漪的课堂教学,从来不走别人走过的路。因为,她有自己的教学价值认知,有自己的课堂教学理解,更有自己的课堂策略探索,也因为,课堂永远是教师艺术创造的成果。当然,这些东西,是于漪的,也应该成为广大教师共同的认识并努力去实现的。

(一) 教学内容:滋润孩子心灵

于漪非常注重教学内容的确定,她认为,价值取向决定课堂走向,教学内容的确定,其核心意识是要滋润孩子的心灵。她经常强调,教学内容要注意避免

---

① 于漪.于漪全集:第3卷[M].上海:上海教育出版社,2018:52.
② 同①20.

工具理性过于巨大的影响,而导致教学内容与语言形式的脱离,甚至过于重视工具价值,致使学科育人价值的流失。因此,教师不能只考虑"怎么教",而应该更加重视"教什么",课堂一定要站在学生立场选择最有价值的教学内容。

于漪指出,中学语文教材的内涵极为丰富。入选教材的典范文章有的饱含中华民族赖以生存、兴旺发达的重要精神支柱——爱国主义精神;有的反映反对剥削、反对压迫,以解放全人类为己任的共产主义思想;有的表达无私忘我献身于人民的高尚情操;有的则为读者提供认识世界的科学的立场、观点、方法;等等。课文大部分反映了人文的内容,写社会、写人物、写景物,无不倾注了作者的爱与憎、好与恶。这些材料对中学生树立正确的人生观、世界观起到很大的作用。她还举例说,有些文章简直就是语言的仓库,佳词美句、成语特别多,认真钻研,受益匪浅。如韩愈的《进学解》中"业精于勤,荒于嬉;行成于思,毁于随",还有一些课文具有文言色彩的精要表达如"爬罗剔抉,刮垢磨光""纪事者必提其要,纂言者必钩其玄""贪多务得,细大不捐""焚膏油以继晷,恒兀兀以穷年""沈浸醲郁,含英咀华""佶屈聱牙""同工异曲"等,这些对治学、修德、前人文学艺术的特点等阐述得言简意赅、言简意深,语言的表现力发挥到极致。这些都是教师在确定教学内容时必须给予高度关注的。她说:"一个称职的语文教师在组织教学时总是'缘文释道''因道解文',以文中内在的高尚思想、道德情操拨动学生的心弦,可以既让学生感受到语言文字表情达意的表现力和生命力,又受到文中情与理的潜移默化影响。"①

于漪还指出,作为一个语文教师,当他将课文中思想内容的深刻理解和育人的崇高职责紧密相碰的时候,感情就会发生"井喷",课堂上就会闪烁火花,产生能量,并且势不可遏,使学生的思想感情发生共鸣而产生飞跃。她举例说:我清晰地记得带领学生学习《周总理,你在哪里》一文的情境。出于对开国总理的无限爱戴和怀念,课结束时我要求学生就课文内容和平日对总理的了解,谈谈

---

① 于漪.于漪全集:第3卷[M].上海:上海教育出版社,2018:24-25.

自己对"周总理,我们的好总理"的"好"的新感受新体会,要求言简意赅,可引用名言。学生经过思索,有的激动地说:"我们的好总理,'好'在'横眉冷对千夫指,俯首甘为孺子牛'。"有的引用杜甫咏怀诸葛亮的诗句说:"'自古丞相擎天柱',而周总理是'万古云霄一羽毛'。"有的学生情不自禁地赞叹:"总理文能治国,武能安邦,功高盖世,万古流芳。"从"好"这个词生发开去,学生不仅进一步理解这个极为普通的词所包含的极其丰富的内容,而且沉浸在赞颂总理伟大人格、高尚情操和不朽功绩的气氛之中,师生互受教育,实现了思想的升华与感情的净化。① 近些年,针对学生存在的一些缺失,于漪又强调语文教学要重视优秀传统文化,要加强红色革命文化教学。可见,语文教学内容的确定,一定不是技术操作的问题,而是一个价值取向的问题。

由此,于漪强调语文教师要充分挖掘教材的育人价值,她告诉青年教师:"我们不能停留在课文的表层,而必须带领学生走进作品中或显现或蕴含的思想高地、智慧高地,要求我们在教学中促使学生思考一些严肃的而又不是唾手就可解答的问题:生活道路的走向、生命的意义和价值、如何善待生命的美好、如何发挥聪明才智、创造生命的价值……我们要引领着学生在先哲先贤、在思想者和践行者那一篇篇充满睿智的文章和一部部感人肺腑的作品中去感悟社会与人生,去实现精神的觉醒,灵魂的提升。"②谆谆之言,实为至理。

(二) 课堂范式:立体多维无恒

于漪的语文课堂教学执意追求的是一种教无定法、学无定式的变化美。她说:"不同的文体,我有不同的设计;相同的文体,我亦有不同的设计;我常将讲、思、答、议、评有机结合起来,常取启发式、学导式、自学式等有效模式之长而自成风格,独为一体。这也是一种'没有模式的模式'。"③在这基础上,于漪构建起她"立体多维无恒"的课堂教学基本范式。

---

① 于漪.于漪全集:第2卷[M].上海:上海教育出版社,2018:151.
② 于漪.于漪全集:第3卷[M].上海:上海教育出版社,2018:23.
③ 同②56.

所谓"立体",是要抓好学科的基础性、拓展性和研究性这三个层面教学的有机结合。一门学科的基础性、拓展性和研究性虽然所表现出来的学习方式、学习要求和培养目的是不同的,但它们之间是很难划分出一条明显的界线的,它们往往既相互独立又相互包容,既相互制约又相互促进,你中有我,我中有你,而难以把它们截然区分。学科教学的知识、能力、素养等多层次综合交叉的基本性质也决定了它不能简单地划分出基础性、拓展性、研究性等不同的教学层次,而必须使其成为有机的整体。同时,学生的综合素养本身就包含了基础性、拓展性和研究性的要求。因此,理想的课堂教学往往既有基础性的学习要求,又有拓展性和研究性的学习要求,而学生综合素养的建构过程,也必须通过基础性学习、拓展性学习和研究性学习等多种学习过程得以实现。因此,要将课堂看成一个不可分割的整体,在基础性目标的落实中进行拓展性学习和研究性学习,又要在拓展性学习和研究性学习中进一步强化基础性学习。这是学科性质所决定的,更是课堂教学与时俱进,培养时代所要求的综合型、创新型人才的需要。

所谓"多维",则是课堂要实现多功能效应。于漪强调,语文教学要走出时而成为纯粹的政治工具,时而成为完全与政治无关的交际工具等历史的误区,要凭借语文自身的特质,以包容的姿态,主动承载德育、美育的任务,最大限度地发挥其对综合文化的积累效能,使语文教学在塑造完整的人的过程中,显示其他学科所无法替代的那种既独特又多样的功能,达到"整体大于部分之和"的功效。因此,无论基础性学习、拓展性学习,还是研究性学习,它们的最终目标是一致的,都是培养一种学习态度、学习方法和学习能力,培养学生的情感态度与价值观,而且,它们同样是不可分割、融为一体的。

"无恒"则是教学方法的灵活多变。于漪说:"我这几十年上了近两千节公开课,听过我课的教师可谓不计其数,常有教师说,听于漪的课,常听常新,不会厌倦。这是我课堂教学方法不断变换的结果。我从来就拒绝重复自己,课要上成'立体'的,教学方法也必须'立体'……教学方法和手段呈现百花齐放的局面。这些方法各有千秋,共同构成我课堂教学多功能的特色。"①

正是这种立体多维无恒的课堂教学范式,学生积累了广泛的知识,培养了开阔的视野、敏捷的思维、活跃的思想,以及积极的情感态度与价值判断能力,使学生得到全面发展,这正是她"教文育人"的教学观所期望达到的目标。

(三) 聚焦思维:形象思维和逻辑思维的融合

于漪所有教育理念的一个基本特征,就是鲜明的实践性,根植于语文教学实践的土壤,因而它们往往既是一种科学的理论,又是一种具有可操作性的教学策略。她认为,语文课堂处于核心地位的是语言体悟与思维发展,为此,她提出了语言和思维训练的核心说。并且,针对以往语文课堂偏重理性思维而忽略感性思维的状况,她强调,语文课堂应该是形象思维和逻辑思维的合二为一,即课堂既要重视逻辑建构,又要重视审美体验,她指出,教师应力求使自己成为一位"能够教会学生思考的人",使自己的课堂成为一个"积极思考的王国"。

针对语文学科的思维特点,她对学生的思维训练,是将二者水乳交融地结合起来。她说:"我对学生逻辑思维的训练,从来不是以抽象的、刻板的方式进行的,而是在严密的逻辑推理的基础上,通过使用形象思维的语言来进行的。在记叙文中有逻辑思维训练渗透,在议论文中挖掘其中的审美的情感因素,调动形象思维的参与,使两种思维能力训练始终相辅相成、并驾齐驱。"②为此,她探究形成了一系列具有个性特点的教学策略。例如:

"面上开花"训练法。这是全体学生参与的快节奏的思维训练方法。这种思维训练的第一个特征是紧张,因为紧张会使人智能的潜力得到意外发挥。心理学研究表明:几乎所有的人在智能方面都有潜力,而这种不自知的潜力在困难或紧张的场合会得到超常发挥。"急中生智"即指此。这种思维训练的第二

---

① 于漪.于漪全集:第3卷[M].上海:上海教育出版社,2018:53.
② 同①42.

个特征是参与面广。针对某些学习困难的学生在思维方面比较疏懒,又因为疏懒而反应相对迟钝的问题,她认为教师有责任在课堂教学中特别注意发展他们的思维能力。"面上开花"的训练方式就是强迫这些疏于思考的学生进行思考,唤醒他们的思维,把他们"从智力的惰性里挽救出来",体现了"面向全体学生"的教学思想。

"纵深发展"训练法。这一方法强调的是思维的深度和难度,突出一个"深"字。如何使学生的思维向纵深发展,学源于思,思源于疑;疑是思之始,学之端;小疑则小进,大疑则大进,无疑则不进。她认为现代教育最难的就是把问号装到学生的脑子里。这种方法要求抓住矛盾促使学生思考,因为对立的事物互相排斥,人们碰到这种情况容易引起思考,学习也是如此。因此她经常抓住课文本身外露或者内含的矛盾,抓住学生理解课文的过程中所产生的种种矛盾来引导学生开动脑筋。如教都德的《最后一课》,一上课她就单刀直入指出矛盾:"《最后一课》的主人公究竟是谁?是韩麦尔先生,还是小弗朗士?如果是前者,根据何在?如果是后者,根据又何在?"一石激起学生思想上的千层波澜,于是,辩论,读书,再辩论,再读书。在读与辩的过程中,学生抓住了关键词语,掌握了情节,明确了主人公,理解了主题,思维自然就由浅入深了。

"鼓励求异"训练法。于漪指出,由于人们的社会环境、生活环境和所受教育的相对稳定性,人的心理习惯和思维习惯常会出现某种定式。比如,有些教师在设计教案时总是考虑如何启发引导,把学生的思维纳入教师预定的轨道,使全班学生沿着同一思路思考,最后得到一个统一的答案。这种做法在一定程度上束缚人的思想,扼杀人的创造性。而求异思维则在解决一个问题时可能运用多种办法,一个问题可能有多种正确答案,可以沿着不同的方向去考虑,沿着不同的渠道去思考;并且,求异思维不受任何局限,不依靠现成的材料去解决问题;另外,求异思维有助于冲破思维定式,跳出习惯的框子,逆向思维,从而发现事物非习惯性的特点,找到非习惯性的答案;还有,求异思维经常有推测、假设、联想、想象等活动参与,因此,求异思维能力的提升,会使学生的听、说、读、写能力更富有创造性。因此,课堂中要有意识地引导学生对教材"评头论足",打破对教材的迷信,还可以鼓励学生对教师的观点提出怀疑和异议。她强调,教师就是要用自己的聪明才智,帮助学生成为积极的思考者和真理的发现者。授人一鱼,仅供一饭之需;教人一渔,则终身受用无穷。

三、课堂定位:学生是学习的主人

于漪指出,建立新的课堂教学范式,还要求建立新型的课堂师生关系。新型的课堂师生关系有助于教师利用学科特点,培养学生对学科的直接兴趣和学习需求;有助于教师根据学生的生理和心理特点,开展多种形式的教学活动,培养学生的间接兴趣与需求。学生的兴趣影响课堂教学的效果,而课堂教学效果的积淀又可能形成学生一种理性的观念,即自己的终身志向。当学生确定自己的志向以后,其对课堂教学的积极意义是一般学习兴趣所不可比拟的。因而,形成这种从培养学习兴趣和学习需求到确定终身志向的过程,应该是我们课堂教学改革的重要目标之一,只有这种在理性指导下形成的学习能力才是可持续发展的。

(一) 心中有学生,胸中有全局

学生在教学过程中处于怎样的地位?与教师是什么样的关系?这是于漪始终在思考的问题,也是中外教育史上一直争论不休的问题。于漪对此作了科学的思辨。近代德国教育家赫尔巴特认为"学生必须对教师保持绝对的服从状态",他主张的是"教师中心论",学生成了教师的"奴仆",成为学习中的被动接受者。20世纪初的美国教育家杜威主张"儿童是太阳,教师必须围绕着学生转",这是"儿童中心主义",教师仅仅是学生的"辅导员"。20世纪30年代,以苏联教育家凯洛夫为代表的教育思想又全面强调教师的主导作用,对学生的能动性、自主性和创造性比较忽视,也没有彻底解决教师和学生的关系问题。

于漪认为,学生是学习的主人,早在1981年出版的《中学语文教学探索》中她就明确提出:"广大青少年学生是能思善想、具有主观能动作用的人,而我们有时却把他们当作'容器',放在被动的承受'我讲'的位置,堂堂课从头包办到底,剥夺了他们课内练习、思考的权利。把学生当作被动的人,实质上还是目中无人。"1984年她又在《语文教苑耕耘录》中强调:"改革课堂教学,提高课堂教学的效果,让学生做学习的主人。""只要心中有学生,胸中有全局,锲而不舍,持之以恒,课是一定可以教好的。"[1]她认为"教"不是统治"学",代替"学",而是启发学生"学",引导学生"学",教师应该把教学立足点"从教出发转换到从学出发"。在学习过程中,学生是主人,教师的教是通过学生自身的学习积极性而发挥作用的。因此,在课堂教学过程中,学生是教师的探求伙伴。教师要做一个激励学生思考的人,为学生提供咨询的人,与学生平等交换意见的人,帮助学生发现问题而不提供现成结论的人,并且是点燃学生智慧火花的人。对于学生来说,课堂教学应该是在教师的指导下,既是学习和探究新知识的过程,又是培养和提升自身能力与素养的过程。因此,课堂教学要在把握各学科的个性特点基础上,改变传统知识传输的单一封闭状态,注意知识的系统性、延伸性和发展性,从而激发学生拓展性学习和研究性学习的自觉要求,培养学生的主动参与意识,形成探究型学习和合作型学习,形成有利于学生自主学习的课堂教学范式,改被动性学习为主动性学习,变单纯接受性学习为接受创造并举的学习,由掌握性学习走向自主探究合作参与的知识、能力与素养的生成式学习。

但于漪并不主张"学生中心主义",她认为在教育教学过程中应该是"教"和"学"的两个积极性,而不是教师或者学生的一个积极性。在教育教学过程中,教师和学生都应该充分发挥主观能动性,各得其所,相互促进,而不是突出强调一个,削弱或否定另一个。过去片面强调教师的主导作用,削弱和压抑学生的积极性固然不对,但过于突出"学生主体",使"教师主导"等而下之,也不可取。

---

[1] 于漪.于漪全集:第2卷[M].上海:上海教育出版社,2018:141.

所以，于漪主张"教师主导作用和学生积极主动性相结合"。其基本内容：一是学生是学习的主人，是能思善想具有主观能动作用的人，而不是"容器"；二是教师要把从教出发的立足点转换到从学出发，要目中有人；三是教师的"教"是通过学生的"学"发挥作用的，因此教师要不断研究学生的新情况和新特点，要"和学生的心弦对准音调"，要启发学生学，引导学生学；四是只要心中有学生，胸中有全局，锲而不舍，持之以恒，我们一定能够实现我们的教育教学目标。因此，课堂既要重视学生在教学过程中的作用和价值，又要做到教师和学生很好的互动，充分发挥"教"和"学"的两个积极性。

这样一种师生观首先要求教师站在平等的基础上，去真正理解学生，与学生进行心灵的沟通。教师要走近学生，进而走进学生的世界，教师不能只站在学生世界的外面观察，要进入学生世界之中用心去看去听，搭准他们的脉搏。教师要有眼力，要巨细不漏，越是细微之处，越不让它在眼皮底下溜走。课堂上某个学生撇一撇嘴，某个学生脸上掠过一丝笑意，某个学生目光中突然出现某种异彩等，尽管那些细微的表情或动作瞬息即逝，但教师如果迅速捉住，和彼时彼地彼事联系起来思考分析，就可窥见学生心中的那"一角"，可以窥见他们对某些问题的所思所想，大至社会、人生，小到一句话语。总之，教师要深入学生的心灵世界。

这样一种教学观要求教师在教学过程中做到尊重学生，并真正具有对话意识。现代教育要求充分尊重学生人格，满足其内在成长需要，使学生充分认识自我的人生意义和生存价值。因此，教学要由单向灌输走向双向对话，也就是由单向影响转向双向互动。对话体现了相互平等、相互尊重、相互关爱的新型师生关系，这有助于师生心灵沟通。这样，教师在尊重、理解、爱护学生的基础上，用自己的学识、言行、境界、风范来启发、引导、帮助学生，使美好的道德与情操在学生身上得到内化，而不是代替他们的思考、理解、体验、选择与行动。这样，从灌输走向对话，由教育与被教育转向相互教育关系，由单向影响转向双向交流,教师与学生就能在教育中真正实现教学相长,共同提高。这样的理解和尊重学生的观念才能真正把学生放在平等的位置上。

(二)"磁力"效应

于漪认为,在人的心灵深处,都有一种根深蒂固的需要,这就是希望自己是一个发现者、研究者、探索者。课堂上不让学生思考,把他们的大脑当作一只容器,长此以往,学生对你的课就会厌烦,就会产生消极情绪。所以出色的教师总是把自己的注意力放在学生的脑力劳动上,让学生在艰巨的、不轻松的、有时是复杂甚至痛苦的思维过程中,意识到自己智慧的力量,体验到自己创造的欢乐,产生一种自己能够驾驭知识、驾驭自己成长过程的自豪感。只有当教师给学生带来思考,用思考来指导学生,用思考来使学生折服和钦佩的时候,他才能成为年轻心灵的教育者和指导者。因此,教师必须建立这样的认识,课堂不能只是教师发光,所有学生都应是发光体。因此,于漪倡导活的教学法。

首先是在课堂"主阵地"上力求方法多变,课型常新。于漪常说,课堂要吸引学生,使学生迷恋,课就要常教常新。因此,在她的课堂教学中,始终贯串一种求"变"的精神,"变"才能出新,"变"才有生机,"变"才能把学生的学习情绪不断调整到兴奋高扬的状态。于漪这样描述她的课堂:"我的课常常这样,用用相同的教材和相同的课时,但课堂上的知识容量要比一般课堂上多出三分之一以上。学生在我的课堂里'思接千载,视通万里',知识面不断扩大。二是从深度上探讨,加强学生的理解力。教学上有一条根本原则,就是培养学生独立思考的能力。要使学生认识事物不浮光掠影,就要善于思索,深究底里,洞悉事物的本质。"[1]

其次是培养学生学语文的兴趣。她说:"我把'兴趣'这位老师请进课堂,贯串整个课堂教学的始终。……一部交响乐要有摄人心魄的序曲,一场戏要有引人入胜的序幕,一篇文章要有精彩漂亮的开头,教学也是一样。我非常注重抓

---

[1] 于漪.于漪全集:第3卷[M].上海:上海教育出版社,2018:52-53.

住教学导语这个容易被人忽视或随意处置的教学环节做文章。因为阅读课的起始阶段就如一篇文章的开头,须反复斟酌,让学生的思维兴奋起来,迅速进入学习的轨道。因此我每教一篇新课文,总是根据不同类型的文体、风格的文章,针对不同的教育对象,精心设计不同类型的导语:有的抒情色彩浓烈,一开始就拨动学生感情的心弦;有的回忆旧知,激起学生渴求新知的欲望;有的破理析薪,使学生一开始就进行认真思考;有的运用音响效果,把学生带入遐思神想之中。"[1]

而上述两者是融为一体的。她认为,课要教出情趣来,一是课要有新鲜感,不能老是一副面孔;二是课要有趣味性;三是课要有一定的难度和深度,使学生体验到克服困难的喜悦;四是课要有时代的活水,使学生有所感奋。

再次是拓展课堂的学习空间,把学生领进语文学习的广阔天地。她曾请电影演员给学生作朗读指导并示范表演,请作家记者谈写作经验,引领学生欣赏世界十大男高音独唱会,组织学生参观美术展览,定期举行学生自编自演自弹自唱的"自我欣赏"活动,还带学生在中秋节吟诗赏月……

在那个时代,于漪的课堂已远远走在语文教学的前列,也正因为此,她的课堂"光"点层出不穷,学生潜能被充分挖掘。直到今天,我们再次重读于漪当年的课堂实录,仍然能够看到其中淋漓的水汽与学生呈现的鲜活亮丽的思想火花。

(三) 教师要用生命歌唱

于漪的课堂师生关系定位,还决定了课堂是教师理想信念、学识修养的闪光场合。她强调,教语文,重要的是抓住学生的心,使学生对语文有兴趣、有感情,产生强烈的求知欲。因为学生对语文学习的兴趣、感情、求知欲,不是天生的,也不是自然而然产生的,而是靠教师在教学实践中长期地、耐心地、细致地启发、诱导、培养出来的。因此,教师要以自己的人格魅力和学识修养打动学

---

[1] 于漪.于漪全集:第3卷[M].上海:上海教育出版社,2018:33.

生,熏陶学生,影响学生,让更多的学生热爱语文,因为母语教学在培养民族感情、道德情操、文化素质方面具有其他学科不能替代的独特作用。

因此,在语文课堂上,教师要用美好的事物、优美的语言、崇高的形象来吸引学生,使学生产生健康向上的兴趣,并且用这种兴趣去发现生活和书本中的美,去体会、领悟祖国语言文字的美,使学生逐步树立正确、高尚的审美观。美从趣生,趣由美来,如此循环往复,熏陶感染学生的心灵,形成正确的思想、高尚的情操和驾驭祖国语言文字的能力。这就对语文教师提出了高的要求。语文教师必须热爱语文,热爱语文教学,要高度投入,要深入研究,按于漪的话来说,备课要备到"字在纸上站起来"。简而言之,课堂应该是教师用生命在歌唱。

例如,于漪指出,语文课堂要给学生美的享受,要培养学生的美感。而审美,凭借的是直觉,是从形象到形象,从心灵到心灵,虽然,它有时也能达到哲理的境界,但那是通过"悟"的方式来实现的,是一种"具体的抽象"。并且,审美在大多数情况下属于一种"无意注意"。因此,教师应注意创设与教学内容相应的情境,创造和渲染气氛,使学生产生身历其境之感,使学生在课堂上感受到情,享受到美,领受到趣,接受到理,从而真正进入作品的境界。这就是她的"情境说",并形成了一系列的课堂策略。

1. 巧引

"巧引",不是旁征博引,以显示知识的渊博;也不是喧宾夺主,使学生晕头转向,无所适从。"巧引"避免理论阐发,多用艺术方法。巧引的目的是形成一种气氛,激发学生对学习内容产生期待心理和渴求满足的心理。

2. 美读

创设情境,于漪经常采用表情朗读的方法。朗读是书面语言的声化,用声音再现原作的一种手段。读可以帮助学生理解课文的词句篇章,领会语言的感情色彩,深入体会语言的气势、节奏、韵味和神采,引起学生的情感共鸣。这种

"美读"能使学生"耳醉其音""心醉其情",从而入情、入境、会心。她经常抓住第一流作品的色彩、形象、语言,用美读的手段来实现课堂教学的情境优化。如讲授《周总理,你在哪里》一课时,用"四读"组成了整堂课的骨架:一读,体会感情基调;二读,理解描绘的形象;三读,注意押韵和节奏;四读,总体理解和领悟。这"四读"是引导学生从诗的感情色彩到具体形象,再到押韵节奏的深入过程,也就是从作品中认识美—理解美—欣赏美—再现美的过程。

3. 情讲

所谓"情讲",是指教师情绪饱满、感情充沛、绘声绘色、文采飞扬地讲述。一个优秀的语文教师,不必是哲学家、医学家,但应该是个艺术家、诗人,应该是善于"情讲"的高手,这也是于漪自己作为语文教师所努力追求的基本功。她说道:"我努力做到,讲《春》,仿佛春天来到了课堂;讲《雪》,雪野即在眼前;讲《卖火柴的小女孩》,学生会和我一样对小女孩产生深深的同情;讲《孔乙己》,使学生辛酸得直把眼泪往肚里咽;讲《过零丁洋》,胸臆间油然而生中华民族的浩然正气……'情讲'充分体现了祖国语言文字的特殊魅力,以饱满的激情、精彩的辞章淋漓尽致地挥洒,形成一泻千里的情感气势,把学生的情绪一步一步调动起来,又一个台阶一个台阶地推向高潮。"①

4. 趣溢

生活中常有这样的事情,像"魔方",当一块块色彩单一的小木块独自存在时不会有人注意它,因为它平平无奇,但当它们一旦被凑在一起,合成"魔方"时,它的变幻无穷的乐趣就一下子被发现了。汉字亦如此,它们千变万化的排列组合形成文章时就产生了情趣、意趣、生趣、理趣……有的文章"趣"流于表面,学生一目了然,很容易产生共鸣;有的文章,像议论文、说明文等,"趣"藏得较深,学生认识能力较弱,不能一下子尝到这种"趣"味,也就入不了文中的"意境",这时就需要教师点拨。如在学习辛弃疾的《清平乐·村居》时,因为大城市

---

① 于漪.于漪全集:第3卷[M].上海:上海教育出版社,2018:62.

学生对农村生活不熟悉,对洋溢于诗中的恬淡自然的农家生活画面不易动情,于漪就让学生把诗人的文字白描变成线条白描,再现翁媪的神情和大儿、中儿、小儿的动作情态,勾勒村野景色。生活的情趣,乡村的野趣,"小儿"的童趣,一下子从纸上溢出来,诗的意境充分地展示出来了。

1977年10月19日,金色的秋天。上海电视台教育演播分室第一次向全市直播中学语文课堂的实况,任务落在于漪的肩上。当时上电视镜头是极稀罕的事,她虽经历过几百人听课的大场面,但面对那么多观众,还是破天荒第一遭。于漪回忆说:"从学校图书馆被捆绑起来的所谓封、资、修作品中,找出了高尔基的《海燕》。也许是心灵相通的缘故吧,钻研教材时,刻画海燕的一个个词语、一个个句子都活起来,跳动起来。海燕就是应该这样叫喊,就是应该这样飞舞,用不了多少时间我就记得烂熟,因为它活在了我的心中。课上得群情振奋,学生的朗读与表达,发自肺腑,而我自己呢?那种冲出暴风雨精神上获得解放的喜悦似乎渗透到每个细胞。"[1]她还说,课堂就是用生命编就,从心底里流出来的歌,才动听,才感人,才会如清澈明净的泉水流入学生的心田。当时上海是万人空巷,能看到电视的几乎都看了这场直播,公共汽车上谈论《海燕》,江苏、浙江等附近地区的有些老师看到了电视,他们和于漪虽素昧平生,但也写信给她。可见,用生命歌唱的课堂,才能无愧于时代,无愧于我们国家与民族对教育、对教师的重托。

---

[1] 于漪.于漪与教育教学求索[M].北京:北京师范大学出版社,2006:8.

第六讲

德智融合,滴灌生命之魂

 **思想旨要**

"德智融合,滴灌生命之魂"是于漪"教文育人"思想在21世纪的发展,也是她对语文学科"立德树人"如何落地生根的探索与回答——充分挖掘学科内在的育人价值,将其与知识传授能力的培养相融合,立体化施教、全方位育人,真正将"立德树人"落实到学科主渠道、课堂主阵地。

从最早的"思想性与工具性"到"道德情操人格气质与工具性"到"自然人与合格公民"到"德育与智育";从早期叠加式,即"上课加大道理",到中期外加式,即"德育渗透"到"德智融合"的提出,这个过程是于漪教育教学思想反思完善的过程,也是她探究学科教学本质、教育价值的过程。

"语文学科是一门多功能的育人学科",要"以语文智育为核心",[①]同时,

---

① 于漪.于漪全集:第4卷[M].上海:上海教育出版社,2018:298.

"由于学科的性质和功能所决定,语文教学在以语文智育为核心的同时,应渗透德育和美育"①。在于漪看来,语文学科德智"融合点"不是外在附加的,而是长在教材中,需要教师用心发现,巧心设计,将民族精神、真善美的价值观、道德良知和社会责任融合在学科教学中,最终在学科"德智融合"的知与行中实现滴灌学生的生命之魂。这正符合当下教育改革的方向,中央全面深化改革委员会第十六次会议强调指出,"十四五"时期,要继续深化教育领域综合改革,全面贯彻党的教育方针,紧扣落实立德树人根本任务深化教育改革,努力构建德智体美劳全面培养的教育体系。

简明解读

一、课堂教学:立德树人的主阵地

学生在学校的时间绝大部分是在课堂上度过,在各学科学习中度过,课堂教学质量深刻影响学生的生命质量和他们的核心素养。课堂教学是只重视发挥知识传授的单一实用功能,还是既结合学科实用功能,又发挥教育功能、审美功能、发展功能,学生受益是大相径庭的。

学科教学是面向全体学生落实"立德树人"根本任务的主渠道,课堂教学是落实根本任务的主阵地,要充分发挥课程、教材蕴含的育人作用。语文课堂教学要真正成为"立德树人"的主阵地,必须重视学科教学的文化价值,必须直面语文教学中存在的文道割裂、重形式轻内容的时弊,发掘与弘扬教材中中华优秀传统文化的价值,增添革命文化和社会主义先进文化,引领学生立民族精神之根,树爱国主义之魂。

---

① 于漪.于漪全集:第4卷[M].上海:上海教育出版社,2018:301.

每一种教学行为背后都有某种教学理念的支撑,而每一种教学理念都将影响教学行为。于漪始终强调"教书育人"要有机结合,"任何一个学科不能见术不见道,更不能见术不见人"。教学本应具有教育性,没有教育性的教学丢掉了灵性必然苍白无力,沦落为知识的排列组合、重复叠加,难以在学生情感世界激起浪花,掀起波澜。教师从事的应该是直指人心的事,绝不是做知识的搬运工。因此,学科教学要克服重技轻人、重分舍人的单一实用功能的弊病,课堂教学应该是德性与智性融合,即"熔知识传授、能力训练、智力发展、思想情操陶冶于一炉"①,要立体多维思考,要在综合素养的培养上着力。由此,学生不仅智力提升,而且情感、意志、品质等将受到熏陶感染,获益更多。

有内涵的课堂教学内容,需要教师课前考虑得全面周到,精心设计,要"对所教学科的个性特征深入研究,准确把握,然后对某个章节、某个内容反复推敲,找到知识传承与思想情操熏陶感染的最佳结合点,进行'无缝焊接'"②。在语文课堂教学中,既要重视眼前的课文,又要不为课文内容所限而不思其他,讲授和训练时,要把教材的逻辑结构与教学过程的程序结合起来,审慎地选几个知识点或训练点纵横延伸,找准其中蕴藏着的"思想情操熏陶感染"最佳点。

课堂是学生学习实践的重要场所,于漪一直强调,在这里要克服教师讲、学生听,教师越俎代庖,直线往复的弊病,让课堂真正成为"立德树人"的主阵地和学生成长的空间。程红兵尝试从课堂主体关系研究于漪的课堂教学后发现,随着学生年龄的增长,"教师为主的现象在逐渐弱化,学生主体意识在逐渐增强"。在课堂空间里,她充分调动学生的思维器官、感觉器官,主动积极地学习,做学习的主体,彻底改变当听众、当观众的状况。

在于漪看来,有追求的课堂教学结构可以是网络式、辐射型、交互型。把教师与学生的单向型课堂关系,转换为教师与学生、学生与学生、学生与教师的辐

---

① 于漪.于漪全集:第3卷[M].上海:上海教育出版社,2018:15-16.
② 于漪.于漪全集:第1卷[M].上海:上海教育出版社,2018:155-156.

射型课堂联系,把教师发问、学生回答的双边对话转换为教师与学生、学生与学生、学生与教师的多边对话。这样的课堂教学结构使教学活动的过程产生对话场效应,充分调动不同层次的学生学习语文的积极性,能者为师,水涨船高,扩大了知识的流动量、能力的训练量,使课堂真正成为学生训练听、说、读、写能力与发展智力的场所,使学生的语文核心素养得以大幅度提高。

当今的学科教学,应该在一个开放的学习环境中,高度重视过程与方法:学生通过学习最终获得的知识结论,不是最重要的,重要的是他们在学习的过程中获得了哪些成长与提升;这里的方法,也不再仅仅是传统意义上掌握知识的方法,而应该既包含这一内容,又包含更加宏观层面的学习方法、思维方法、探究方法。这些方法的最终目的是让学生具有自我学习、深度学习、终身学习的能力。

有质量的课堂教学是鼓励师生在互动中即兴创造,超越预定目标,鼓励学生在"做中学",将静态的知识结论变为动态的建构过程,让学生在探索中寻求未知,体验情感,在过程中学会方法,在过程中建构自我的学科核心素养。于漪强调,如此这般,教作用于学,学反作用于教,学与学互动、交流,每个学生都是学习的主人,都是学习发光体。他们学会倾听与尊重,在探索反思中发展思维,在体认思辨中传承民族文化,逐步建立文化自信。

提高课堂教学内涵与质量,实现"德智融合",既是学科教学追求的永恒课题,也是课堂教学真正成为"立德树人"主阵地的关键。

二、德智融合:滴灌生命之魂的探索

(一) 学科德育,责无旁贷

在教学实际中,不少教师认为,语文就是语文,数学就是数学,教学科知识,培养与学科相关的能力足够了,还要搞什么德育?对学生的德育教育有班主任、有政治课就足够了,学科教师不要越俎代庖。显然,这种看法是不妥的。学科教学是培育学生成长、成人的主渠道,学生在学校的大量时间是在课堂上度过的,接受怎样的教育,直接影响知识、能力的增长,情感态度与价值观的形成,我们千万不能掉以轻心。

其实,早在20世纪80年代,于漪就注意到这个问题,她结合教育教学实践提出了"熔知识传授、能力培养、智力发展、思想情操陶冶于一炉"的教学观,后来发展完善为追求综合效应的全面育人观。于漪的全面育人观至少有两层含义:一是各学科要树立明确的综合素养观,不能停留在传统的知识观或能力观上,而必须做到"术""道"合一;二是学科间要实现横向贯通,形成育人合力。

在于漪看来,智育和德育是紧密结合的,学校全面贯彻教育方针绝不是班主任管德育,教务处管智育,体育老师管体育,课堂教学本身就应该全面贯彻教育方针,以学科智育为核心,融合德育、美育、体育和劳动教育。教师应该在"德智融合"的学科教学中"滴灌"学生的心灵——既用智性保障其生存和发展的本领,又用德性为学生未来奠基。因此,所有课程都应该立体化施教、全方位育人,课程实施者都是德育工作者,责无旁贷。

于漪不仅在语文学科内部纵向探索小学、初中、高中三个学段如何"德智融合",还进行学科之间的横向贯通,围绕"形成育人合力"探索。她以上海市语文学科德育实训基地为试点单位,以"中小学语文学科育人功能纵向横向衔接的实践研究"课题为抓手,开展跨学科研究,探索中小学语文学科与相关学科的德育共通规律,体现课程的德育合力,提升中小学语文教师的育德意识和育德能力。课题借助语文学科"文以载道"的学科特点,从探索跨学科育人规律入手,关注学生的学习经历,探寻语文与历史、地理、音乐、美术、英语等学科的综合育人功能,力求使现行的语文德育课程体系及教学方式与教育规律密切融合,与学生心灵形成共鸣,形成跨学科育人的宝贵经验。

(二) 德育内涵,与时俱进

于漪对学科德育内容的探索关注两方面。其一,关乎"人"的成长。以"教人成人"为务,关乎"人之为人",关乎个体的精神成长,培养学生正确的人生观、价值观和世界观。学科德育有其自身的规律,要立竿见影,毕其功于一役是不可能的;需要细心、精心、耐心,更重要的是爱心,对学生的满腔热情满腔爱。持之以恒地在学科教学中实施心灵的培育和塑造,使学生不仅能健康成长,而且能终身受益。其二,关注学科本身。以学科属性为出发点,以教学为主阵地,"教材本身的内涵是德育的家园,也是进行德育的依据,离开对教材、文本的深入钻研,随意延伸,无限发挥,那就成了空洞的说教。说教必定浮游无根,在空中飘,最无力量,也最易招来学生的反感。求真,是从事教育的人必须遵循的原则。唯其真,才能实事求是,才有教育的力量。教材里包含着怎样的思想、精神、情感、价值观的内涵,就深入底里,挖掘出来,因学生的具体情况,如知识基础、理解能力、认识水平而有的放矢地施教"[1]。

学科德育显然不是知识教学之外的"穿靴戴帽",也最忌东拉西扯,无限拔高。学科德育的内涵应该有哪些内容?这些内容又是如何确定的?

学科德育包含生命教育,关乎个体健全的人格成长。于漪认为:"开展生命教育是整体提升国民素质的基本要求。青少年学生是社会主义事业未来的建设者和接班人,青少年的生命质量决定着国家和民族的前途和命运。学科中进行生命教育,旨在帮助学生认识生命,珍惜生命,尊重生命,热爱生命,提高生存技能,提升生命质量,激发生命潜能。从生理层面理解,关注生命,捍卫生命的尊严;从心理层面理解,欣赏生命,提升生命的质量;从伦理层面理解,敬畏生命,激发潜能,实现生命的价值。"[2]

学科德育还包含做人教育,要培养正确的世界观、人生观、价值观。中国自古以来重视德育,《左传》所言的"立德、立功、立言"的"三不朽"思想,提出了比较系统和完整的人生理想和价值标准体系,是中华民族关于人生价值的基本理念的核心观念,其中又以立德为最高。于漪提出"教育学生就是要他们明做人

---

[1] 于漪.于漪全集:第1卷[M].上海:上海教育出版社,2018:156-157.
[2] 于漪.于漪全集:第2卷[M].上海:上海教育出版社,2018:13.

之理,明报效国家之理。求学期间,把握了做人的底线,养成了良好的思想道德,一辈子受益不尽"①。她在《学科教学须坚持育人为本》中还提出:教育以"教人成人"为务,建立价值生命。生而为人,是生物性或生理的生命,与其他有生之物一样。而要具备"人之为人"的特征,超越生物性的生命,须教育导引,滋养心灵,培养德行,学习如何做人,开发潜能,发展生存能力。

很长一段时间,语文课中的德育内涵不到位,德育内容不合理、德育价值不清晰等问题突出,尤其表现为:一是在学校内部,重"书"轻"人",见"书"不见"人",德育低效作为现象较普遍;二是在学校外部,社会环境中的诸多消极因素使学校德育的实效大打折扣。文化多元化使青少年道德判断产生困惑,具体表现为道德信仰危机、道德情感淡漠、道德意志薄弱、道德行为失范。一些学生不同程度地存在国家意识淡薄,民族自信心和自豪感减退,对民族优秀文化传统认同感降低,对中华民族的归属意识不强等问题。

忧心忡忡的于漪多次提出"要培养学生有一颗中国心"。"如果我们培养的人对自己的国家缺乏感情,对中国的文化缺乏认同,缺乏一个公民应有的责任心,不能自律"②,那么即使他们掌握相当的知识技能,也难以为社会、国家和民族做出贡献,甚至可能会起负面作用。

因此,语文学科德育内涵中一个很重要且很要紧的方面就是文化认同和中国心的培养。"激发、培养学生热爱祖国语言文字的感情,热爱中华民族优秀传统文化的感情,培养社会主义思想道德和爱国主义精神。这里有思想、道德、情感、精神。"③具体而言,包括培养学生对中华民族共同历史、文化、生活方式的归属感,培养学生对伟大祖国悠久历史和优秀传统的认同感。众所周知,民族文化是民族的根,而民族语言负载民族文化,是根之根。语言文字在民族生命的组合中,对外是屏障,对内是血液、是黏合剂。语言文字在为民族政治、经济、文

---

① 于漪.于漪全集:第1卷[M].上海:上海教育出版社,2018:258.
② 同①193.
③ 于漪.于漪全集:第4卷[M].上海:上海教育出版社,2018:302.

化服务的过程中渗进了民族的个性,因此,语文学科德育要牢牢把握语文的人文属性,弘扬民族优秀文化,培植家国情怀、文化认同,传承红色基因。

聚焦人的发展,聚焦教育出现的各类问题,语文学科德育内容在与时俱进中逐渐清晰,逐渐丰富——应该立足文化的平台,随文对学生进行民族历史教育、革命传统教育和人文传统教育,实现在"政治认同""国家意识""文化自信"和"公民人格"等四个方面的培养和引导。

(三) 德育落实,重在融合

德与智本不矛盾,只是人们习惯用二元对立的思维方式硬性地将它们分裂开来,似乎非此即彼,二者不相容。德与智其实是不可分割的整体,共同构成一个人的综合素质,二者互相融合,互相渗透,互相联系,互相贯通,互相制约。前者是统帅,是方向;后者是基础,是生存发展的内部依据。德,包含着理想信念、价值观念、道德观念、法制观念等,它决定并影响着智力的发展与发挥;智,通过传授知识,继而培养能力及开发潜能,最终助力学生智力发展,形成良好的认知结构。

一般来说,智育内容(知识与能力的教育)是显性的,而德育内容是隐性的,注重熏陶感染和潜移默化,看似不着痕迹,但点点滴滴在心头,有春风化雨、润物细无声的效果。德育内容本身就存在于教育教学内容中,需要我们用心动脑将其显性化,在知识体系中找到融合点。

首先,要重视本民族语言文字的教育,在课堂内进行,随文渗透,相机而行,切实落实课程标准中"培育学生热爱祖国语言的思想感情"的要求。"教学中要引导学生了解语言文字是民族意识、文化传统和道德观念的载体,关系到国家的统一、民族的团结、社会的进步和国际的交往。学生在学习、使用祖国的语言文字时,要感受语言文字丰富的文化内涵和审美价值,提升自己的文化品位,深化热爱祖国语言文字的感情。"[1]于漪带领学生学习都德的《最后一课》时,发现

---

[1] 于漪.于漪全集:第4卷[M].上海:上海教育出版社,2018:25.

文中有关语言的阐述让学生很感动:"法国语言是世界上最美的语言——最明白,最精确""我们必须把它记在心里,永远别忘了它,亡了国当了奴隶的人民,只要牢牢记住他们的语言,就好像拿着一把打开监狱大门的钥匙"。她紧扣这两句话,从两个方面渗透民族语言教育。其一是移情,移到对祖国语言的赞美,用学生提出的问题激起波澜。有学生读到前一句话时突然发问:"韩麦尔说法国语言是世界上最美的语言,是这样吗?那我们中国的语言呢?"教室里沸腾起来,大家七嘴八舌,教师相机行事,肯定学生的认识,举一两个典型例子,让学生沉浸在民族自豪的感情之中,盛赞祖国语言的优美。其二是由情入理,带领学生推敲第二句话蕴含的深意时,辅以一些名言帮助学生深入思考,如梁启超说:"欲新一国之国民,必新国民之精神,欲新国民之精神,必新国民之语言。""没有对本国语言的爱,对自己国家的真正的爱就是不可思议的。"引导学生理解语言是一个国家、一个民族存在与发展的标志,如果某种语言消失,就意味着这个国家、这个民族的彻底灭亡。

至于教本国的作品,于漪常常从汉字形态美入手,随文辨析词语,让学生从具体、生动的例子中体悟到祖国语言文字反映了数千年中华民族深厚的文化,增强对母语热爱的感情。

其次,要随文随课进行民族历史教育、革命传统教育和人文传统教育。充分用好语文学科中含有的中国哲学、历史、文学、艺术、教育、民俗等多方面资源,对学生进行优秀人文传统的教育和熏陶,引导他们热爱民族文化遗产,传承中华民族的传统美德,继承中华民族的人文传统。

于漪在教《鱼我所欲也》时,聚焦文章独特处及文化的内涵:孟子站在人性的高度,重点论述"舍生取义"是人的本性,用层层对比的方法生动形象地阐明"义"比生命更重要,批判见利忘义的种种行为。数千年来对生命的价值与意义的探讨、寻求,形成了中华优秀传统文化中的宝贵财富。

在对文章精准把握与发掘的基础上,形成了"德智融合"的教学设计:

在疏通文句、重点把握几个文言词语和句式的同时,至少在以下几个方面可引导学生:1.借语言的形象、生动,推理的精密,例证的褒贬,让学生反复诵读,读出文章的精魂,让"义",生命的价值与意义,让"非独贤者有是心也,人皆有之"在学生脑中留下深刻印象。2.紧扣有关语句,化概念为具体,增添感性认识,帮助理性思考。如"所欲有甚于生者,故不为苟得也""所恶有甚于死者,故患有所不辟也",让学生明白哪些"欲""甚于生",哪些"恶""甚于死",褒扬高尚的思想、高尚的情操,斥责卑鄙、枉法、贪赃等黑暗心理、卑劣行径,使学生在熏陶感染中提升辨别能力,追求美好。3.让学生在诵读、理解的基础上,联系实际,评价文中观点的意义。探讨在社会转型期,青少年究竟应该树立怎样的价值观,哪些人仍然把"义"作为自己的主心骨,甚至舍生取义。[1]

从上述教学设计,我们发现,于漪德智融合点的确定尊重课文本身,挖掘其丰富的内涵,培养学生赏析、判断的能力,德育内容绝不是穿靴戴帽,外加什么东西,而是源于文本自身。深入阐发文本内涵,不泛化,不面面俱到,突出重点,至于是感情的激荡,理性的思辨,还是二者结合,须视教材特点、学生对象而定,没有固定程式。

如于漪教归有光的《项脊轩志》,从平淡的文字入手,感受体认其中蕴含着的丰富人情——今昔盛衰的悲凉,物在人亡,睹物思人之惆怅、悲凉渗透纸背。老祖母的垂问、关爱,"吾儿,久不见若影,何竟日默默在此,大类女郎也""比去,以手阖门"的细节令祖孙情跃然纸上;母亲时刻关心儿女饮食起居,一听到哭声就叩门扉,"儿寒乎?欲食乎?"慈母情刻骨铭心;"庭有枇杷树,吾妻死之年所手植也,今已亭亭如盖矣",睹物伤情,夫妻恩情尽在不言中。长辈和妻子对自己情深意切,因而,忆往事如在昨日,"泣""长号不自禁",悲从中来,泪如雨下。对妻子的感情更是深沉含蓄,以致"室坏不修"。于漪认为"将文中语言、动作、情态蕴含的真情挖掘出来,以情激情,滋润学生的心田,就会培养出对长辈的感

---

[1] 于漪.于漪全集:第4卷[M].上海:上海教育出版社,2018:27.

恩之情,对同辈对他人的深厚情谊。一个人如果对长辈对家里人都缺情少意,怎可能有心怀天下的胸怀,爱祖国爱事业呢?在熙熙攘攘追求个人利禄的时尚风气下,把爱撒播到学生心中,犹如甘霖洒到禾苗上,让他们茁壮成长"①。这样的"德智融合"课堂教学传递给学生的不仅是做人道理,而且是情义传统。

从于漪众多教学案例中,我们发现她对学科德育与知识体系融合点的确定往往体现这样的规律:从文字出发,理解读懂文章,传承优秀传统文化,发展学生思维能力。这样的德智融合教学是能够"粘"住学生的,"粘"的不只是注意力,还有"心灵",热爱母语的心,热爱民族的心,亲近优秀文化的心。这种教学境界正是在于漪不断叩问自己"我一辈子的课,有多少是上在黑板上的,有多少是教到学生心中的"过程中形成的。

要找准"融合点",让课堂成为"粘"住学生的主阵地,需要在以下几个方面努力:第一,加强解读文本的能力,能够读出这一类文本的"共性",更要读出"这一篇"中的"个性",包括独特的写法和独特的情义与思考。第二,抓住学科的个性特征,准确把握,然后对某个章节、某个内容反复推敲,找到知识传承与思想情操熏陶感染的最佳结合点,进行"无缝焊接"。第三,用心了解学情,贴近学生实际,"须转换立足点,要把从教出发的立足点转换到从学生的学出发",设计相关教学活动,将教师的解读与学情结合,将智育内容与德育内容融合,形成教学设计,找准"这一课"的德智融合点。第四,学科德智融合的关键是"课要上得立体化,使知识、能力、智力、思想情操陶冶融为一体,发挥多功能的作用"②,追求课堂教学充满明亮,培养精神明亮的人。

(四) 学科育人,时代价值

培养什么样的人,向来是一个国家一个民族事关能否生存、能否持续发展、能否富强的全局性和战略性的问题,尤其当前中国正处于建设中国特色社会主

---

① 于漪.于漪全集:第4卷[M].上海:上海教育出版社,2018:28.
② 同①312.

于漪教育教学思想概要

义、实现中华民族伟大复兴的历史关头和时代节点上。学科育人的时代价值在当下尤为凸显,因为政治多极、价值多元、文化多样、经济全球化、信息网络化,对缺少人生经历、文化积淀与文化判断力的中小学生会产生多种多样的影响。尤其是金钱至上、自我中心、功利主义等负面的思想与言行,通过不同渠道作用于他们的耳目,侵蚀他们的心灵,对他们良好思想道德素质与正确价值观的形成提出严峻的挑战。

同时,在现实教学中有一种现象比较突出:教育"内卷"的趋势,更加看重分数,以分数来衡量和评判学生的好坏,育德常常让位于"育分"。这样的教育下,很可能会成长起不少或精致或粗糙的功利主义者。因此,尽管当下教育领域功能多元,服务社会、知识创新、文化引领与交流等均为重要功能,但毫无疑问,立德树人是教育的根本任务,是新时期教育的基点,全面深化教育改革、全面深化课程改革,最后要落实到"人"上面。

面向民族的未来,我们要培养怎样的人?习近平总书记在全国教育大会上围绕"培养什么人、怎样培养人、为谁培养人"这一教育工作根本问题,用"六个下功夫"归纳社会主义建设者和接班人应具备的基本素质和精神状态。

树什么样的人,定位很明确:全面发展的建设者和可靠的接班人,即德智体美劳全面发展,具有高尚的道德品质、扎实的科学文化素养、健康的身体和良好的审美情趣。这种定位在新时期更鲜明地指引着教育的方向,即教育培养的人要具有中国特色社会主义理想,有中华文化底蕴,有时代精神与国际视野;教育培养的人对建设什么样的国家,对中华民族、中华优秀文化和时代精神,认识清晰,由衷认同,心向往之。

立足于当下,展望未来,语文学科要担负起育人责任,无疑是学科的时代价值体现。

首先,从战略高度来认识,语文学科肩负传承文化的重任,包括传承中华优秀文化和人类先进文化。既教文,又育人,教学中自觉地传承文化,以中华优秀文化哺育学生心灵,使他们打下做人的坚实基础。青少年学生总体上积极向上,但国家意识淡薄,对民族优秀文化淡漠,勤俭自强精神淡化,有必要对他们进行主导价值的教育。语文教师要正视学生现状,在教学中结合语言文字的学习与训练,提高识别正误、美丑的能力,选择正确的价值取向,奠定为学为人的良好基础。

其次,从竞争深度思考。在世界"全球化"的语境中,必须重视中国的文化身份问题,否则,中国文化会被西方思想淹没。为此,语文教学中加强国家文化认同,加强文化自觉,维护文化主权是义不容辞的责任。强调民族文化认同,绝不是排外。于漪也关注到"世界是平的"的趋势,吸收优秀的外来文化是必要的,面向民族的发展,面向未来,德育还应该关注时代的需要和世界的需要,提出了现代文明人的要求,与世界接轨。

再次,从教育本质追溯。教育,说到底就是培养人,"以人为本,推进素质教育"是教育改革和发展的重大战略主题。要关心所有学生的健康成长,努力培养好每一个学生,让每个人具有理想信念、公民意识、健康身心和科学人文素养。

联合国教科文组织在北京召开的"面向21世纪教育"国际研讨会上,与会者在讨论和分析21世纪人类面临哪些挑战时,被列入第一位的是道德伦理、价值观的挑战。语文学科要"育人",如何在学科德智融合中滴灌生命之魂,这是时代的呼唤与要求,也是学科自身的时代价值。人一旦失去了做人的基本道德,失去了精神支柱,失去了人生价值的追求,那么,科技的进步、经济的发展、人类的富裕也就失去了它本来的意义。

三、交响进行:等待充分的创新

(一)德智融合,回应时代之问

21世纪是一个机遇与挑战并存的时代,其核心在于科技的不断创新与知识经济的迅速发展,知识、技术的更新速度远远超出了我们原有的认知。可以说,

能否源源不断地培养出创新型人才,能否有效地发挥人力资源的优势,是事关国家可持续发展的关键,在当下显得尤为重要和紧迫。教育怎样推动创新人才培养?

毫无疑问,教育在创新人才的培养中发挥着重要作用,而学科"德智融合"正是以滴灌的方式滋养着生命之魂,促成人的成长,也促成创新人才的培养。谈到创新教育和学生创造力的培养,人们往往把它视作学校智育的范畴,认为它仅仅是学科知识传授的任务,与学科德育基本没有什么关系。这是认识的误区,它忽略了创新的主体是"人"而不是知识,既然主体是"人",那么只有当学科"立德树人"功能实现了,人立起来了,才有创新创造的可能。

回应时代之问,创新人才培养需要"德智融合"的方向保障。既提供创造所需的正确知识能力和知识体系,又提供创造所需的正确方向,用人文精神来引领他们,把创造能力引导到正道大理上,引导到为中华民族的全面振兴而拼搏奋进上。若方向不正确,创造能力很可能就变成破坏力。在《历史经验与现代生活的融合》一文中,于漪在分析美国语文教材基础上,面向未来,面向创新,对学科教学提出了如下希望:聚焦文化认同,张扬民族个性;与现代生活紧密结合,拓展思维空间,着力于应用能力的培养。[1] 以学生的发展为本,把本民族文化的传承、文明的传承、思维能力与语言能力的培养和发展立体化地放置在现代生活的场景中认识、体验、应用,旨在培养当代有独特个性、有创新精神、有应变能力的人。

回应时代之问,创新的人格需要在"德智融合"中塑造。创造性人格包括健康的情感、坚强的意志、顽强的性格和良好的习惯。这些无疑在"德智融合"教育中更易培养。于漪多次强调"语文学习与生活相伴,与人的终身相伴。在学生求学时代培养他们的发现能力、质疑能力、思维能力至关重要,千万不能掉以

---

[1] 于漪.于漪全集:第4卷[M].上海:上海教育出版社,2018:33-34.

轻心"①。比如培养学生敏锐的观察力,引导学生从习以为常的现象或"理所当然"的想法中找出矛盾,展开问题,独立思考,自主探索;质疑权威,拒绝盲从;进行有意识的挫折教育,培养学生积极的心理承受能力;等等。

回应时代之问,创新的环境需要"德智融合"的课堂来创设。营造平等、宽容、自由的教育教学氛围,学生在此种环境和氛围中就很有可能形成创造力。现代心理学研究表明,科学思维能力与学生主动自愿的内部动机、自由民主的氛围、灵活易变的形式有着非常密切的一致性。"有什么样的环境,就有什么样的精神。"在开放民主的氛围中,学生科学思维的火花才能不断迸发,学生的好奇心、想象力、质疑精神和思维能力才能被激发,创造力才有可能出现。于漪一直疾呼语文教学要"爱护学生的创造性思维的火花",教师要善于把握种种因素,培养和鼓励学生的创造精神,她也身体力行这一理念,在德智融合的课堂中唤起每个学生的好奇心和表达交流的欲望,在尊重学生独特见解的基础上进行正向的引导,让学生在自我反思、他人补充中完善发展认识,创造力蕴藏其中。

(二) 思维发展,面向未来之唤

时代需要创新,创新人才需要具备创造性思维。思维是智力的核心成分,创新思维是其中一种。它指人们在探索未知领域时能够突破习惯的思维方式,简单地说,创新思维就是思考问题时"敢想人之不敢想"的思维活动,建立在常用逻辑思维——联想思维、发散思维、收敛思维的基础上,结合非逻辑思维方法,新创建的一套思维模式。

在于漪看来,"德智融合"中学科智育内容最重要的当属思维,她认为:"给学生语文打基础,切不可忽视智力的开发。点拨,开窍,把学生教得聪明起来,是语文教学育人的又一重要内容","培养学生读、写、听、说能力的同时,须有意识地在思维力、想象力、观察力、记忆力、联想力等方面,尤其是思维力的锻炼方

---

① 于漪.于漪全集:第6卷[M].上海:上海教育出版社,2018:242.

面下功夫"。① 在实践总结中明确提出以思维训练为中心,思维是智力的核心。不同年龄阶段的学生受到身心发展的影响,思维呈现不同的特点,在语文学科教学中如何培养学生独立思考、打破常规的观念和思维方式,一直是于漪研究的真问题。

教《孔乙己》时,于漪要求学生不仅要注意"排",而且要找出与它相应的词"摸",并启发学生辨析:为何作者此处要把"排"改成"摸"?对刻画人物的精神面貌起什么作用?两个动词都是孔乙己在咸亨酒店付酒钱的动作,但入木三分地反映了孔乙己处境的变化。前者刻画出孔乙己的酸腐相,后者是孔乙己在腿被打折后,已经够不到柜台面。"摸"字深刻刻画了孔乙己精神彻底被摧毁的悲惨。此处学生完成的是语言训练,但是他们的分析判断等综合思维能力得以提升。

思维形态是多样的,如形象思维和逻辑思维、发散思维和聚合思维、再现思维和创造思维等,在教学中均要培养。只要尊重学生的起点,训练方式、途径可以多种多样,只要收到双发展的效果,教师可根据实际需要择善进行。语文教学必须激发学生在求知过程中产生疑问,提出来探讨解决,正所谓"学源于思,思源于疑。疑是思之始,学之端。要学得知识,就得思考,而对所学的内容产生疑问则是思考的开端"②。

教师在辨疑、析疑过程中究竟该发挥怎样的作用呢?于漪认为"教师无论如何不能以自己思考问题的范围给学生'画地为牢',叫学生'就范'。学生思考问题通常有自己的习惯性思路,怎样由感性认识上升到理性认识,怎样根据种种事实下判断,怎样进行分析,进行归纳,等等"③。教师要鼓励学生勇于谈看法,摆见解,就有可能经常迸发创造性思维的火花。培养学生的创新思维,关注思维的逆向性、创造性,比如求异思维能冲破思维定式,经常有推测、假说、联

---

① 于漪.于漪全集:第4卷[M].上海:上海教育出版社,2018:306-307.
② 同①407.
③ 同①415.

想、想象等活动参与,创造出新颖的、不寻常的种种看法,有利于创造意识的培养。

(三) 立体智育,破解教育之惑

创新需要智育,这是不争的事实——通过传授知识,继而培养能力及开发潜能,最终助力学生智力发展,形成他们良好的认知结构。智育水平的高下决定了创新能力的高下,从这个意义看,中小学生学习科学文化知识,提高学科学习能力,不仅无可非议,而且要扎扎实实培养。

然而,在现实中,常常会出现这样的教育之惑:将"抓分"视作智育,认为"刷题"就能提高智育;学习动机与目的的教育常被忽视,甚至错位;学科教学也简单粗暴到只教"得分点"。凡此种种,皆是对教育教学的扭曲,根本谈不上是智育。

智育绝不只是知识传授、能力训练,它还包含发展思维力、想象力、意志力,发展情感,激发求知欲,开发创造意识。语文智育内容不应该是碎片化的知识点,而应该是包括语文学科"双基"、学生的各种思维能力。只"育分"的教学丢失了教育"育人"的真谛,无法应对时代的挑战,也不可能破解教育和学生成长中出现的种种难题。

明确智育内容后,如何在实践中提升智育水平?将学科智育内容与学生发展融合,立体施教,立体智育。于漪总结了不少有效做法,比如"三看一查一提问"培养学生在语文阅读中发现问题的能力,"激疑—辨疑、析疑—思考—推进"培养学生在阅读理解中分析及解决问题的能力。这些做法调动学生的"已知已会"走向他们的"应知应会",既落实了学科"双基",又发展了学生的思维能力。

针对较长时间以来,语文课以平面展开的常见现象,于漪提出"立体化·多功能"教学,课要上得立体化,使思想、知识、能力、智力融为一体,发挥多功能的作用。

课堂教学要实现"立体化",意味着"点线面"的具备。选"点"要恰当,拉

"线"要清晰,成"面"要恰当,这里"点"的选择很要紧:在课文中能起"点睛"作用或关键作用的;语言经得起推敲,内涵丰富而又咀嚼有味的;能在思想上给学生启迪,能拨动情感琴弦的;听、说、读、写能力某一方面或某几方面能切实获得训练的;能拉出联想或想象线索,知识和能力训练扩散点鲜明的、丰富的。

语文学科的立体智育,让破解教育之惑成为可能,为创新创造提供条件:从语言中来到语言中去,用语文的方式抵达文本理解、文化传承,也在理解的过程中发展提升了思维能力与审美鉴赏能力,最终促成了人的智力和精神的成长。犹如一首未完成的交响曲,德智融合理念下的立体多功能教学为学生的未来奠基,等待着充分的创新。

语文学科的"德智融合"将智力因素的开发和非智力因素的培养结合,静静地滴灌着生命之魂。可以想见,"德智融合"的课堂是明亮的,"每一位学生"得以在有限的课堂中实现自我的无限成长。

第七讲

学科性质的时代篇章

 **思想旨要**

学科性质观是学科认识的基础,它决定了学科目的观、功能观、传承观、教材观、教法观、质量观等。本讲阐释于漪语文学科性质观。

语文学科的性质是现代语文教育诞生以来一直探讨的问题,至 20 世纪 90 年代于漪一锤定音:工具性与人文性统一是语文课程的基本特征。于漪语文学科性质观的形成,是一次"历经艰辛的远航",是百年探索的反思、千年积淀的启示、世界视野研究的借鉴,有其深层的学理基础。

于漪语文学科性质观的确立,正本清源,从根本上认识到了现代语文教育的弊端之源,改变了近百年的错误认知,因而引发了关于语文教育的目的观、功能观、传承观、教材观、教法观的系列裂变。它使人们认识到,语文是工具,但不是一般意义上的工具;语文具有工具性,但还有其他属性,人文性是它的又一突出属性。因此,语文教育应当彰显"工具性与人文性统一",在培养学生一般语文能力的同时,融合人文素养,融合人的养成教育,最终指向人的成长。

 简明解读

一、时代召唤下的一锤定音

什么是语文?语文学科具有怎样的性质?语文教育的目的是什么?语文教学具有怎样的功能?这一系列问题都是语文学科要面对的问题。自1904年语文设科以来,人们对此就进行着不间断的追问。

(一) 1990年之前的认识

1904年之前的中国几千年教育基本是以"经"为中心的综合教育,没有学科概念。

1904年清廷开启中国分科教育,八科中的"读经讲经"和"中国文学"两科,相当于后来的"语文"。

1929年国民政府颁布《小学国语暂行课程标准》和《初级中学国文暂行课程标准》。这两个课程标准是第一次以政府名义颁布实施的语文课程标准。这两个课程标准关注到了语文的综合性功能,但主体上将语文视为"工具"。此后国民政府颁布的多个课程标准,均沿袭了这一认识。

1949年,叶圣陶为华北人民政府教育部草拟的《中学语文科课程标准》,"目标共两项:一项属于情操和意志方面,体现了新中国对青少年一代的殷切期望和培养方向。另一项属于语文本身的知识和能力……'培养他们凭我国语言文字吸收经验表达情意的知能'"①。

1956年教育部颁布的《小学语文教学大纲(草案)》,篇首的"说明"强调:"小学教育的目的在以社会主义思想教育儿童,培养他们成为个性全面发展的

---

① 顾黄初.中国现代语文教育百年事典[M].上海:上海教育出版社,2001:293.

社会主义社会的成员。""小学语文科是以社会主义思想教育儿童的强有力的工具。""小学语文科的目的在于提高儿童的语言能力,培养儿童正确地听、说、读、写的技巧。"①

1963年教育部颁布的《全日制小学语文教学大纲(草案)》有以下几个特点:"第一,首次明确地提出语文学科的工具性。大纲指出:'语文是学好各门知识和从事各种工作的基本工具。'在论述语文学科同学习各门学科知识、同'思想的开展和知识的增广'等的关系时,强调指出:'语文是学生必须首先掌握的最基本的工具。'这部教学大纲明确了语文学科这一工具性的特点,回答了语文学科的性质问题。第二,强调语文教学要加强'双基'训练。加强语文基础知识的教学和基本技能的训练,是这部教学大纲的又一个特点。"②

"文革"结束后,1978年、1980年、1990年、1992年,教育部多次颁布《语文教学大纲》,但对语文学科性质的表述没有变化,均指向"工具性",1980年、1986年的大纲表述为"语文是从事学习和工作的基础工具",1990年、1992年的大纲表述为"语文是学习和工作的基本工具"。

总体而言,这一时段,语文基本上被定位为"工具"二字。

(二) 20世纪90年代的大讨论

语文学科的性质是中华人民共和国成立后语文教育界反复讨论的话题,仅《文汇报》就于1959年和1961年分别组织了"关于语文教学目的和任务问题"和"怎样教好语文课"的讨论,但人们的认识没有发生真正的变化,依然在1949年之前所形成的关于语文的认识之路上行走,只不过将阅读与写作的知识与方法更加细化(或局限)为听、说、读、写四个方面的"双基"而已,使语文更固执于"工具"上。

党的十一届三中全会后,语文教育界汇入了中国改革大潮中。至1990年

---

① 顾黄初.中国现代语文教育百年事典[M].上海:上海教育出版社,2001:855.
② 同①431.

前后，人们开始全面反思中国语文教育，从阅读教学到写作教学，从文字教学到语法教学，从文章教学到文学教学……对语文教育诸多问题展开探讨，逐步汇成了改革语文教育弊端的时代潮流。尤其是有关语文学科性质的讨论，成了这一时期最为响亮的语文教改之声。

陈钟梁在《语文学习》1987年第8期发表《是人文主义，还是科学主义？——语文教学的哲学思考》一文，主张辩证地思考"科学主义"与"人文主义"的关系，率先提出了语文教学的人文性问题，得到顾黄初先生的肯定并认为是带有根本性的研究命题。程红兵在《语文学习》1991年第11期上发表《语文教学"科学化"刍议——与魏书生同志商榷》一文，针对魏书生《论语文教学的科学管理》(《语文学习》1990年第1、2期)一文发言，以人文性为武器批评语文教学中的科学主义。韩军在《语文学习》1993年第1期发表《限制科学主义，张扬人文精神——关于中国现代语文教学的思考》。《语文学习》1994年第3期刊发王朝清的《要辩证法，不要绝对化——兼与韩军商榷》，王朝清认为韩军的观点有绝对化之嫌。

（三）于漪一锤定音

1995年，于漪在《语文学习》第6期发表《弘扬人文，改革弊端——关于语文教育性质观的反思》，此后又连续撰写了《准确而完整地认识语文学科的性质》《语文是进行素质教育最有效的一门学科》《语文学科是一门实用而多彩的人文学科》《语文学科是一门多功能的育人学科》等文章，密集地阐释语文的"人文性"。这些文章展示了丰富的理论内涵，多角度、多侧面阐释了语文学科"工具性与人文性统一"的特征。

于漪的这些探讨，将这次"世纪末"的语文大讨论推向高潮，也为语文学科性质的讨论画上了句号，正可谓一锤定音。

第一，语言是思想的直接现实。

"长期以来，语文教育界强调语言的工具性，这是无可非议的。然而，它绝不等同于一般的生产工具,如机器或犁锄;也绝不等同于一般的生活工具,如筷子或拐杖。语言是表达思想进行交际的工具,是思维的物质外壳,是信息的载体。这种工具、外壳、载体,都是只有人类才拥有的符号。在符号的意义上把握语言的工具属性,恐怕较为恰当。问题更在于,'语言是思想的直接现实'(马克思、恩格斯《德意志意识形态》)。各民族的语言都不仅是一个符号体系,而且是民族认识世界、阐释世界的意义体系和价值体系。符号因意义而存在,离开意义,符号就不成其为符号。这就是说,语言不但有自然代码的性质,而且具有文化代码的性质;不但有鲜明的工具属性,而且有鲜明的文化属性。"①

第二,语言是工具,又不是一般的工具,语言和人俱在,不可分离。

"语言是工具,然而又不是一般的工具……语言是一种与榔头、锄头等不一样的工具。语言和人(身体、大脑)是俱在的。语言不是独立于人而存在的一种工具,而是人类、也只有人类自身才能拥有的工具。语言这一工具是和其装载的文化、思想不可分割的。也就是说,语言不能凌空存在。我们常说'语言是思维的外壳',这'外壳'其实是与'内核'不可分离的一个整体。"②

"汉语言文字不是单纯的符号系统,它有深厚的文化历史积淀和文化心理特征。汉语和其他民族语言的工具性和人文性,是一个统一体的不可割裂的两个侧面。没有人文,就没有语言这个工具;舍弃人文,就无法掌握语言这个工具。"③

第三,语文学科是语言工具性训练和人文性教育的综合。

"弄清楚语言的特质,语文教育是什么,具有怎样的性质,也就迎刃而解……人们在给语文学科定位时,使用的'性'超过10个。我想'人文性'较之'思想性''情意性''科学性''文学性''社会性''政治性''民族性'等,似乎更为合适。语文学科作为一门人文应用学科,应该是语言的工具训练与人文教育

---

① 于漪.于漪全集:第3卷[M].上海:上海教育出版社,2018:245.
② 同①251.
③ 同①246.

的综合。"①

"语言和文化不是两个东西,而是一个东西,是一个整体。说语文学科具有人文性,绝对不是排斥它的科学精神;说语文学科具有工具性,也绝对不是削弱它的人文精神。不存在限制这一个、张扬另一个的问题。两者不能割裂,更不能偏废。所以我强调要准确地完整地认识语文学科的性质。语文学科有多个基本属性,正表明语文是一门很特别的学科,工具性和人文性——两者不是一增一减,而是如何想办法沟通交融、互渗互促的问题。"②

第四,教语文,教文育人。

"对任何一门学科来说,培养目标是学科教学思想的核心和要旨,它规定着学科教学的方向。就语文学科而言,多少年来,一个复杂而又简单的问题反反复复地困扰着语文教育工作者:语文教学的培养目标是传授知识还是培养人?语文教师是满足于当一个教书匠,还是力争做一个教育家?这个问题似乎有着清晰的答案,但在我们的语文教育实践中,它又确实是模糊的。我们的语文教学自觉不自觉地在奉行着'知识为本'或者'知识与能力为本'的学科教学目标。""对于这样一个根本性的问题,我的观点一向十分明确,语文教学的培养目标与学科性质是相辅相成的。我在1978年就率先提出'教文育人'的观点,语文教学的目标就是培养人,语文学科就是要树立'育人'大目标,既教文又育人,要全面培养学生。教师,特别是语文教师,首先必须清醒地意识到自己应该努力争取做个教育家,做个'育人'的专家。我始终认为,语文教学有着自身的内在客观规律。语文教师要教学生学'文'、作'文',理解和运用祖国的语言文字,培养学生听、说、读、写能力,但是更重要的是教学生学'做人'。因为离开了'人'的培养去讲'文'的教学,就失去了教师工作的制高点,也就失去了教学的真正价值。因此,语文教师的胸中要有'教文育人'的清晰蓝图,这张蓝图必须

---

① 于漪.于漪全集:第3卷[M].上海:上海教育出版社,2018:252-253.
② 同①.

由三个部分有机组成:一是培养目标,即明白未来建设者应该具有的总体素质,包括思想素质、道德情操、科学素养;二是了解学生现状,即通过读、闻、问、阅和材料跟踪等方法,了解、研究、摸准学生的思想、性格、学习心理、学习习惯、学习方法、语文基础、语文能力等方面的实际情况,以便因势利导,因材施教;三是要明确实现'教文育人'培养目标所要攀登的阶梯,即教师心中要有强烈的阶段感,要引导学生在一定的学习阶段完成一定的学习任务,循序渐进,拾级而上,重点突出,步步踩在实地。"①

1996年教育部颁布的《全日制普通高级中学语文教学大纲(供试验用)》首次将"语文"确认为"语文是最重要的交际工具,也是最重要的文化载体"②。2001年和2003年教育部先后颁布的《全日制义务教育语文课程标准(实验稿)》和《普通高中语文课程标准(实验)》,在"语文是最重要的交际工具,是人类文化的重要组成部分"这句之后,增加了"工具性与人文性的统一,是语文课程的基本特点"的表述。

此后,教育部颁布的语文课程标准,都明确表述"工具性与人文性的统一,是语文课程的基本特点"。

于漪语文学科性质观得到了时代确认。

二、多维度学理探索

于漪后来总结自己的探索历史,如是说:"我自己的认识是有一个过程的。早在20世纪70年代末,我比较倾向于语文教学工具性和思想性的结合,到了80年代中期,我感到'思想性'的提法对语文教学有局限,'思想性'不能涵盖语文学科的丰富和多彩。因为有许多内容除了具有思想性,更具有道德的、情操的、审美的特征。过分强调语文教学的思想性,容易给极'左'思想有可乘之机。直到90年代,我才明确提出'人文性'。这说明,我对学科性质的认识确实是不

---

① 于漪.于漪全集:第3卷[M].上海:上海教育出版社,2018:14-15.
② 课程教材研究所.20世纪中国中小学课程标准·教学大纲汇编:语文卷[M].北京:人民教育出版社,2001:535.

断反思、不断深化和不断提升,而逐步走向成熟的。这是一个长达20年之久的探索历程,堪称一次历经艰辛的远航。"①

回顾于漪的这次"远航",我们可以看到,于漪的语文学科性质观是有其深层的学理依据的。

(一) 百年探索的反思

于漪在探索的道路上深刻地意识到:要改变语文教育的不理想状态,就要反思百年语文教育,并在反思中清晰地认识、把握语文学科的性质,因为"离开对它的性质,或者说对它的本质属性的深入探讨,又如何阐发它的目标、任务、功能? 教学行为受教育观念支配,群体性的教学行为往往受到某种思潮的教育观念的支配。语文教育观念是对语文教育诸问题的看法,从语文教育性质到目的任务,到教材教法,到师生作用,到质量评估、考试方法,到课外教育等,构成体系。教育观念附着于教育者头脑中,形成心理定式,有意识地或不完全有意识地指挥教学行为。在语文教育观念体系中,最为核心的是性质观,由此而引发出目的观、功能观、传承观、教材观、教法观、质量观、测试观、体制观等一系列观念"②。

怎样才能认识、把握语文学科的性质呢? 那就是"对它走过的道路应本着历史的辩证的观点,不溢美,不隐恶,实事求是","对它本质属性的探讨可更实在更清醒一点,当然也可更接近真理一点"③。

正因为这样,所以于漪在探求中,"始终以现实的问题为关注焦点,立足于鲜活的现实土壤","与语文教学实践紧密相连"④。

于漪发现,1949年之前,"'废科举、兴学校、办教育',努力学习西方的目的是'图强'……因而,西学在引进的过程中,明显带有重自然科学、轻文史哲,重

---

① 于漪.于漪全集:第3卷[M].上海:上海教育出版社,2018:8.
② 于漪.于漪全集:第21卷[M].上海:上海教育出版社,2018:109-110.
③ 同②110.
④ 同①13.

实用、轻素质的重'术'轻'道'倾向。语文的学科地位实际上并未得到应有的重视", "1949年后,教育的发展一直受到极'左'思潮的干扰,走过了艰难曲折的道路。语文教学不仅难以幸免,而且首当其冲。在政治教育的强势影响和冲击下,语文学科逐渐失去了自身的'主体性',失去了自己独立的'科格'",或"为意识形态所左右,成了变相的政治课"①,或为"工具论"所左右,以落实"双基"(基本知识和基本技能)为目标,或为"应试教育"所裹挟,以分数为旨归。

这样,语文逐步变成了人们急功近利的工具,其非功利意义即审美意义被剥离,语文的人文性被剥离。

倘若将1949年前后的一百余年打通,就能发现,无论是之前的以训练的方式获得"实用"效果,还是之后的强调以训练的方式获得"双基",其实都是西方科学主义影响所致,都是现代工具理性所致。

人们以为,只要用"科学"的方法分解学习内容,再用"科学"的方法训练语言表达方式,学习者就能学好语文,就能学会听、说、读、写。正是在这样的"科学"逻辑之下,产生了"科学"分析、证明的现代语文学习的策略与各种知识、方法。

这种在近代以来社会整体走向科学主义、走向功利主义情境中诞生的现代语文教育,其弊病是与时代病同步产生、同步加重的。因其特殊的社会意义,人们又常常从"救国""兴国"的角度来要求其发挥作用,所以语文又常常被社会政治所裹挟,其自身的本质特征则被掩埋在厚厚的淤泥之中。特别是进入20世纪80年代后期,应试教育兴起,语文的人文性在功利主义的逼迫下逐渐被丢弃。

正是在这样反思的基础上,于漪以"改革弊端"为出发点,铆准了语文学科的"人文性",形成了"工具性与人文性统一"的语文学科性质观。

这一语文学科性质观的确立,对语文教育具有"长善救失"的意义。"长

---

① 于漪.于漪全集:第3卷[M].上海:上海教育出版社,2018:3.

善"就是使语文的"工具性"不再受到质疑而得到合理的确认,"救失"就是使之前丢失的语文"人文性"归位并被彰显。

(二) 千年积淀的启示

传统教育基本上是以"经"为中心的综合教育,其宗旨就是"明明德"。这种教育所教化之"人"尽管并不是现代意义上的"全人",但其作为个体的"禀赋"意义与作为社会群体中的一员的"社会性"特征,一直得到鲜明的彰显。

但在我们近现代教育的语境中,中国古代教育是落后的,特别是在科学教育方面是落后的。从"癸卯学制"到"五四"新文化运动,再到"文化大革命",直到1978年改革开放以前,我们的教育有一条主线,那就是一边向西方学习,一边否定中国的过去。这样,近现代语文教育与中国古代教育的内在联系逐渐被斩断了。所以,传统语文教育中直接作用于人的发展的人文意义——灵智激发与彰显,一直没有得到真实的认知与确认。

古代教育有着从"明明德"到"止于至善"的高远理想,从个体灵智开发和社会担当两方面引导人实现人的最高价值,即"内圣外王"。与此相比,现代教育将语文理解为"学习和工作的基本工具"过于局限,使得语文的意义缩小,使得语文的价值降低。这也正是千万学子学了十几年语文,高中毕业后语文水平依然不理想的重要原因。

于漪在探索的过程中,认识到语文"工具论"的狭隘,看到了其与传统的断裂,因此她强调:

"中学语文教学的基础不是'零',不是重砌炉灶,一切从头开始。"[1]

"我国语文教学有丰富的历史遗产,从理论到实践有研究价值和操作价值的东西甚为可观,它不仅培养了一代代志士仁人、学者专家,而且对传播和丰富

---

[1] 于漪.于漪全集:第4卷[M].上海:上海教育出版社,2018:292.

民族文化做出了不可磨灭的贡献。对优秀传统不可采取虚无主义的态度。"①

"学语文与学做人结合。从先秦诸子开始到历代名儒,无不强调学语文与学做人要紧密结合。读书要明理,明做人之理,明报效国家之理。'君子之学,必先明诸心,知所养,然后力行以求至,所谓"自明而诚"也。'(程颐《颜子所好何学论》)读书,要讲求修身养性,讲求品德、胸怀。许多学子身体力行,作为奋斗的目标。例如文天祥兵败被俘之后,做到富贵不能淫,威武不能屈,就义后从他衣带里找到一张纸条,上面书写了'读圣贤书,所为何事,而今而后,庶几无愧'十六个大字。用以身许国的实际行动实现了读书明做人之理的准则。写文章也讲究做人,文如其人。'器大者声必闳,志高者意必远。'(范开《稼轩词序》)学习写作应重视浩然之气的积蓄,道德、品德的完善,不能徒劳于章句之间。总之,读书、作文均注意自我心灵的塑造,注意培养完美的人格。"②

当然,"语文教学纵向继承绝不是照搬精华,而是要从现时代的要求出发,吸取精神实质。如学语文与学做人的问题,古代要培养的谦谦君子……与今日要培养的有理想有道德有文化有纪律的新人有时代的本质区别,但是教语文、学语文重视人格的塑造确实是优秀传统。如果把语文只看作语言文字的排列组合,是雕虫小技,那就丢弃了好传统,违背了学语文的根本宗旨"③。

从上述论述中可以清晰地看到,于漪的"人文说"把语文"工具论"抛弃的中国几千年教育中那个大写的"人"请了回来。

(三) 世界视野研究的借鉴

近代以来的中国被迫与世界建立联系,其联系的主线是从"中学为体,西学为用"到"西学为体,中学为用",再到全面西化。语文"工具论"就是在这种联系中形成的,它与许多领域一样,先取西方某一点试学习,后不断将其"深广化""精细化",既有起初因急迫而未能全面权衡所做选择的先天不足之憾,又有后

---

① 于漪.于漪全集:第4卷[M].上海:上海教育出版社,2018:293.
② 同①.
③ 同①295.

来在"深广化""精细化"过程中的抱残守缺之弊。因此,语文"工具论"不仅斩断了与传统的关系,还斩断了与世界的"工具"意义之外的更为广泛的联系。

在这种情境中,语文既失去了传统,也没有了真实的现代。"真实的现代"是什么?核心就是人的不断觉醒,就是人文主义的不断胜利,人的个性不断得到彰显。但本应最彰显人的个性意义的语文教育,却随着时代向前,越来越成为限制人、束缚人的教育,与人文主义背道而驰,且渐行渐远。

于漪在求索之中深深感到"工具论"对语文教育的这种控制,所以她大声疾呼:

"作为一个中国人,民族志气、民族自尊是至关重要的;但是有一条,必须是立足中国放眼世界。贝聿铭对吴健雄讲,我们是中国人,但我们是有世界眼光的。我想,我们教师是不是应该有这样的眼光呢?我们做教师的,往往只看到三尺讲台,看到课堂,看不到大千世界,也就是说不在宏观上思考一些问题是不足的。在20世纪末,听到21世纪的脚步声。我们一定要放眼看世界,在宏观的大背景下看我们的教育,看我们肩上的责任,就更有深刻而清醒的认识。"[1]

她期待我们的语文教育能真正与"人"的觉醒的现代世界融通,所以她恳切地指出:

"从中华文化发展的历史的角度看,中国传统意义上的人文思想,最早见于《易经》中的《贲》,所谓'观乎天文,以察时变;观乎人文,以化成天下'(《周易译注》)。孔子学说的核心'仁'和孟子学说所倡导的'民为贵'等,都体现出古代的人文思想,都对如何做'人',提出了在当时背景下所可能提出的一些规范性见解,在今天依然有着一定的借鉴意义。只是,它们的着眼点,无非是为了调节复杂的人际关系,尤其是显得特别突出与严峻的阶级关系,以维护社会秩序的稳定,确保民生的安宁。'人'只不过是这具'社会'大机器上的螺丝钉而已。这类人文思想,带有明显的社会教化色彩。出发点和归宿都是'社会',还不是

---

[1] 于漪.于漪全集:第3卷[M].上海:上海教育出版社,2018:19.

真正意义上的'人'。"

"现代意义上的人文思想,可以溯源到14世纪至16世纪欧洲文艺复兴时期所倡导的人文主义(或称'人本主义'),以及由它延伸至19世纪后期进一步繁盛的人文主义。这种人文思想的一个鲜明特征是抵抗与否定神和神性,正视与肯定人和人性以及人本身的意义和价值。

"与中国传统人文思想不同的是,新的人文思想,真正凸显了'人'的本身,以大写字母书写'人'这个词,而不是让它隐没或模糊在'社会'的巨大光影之中。人文思想、人文精神的实质,有人界定为'人文精神是人性——人类对于真善美的永恒追求——的展现'(《人文精神论纲》,《许苏民集》第404页),并说:'真善美的绝对性就在于"把人当人看",包括每一个体既把自己当人看,也把他人当人看。'(《人文精神论纲》,《许苏民集》第418页)一句话,就是人自身意识到'人'的尊严。有自尊(因为自己是'人'),也尊重他人(因为他人也是'人')。'人'不是任何东西的附庸和工具。人曾经对虚幻的'神'顶礼膜拜过,而后又崇仰'权神'与'钱神',这都是'人'的不幸的异化。

"倡导人文精神,就是让'人'从上述误区中迷途知返,就是对尚未涉世或刚刚涉世的雏形的'人',用人文精神加以启蒙与优化。'五四运动'一度接通了这一时代潮流,开启了现代思想的启蒙运动。文学作品中,一大批现代作家,尤其是鲁迅所呼唤的正是这种期盼'人的回归'的激越的声音。"①

因此,她不无痛心地指出:"在语文课本中,中国古代作品、现代作品以及外国作品,展示的是作者真善美的心灵,一篇篇都是他们精彩深刻的'个人的发言'。其中不乏此种人文精神。不去正视、发掘、传播此种精神,而只是把它当学习与使用语言文字的一项'工具',岂不是本末倒置的荒唐?"②

由上我们也不难看到,于漪的"人文说"打通了中国古代人文精神与世界现

---

① 于漪.于漪全集:第3卷[M].上海:上海教育出版社,2018:11-12.
② 同①13.

于漪教育教学思想
概要

代人文精神,为现代语文学科人文性的确立奠定了一块坚实的基石。

与此同时,于漪广泛吸收各种与语文课程相关的研究成果,如语言学、文艺学、教育学、心理学、美学等。特别是从人本主义出发,于漪从世界语言学研究成果中认识到语文学科直接指向人的教育的事实。

"西方学者把语言看作开启人类社会文化起源和发展的奥秘的钥匙(意大利维柯 1668—1744),认为语言是一种创造性的精神活动(德国洪堡特 1767—1835),不仅视语言为一种文化现象,称语言基本上是一种文化和社会的产品(美国萨丕尔 1884—1939),还把语言看作文化建设中的一种力量(德国魏斯格贝尔 1899—1985),认为语言和文化相互塑造,相互渗透,相互从属(美国沃尔夫 1897—1947)。如果说,世界各民族的语言都具有人文性,那么,汉语汉字的人文性可说是特别突出。在中国古人看来,'人之所以为人者,言也'(《春秋·穀梁传》)。'不知言,无以知人也。'(《论语·尧曰》)著名的名实之争、文道之争、言意之辩在某种意义上,都关涉到汉语人文性的阐发。朱熹说:'道者,文之根本。文者,道之枝叶。维其根本乎道,所以发之于文,皆道也。三代圣贤之章,皆从此心写出,文便是道。'(《朱子语类》卷百三十九)从此类论述中可以体悟古人是如何把语言同人性、天道、事理联结在一起的。"由此可见,"汉语言文字不是单纯的符号系统,它有深厚的文化历史积淀和文化心理特征"。[1]

一般情况下,说起语文,人们先想到的当然是语言文字及其运用,就像说起数学学科的研究对象就想起数学及其运用,说起物理学科的研究对象就想起物理及其运用一样,这固然是不错的,但语文学科研究的"语言文字及其运用"又与其他学科的研究对象有着本质的不同,那就是:数学、物理、化学这些学科研究的是客观世界,客观世界自身并没有人的意识、思维、思想,因此数学、物理、化学这些学科的研究对象并不直接指向人;而语文研究的语言文字,与人的意识、思维、思想、审美等相关,因而语文学科的研究对象是直接指向人的,指向人

---

[1] 于漪.于漪全集:第3卷[M].上海:上海教育出版社,2018:10-11.

的思维、情感、品质、能力等,因为语言文字就是人的思维、情感、品质、能力等的直接现实。所以说,"语文就是人生,伴随人的一辈子"①。

这也就使于漪坚信:"语言是人的重要智能,语言的发展能有效地促进人的观察力、想象力、思维力、创造力的发展……语言是生命之声,语言的活动就是生命的活动。""字的识别、词的褒贬、语的应用、句的组合、文的结构,无不与思维方式、情感因素、智力发展水平紧密相关。""一个民族的语言在潜移默化中将自己独特的感知方式、思维方式、情感、智慧渗透到人们的心灵里,形成深层的心理结构。"语文学习"在潜意识状态中发展思维的广度、深度、严密度、开放度,优化思维品质和思维能力;在阅读、思考、诵读、吟唱的过程中,心弦拨动,情感激昂,升腾起对民族文化、民族精神的认同感、归属感。这种以语言文字为中心的认知教育,与情感教育、审美教育、人格教育高度融合"。②

三、实践中的尴尬与希望

语文学科人文性的确认,"语文是工具性和人文性的统一"的确认,拨开了笼罩在语文上面的种种迷雾,使语文学科的独立品格显现。

首先,它否定了仅从知识与技能,仅从语言运用,甚至仅从文化教育等方面来界定语文课程的意义。语文课程要教会学生运用语言,但语文教育不等于语言运用教育;语文课程应当肩负文化化育的使命,但语文教育不等于文化育人。

其次,它否定了仅从听、说、读、写四个角度来定义语文意义。听、说、读、写确实是语文课程需要实现的教育功能,但这四大功能更多的是从语言运用的角度陈述语文教育的意义,体现与突出的是语文工具性特征。只讲听、说、读、写,就会导致人文性的失落,陷入工具论的泥潭。

最后,它超越了对语文课程单一性的认知,强调语文课程是多功能的,并且这多重功能是具有向心力的,它们的终极目标都指向育人。也就是说,既要认

---

① 于漪.于漪全集:第3卷[M].上海:上海教育出版社,2018:397.
② 于漪.于漪全集:第4卷[M].上海:上海教育出版社,2018:198-199.

识到语文的多功能性,又要认识到这多功能都指向育人。所以,我们在于漪的授课、著文、编教材、做报告等各种各样的教育活动中,可以清楚地看到,"人"不仅有地位,而且生动活泼、生机盎然。"人",被于漪放在了她理想教育的中心;"教文育人",被于漪定位为语文学科的一个核心概念。

正如于漪自己所言:"弘扬人文,不是照抄过去,而是在继承的基础上出新,赋予它时代的精神。今日的语文教育要有中国特色,就要弘扬优秀的民族文化精神,就要有面向21世纪的浓郁的时代进取精神,变语言形式教学的单一功能为知、情、意教育统一的多功能,变低效率为高效率,尊重和发展学生的个性,探索与现代教育技术结合的途径。变语文自我封闭性为开放性,开发语文教育空间,面向生活,面向社会,以促进学生发展为本,不用机械训练消磨学生的青春。我对语文教育性质观的反思,目的在求得语文教育健康发展,使万千学子深受其益。"[①]

但是,在当下的语文教育实践中,彰显语文学科"工具性与人文性统一"的课堂遇到多重尴尬。

一是以应试为目标的语文课堂的抗拒。当今语文教育深陷工具理性,其突出表现就是处处指向分数,指向获取分数的教学行为的效益最大化。在这样的课堂上,语文教育常常沦为应试的奴婢。

二是"工具论"者的抗拒。语文"工具论"者认为,语文教育就应当从语言运用方面寻找并确立其作为现代语文学科的意义,而不应像古代语文学科那样承载许多育人功能。社会已经向前发展了,语文就应随时代前进,不应再越俎代庖,去谈由其他学科应当承载的育人意义。这种将语言的人文意义剥离而将其看作一种孤立的语文存在的观念,依然是今天语文界非常有影响力的观念。

三是将应试知识、技能误作语文知识、技能。表面看,应试教育也具有语言运用的学习,也有听、说、读、写能力提升的学习,但因为最终目标不是"育人",

---

[①] 于漪.于漪全集:第3卷[M].上海:上海教育出版社,2018:5.

而是"育分",所以这种教育很多时候就可能"是教育的反动","本应育人,却在折磨人,甚至扼杀人;本应将学生从人性的暗处导引出来,却让学生越走越黑。在这样的教育中,'人'被放逐了"。

但百年现代语文教育毕竟是曲折向前的。2003年教育部颁布的语文课程标准提出"三维目标",是对此前课程标准"双基"目标的超越;2017年教育部颁布的语文课程标准从"语言建构与运用""思维发展与提升""审美鉴赏与创造""文化传承与理解"四个方面阐述语文学科育人的核心素养,是对"三维目标"的一种超越。

无论是"三维目标"的确定,还是"核心素养"的确定,都是在"语文是工具性和人文性的统一"这一确认之下的理解。也正如于漪在《一辈子学做语文教师》中所说:"21世纪课程教材改革的三维目标,当今提出的语文核心素养,正是对我当年认识与做法的概括、提炼、提升。"①尤其是今天,"双新"语文课程的实施,强调以"人文主题"统摄"大单元、大主题、大情境"教学,将会对落实"语文是工具性和人文性的统一"这一学科特性起到极大的推动作用。

---

① 于漪.一辈子学做语文教师[J].语文教学通讯,2017(5):12.

第八讲

内外贯通,拥抱生活天地

思想旨要

要实现语文学科的育人目标,就要认识语文学科的育人功能。本讲阐释于漪语文学科大功能观。

语文学科的育人功能是多维的,从语文基础知识的积累与基本技能的提升到情感的养育与思想的升华,再到文化逻辑的构建与语言体系的形成,具有引导一个人全方位成长的教育意义。因此,语文教育不能局限于一般的知识与技能教学,而要着力于人的全面发展的教育。因此,语文教育不能囿于教材之内、课堂之内、校园之内,而要贯通教材内外、课堂内外、校园内外,从有限的教材进入无限的学习,从有限的课堂进入无限的生活,从有限的校园进入无限的天地。

以"内外贯通"之识,引导学生拥抱广阔生活,接天地之气,悟生命之谛,去构建自我生命的文化逻辑,构建自我生命的语言体系,从而成为觉醒的求索者与创造者,是每位语文教师应有的责任。

 **简明解读**

一、何为"内""外"

语文教育由错综复杂的矛盾组成,师生矛盾、生生矛盾、教师与教材矛盾、学生与教材矛盾、教师教与学生学矛盾、预设与生成矛盾、文本言意转化矛盾、师生言意转化矛盾、教材内外矛盾、课堂内外矛盾、校园内外矛盾、教师内外矛盾、学生内外矛盾……这些矛盾不同程度的化解,催生了语文教育一堂又一堂精彩的艺术课例,构成了语文教育一个又一个攀登的高度。

仔细观察,我们会发现,语文教育的各种矛盾几乎可以归为"内"与"外"的矛盾。

如"师生矛盾",如果把"师"及其预设的教育看作"内",那么被教育的"生"则可看作"外"。如"生生矛盾",如果把对教育内容的快速领会之"生"看作"内",那么对教育内容的慢速领会之"生"则可看作"外"。如果把"教材"看作"内",那么"教师"则可看作"外","学生"也可看作"外"。

当然,这些"内"与"外"的矛盾,有显性与隐性之分。教材内外矛盾、课堂内外矛盾、校园内外矛盾,可以看作显性的内外矛盾;师生矛盾、生生矛盾、教师教与学生学矛盾,可以看作次显性的内外矛盾;教师与教材矛盾、学生与教材矛盾、文本言意转化矛盾、师生言意转化矛盾、学生言意转化矛盾、预设与生成矛盾等,可以看作隐性的内外矛盾。

显性矛盾可看作"内小"与"外大"的矛盾,隐含的教育期待是由"内"到"外",最终实现"内""外"贯通。次显性矛盾可看作"内"与"外"的抗衡,隐含的教育期待是由"外"入"内",最终实现"内""外"贯通。隐性矛盾可看作"内里"与"外表"的矛盾,隐含的教育期待是由"表"入"里",最终实现"内""外"

于漪教育教学思想概要

贯通。

本讲主要从教材内外、课堂内外、校园内外这几组显性的内外矛盾及其化解来阐释于漪语文学科大功能观。

二、"内外贯通"的必然性

传统语文教育是综合教育,学习范围极广,内容极丰。1904年独立设科后,语文学习的范围逐步缩小,内容越来越窄。特别是新时期以来,应试教育导致语文教育沦落为考试知识教育。对此,于漪呼吁,语文教育要从教材内走向教材外、从课堂内走向课堂外、从校园内走向校园外,走向广阔天地,拥抱广阔天地。

(一)语文育人目标的必然要求

"教文育人"是语文教育的大目标。这一目标决定了语文教育不能停留在考试知识的教学,停留在一般的语文知识与语文技能的教学,而一定"要研究语文教学的多元功能和多重目标。语文教学确实要培养学生正确理解与运用祖国语言文字的能力,培养他们读、写、听、说的能力,但语言、思维和情感是同时发生的,课堂上语言训练和思维训练应同时进行,语文课堂不能只着眼于知识,着眼于现成的结论。从静态的维度看,知识是人类社会实践经验的总结;从动态的维度来看,知识更是认识的过程,是探求知识形成的过程,因而,学语文和发展智力密切有关。同时,语言文字是表情达意的,表什么情达什么意对学生的思想情操、审美观念有密不可分的熏陶感染作用。因而,语文教学必然具有教育功能、审美功能。语文课堂教学千万不能单打一,人为地机械割裂,只教语言文字。应尊重语文工具性、人文性和综合性特征,抓住教材的个性,熔知识传授、能力培养、智力发展、思想情操陶冶于一炉,把课上得立体化,发挥多功能作用,多方面培养学生,方能求得'教文育人'的综合效益"[①]。

---

① 于漪.于漪全集:第3卷[M].上海:上海教育出版社,2018:15-16.

(二) 语言学习的必然要求

语言是什么？语言学家一直在争论，还没有一个完全为大家所认可的概念，但有四种说法为人们所接受：语言是交流的工具，语言是文化的载体，语言是生理或心理现象，语言是存在的家。这四种说法的先后顺序，恰好体现了人们对语言由浅入深的认知历程。语言作为交流的工具和文化的载体显而易见，作为生理或心理现象也不难理解，作为"存在的家"则需要作一些说明。

"语言是存在的家"是存在主义创始人、德国哲学家海德格尔的命题。他说："存在在思想中形成语言。语言是存在的家，人以语言之家为家。思想的人们与创作的人们是这个家的看家人。"①在海德格尔看来，人的一切其实由语言而来，人因语言而存在。语言是人的控制者、主宰者。人永远在语言中，无论说与不说；人永远被语言召唤着，无论听与不听。"如果我们准备深思语言的本质，语言自己首先必须允许我们这样做，或者，语言必须已经这么做了。语言必须以它自己的方式宣告它自己——宣告它的本质。语言始终就是此一宣告。我们可能听到语言的宣告，却未曾思过这宣告。倘若我们不是处处听到语言的宣告，我们甚至就连语言的片言只语都不会运用。语言作为这种允许活动着……语言的存在——存在的语言。"②

在语言与人生的这种关系理解中，我们能看到，语言具有对人的领起、领导意义，人在此领起、领导下产生对生活的领会、领悟。于是我们看到，"语言不再仅仅是捕鱼的'筌'而是'鱼'本身，语言就是真理和意义"③，"语言从承载意义的符号变成意义，从传递真理的工具变成真理本身"④。所以于漪说："人生活在语言中，生命刚开始，意识刚产生，语言就像空气一样围绕在身旁。语言使人有了世界意识，有了文化意识，有了历史意识，而人生活在文化、历史的世界之

---

① 海德格尔.诗·语言·思[M].彭富春,译.北京:文化艺术出版社,1991:4.
② 海德格尔.人,诗意地安居——海德格尔语要[M].郜元宝,译.上海:上海远东出版社,1996:66-67.
③ 葛兆光.中国思想史:第二卷[M].上海:复旦大学出版社,2001:106.
④ 同③93.

中,人不能离开语言而存在。"①

人因语言而存在,语言塑造着人的全部。什么样的语言塑造什么样的人。汉语是中华民族的母语,所以作为母语的汉语塑造着中华民族。

因此,语文教学就要充分尊重语言与人所构成的这种塑造与被塑造的关系,尊重汉语作为母语对学生的塑造价值,"不仅让他们理解、领会汉语言文字的优美、简洁、深刻、和谐、内涵丰富、联想空间大,而且能以优秀的文化传统哺育他们的精神,培养他们的民族情结。因此,我们的语文学科,就必须从母语教学的个性特点出发,把学生领进大语文学习的广阔天地,把语文学习的课堂延伸到课外、校外,为学生打开认识现代社会、认识生命价值的大门"②。因此,语文学科要在"不断改革课堂教学的同时,开辟新的教学活动领域……立足于社会的广阔,课内课外结合起来,互为补充"③,要"把课堂当作传播知识、促进学生整体成长的广阔天地,打开四面窗户,引进八方来风,把大量的知识信息带入课堂,根据学生的年龄特征、知识水平和理解能力,补充大量课外有鲜明时代特色的知识,使教学的整个过程充盈时代的活水,激发起学生内在的持续不断地探索语文知识宝库的求知欲"④。在这样的学习中,铺就中华文明底色,织就中华文化逻辑,建构现代中华儿女的语言体系。

三、"内外贯通"的三个维度

(一) 教材内外的贯通

这里的"内"指教材本身,"外"则指由教材开拓的广阔天地,可分两层来理解。

一层指作品教学由表及里,引导学生进入作品的深处,从有限的文本中读出无限。

---

① 于漪.于漪全集:第3卷[M].上海:上海教育出版社,2018:22.
② 同①.
③ 同①26.
④ 同①27.

经典诗文的语言,往往有表层义、深层义。并且,其深层义往往融于宏大的文化逻辑之中,所以因言探义往往难以一蹴而就,浅尝辄止者永远难以尝其甘甜。因此,语文教学"不能停留在课文的表层,而必须带领学生走进作品中或显现或蕴含的思想高地、智慧高地",要"在教学中促使学生思考一些严肃的而又不是唾手就可解答的问题:生活道路的走向、生命的意义和价值、如何善待生命的美好、如何发挥聪明才智、创造生命的价值……我们要引领着学生在先哲先贤、在思想者和践行者那一篇篇充满智慧的文章和一部部感人肺腑的作品中去感悟社会与人生,去实现精神的觉醒,灵魂的提升"[1],要珍视汉语言文字珍藏的"中华民族五千年的全部精神财富",要"钟情于祖国的语言文字","触摸民族的历史与文化,领悟其价值和精神追求,体验各个时期各类作品表达的思想感情"[2],要"体会作者真正的写作意图,牢牢把握思想的精华,启发学生深思,带领学生走出课文、走出课堂,走向充满人文气息的广阔天地"[3]。

于漪说:像北宋宋祁的《玉楼春》中"绿杨烟外晓寒轻,红杏枝头春意闹",一个"闹"字生动传神,学生尽可以展开想象,感受繁花似锦、蜂蝶飞舞的迷人春景。唐代刘禹锡的《秋词》:"自古逢秋悲寂寥,我言秋日胜春朝。晴空一鹤排云上,便引诗情到碧霄。"诗人的智慧体现在求异思维上,一反感伤情绪,表达了昂扬奋发的情怀。只要与诗中景、诗中物、诗中人、诗中情真诚相待,就能心灵沟通,情感交融,使学生受到感染。曹操的《观沧海》是名篇,其意境的开阔、心胸的宽广给人以心灵的震撼。"秋风萧瑟,洪波涌起。日月之行,若出其中。星汉灿烂,若出其里",天地宇宙,尽在胸中,那种浩大的气魄,那种纵横捭阖的思维方式,反映了中华民族的英雄气概和人与自然的和谐融合。这样,我们就能在有限的文本中让学生读出无限。[4]

---

[1] 于漪.于漪全集:第3卷[M].上海:上海教育出版社,2018:23.
[2] 同[1]24.
[3] 同[1]23.
[4] 同[1]23-25.

于漪《涌动生命的课堂》收录了她20世纪80年代的10堂教学实录。从这些实录中可以看到,于漪的课堂都是将学生从有限带到无限的精彩课堂。

如《唐雎不辱使命》是《战国策》的名篇,它非常好地体现了战国策士能言善辩的特征。于漪从回忆以前学过的《触龙说赵太后》入手,引出《战国策》,引出《战国策》的特征,再进入唐雎的语言深处,进入唐雎使命意识深处,进入历史风云人物的使命意识深处。

反观现在许多语文课,却往往停留在语言的表层,浅尝辄止,不能由表及里;有的更是停留在文本的某些"共性知识"的归纳与证明,连表层都不能进入。这些"共性知识"有的指向文本内容,有的指向文本形式,如"情景交融""托物言志""首尾呼应""承上启下""先总后分""先分后总""画龙点睛""正面描写""侧面烘托""象征法""类比法""喻证法"……如果阅读教学仅停留在"共性知识"的层面,停留在空洞概念的搬弄上,而不能真正进入文本的深处,是不可能实现"教材内外"贯通的。

另一层则指作品教学由此及彼,将教材主题延伸到教材之外,拓展到更广阔的阅读时空之中。

因为教学时间的限制,教材的容量是有限的。这就决定了语文教学一定要在有限的教学时间内,利用有限的教材容量将学生带入无限的教材之外,遨游于无边的学海之中。

于漪说:"海德格尔的追随者伽达默尔在《人与语言》中曾这样说:'语言是储存传统的水库','语言是人类社会性遗传的主要渠道,精心地把自己的精神生活的全部痕迹都保存在民族语言中'。钟情于祖国的语言文字,就直接触摸民族的历史与文化,领悟其价值和精神追求,体验各个时期各类作品表达的思想感情。因此,语文的内涵绝不是一篇课文一个课堂所能局限的。"[1]

我们看于漪教学《拿来主义》的一个片段:

---

[1] 于漪.于漪全集:第4卷[M].上海:上海教育出版社,2018:147.

（预备铃后，师生齐背《扬子江》《示儿》《枫桥夜泊》《饮湖上初晴后雨》和《题西林壁》）

师：我们同学课外阅读的兴趣很浓，阅读的范围也比较广泛。半个学期以来，我初步统计了一下：半个学期以来，全班同学看的书籍杂志种类，多达67种，科技的作品不说，就是中外文学作品，也有270多本，也就是说，这个学期平均每个同学已看了课外书籍5本左右。有一个同学看得非常多，连杂志带书籍共四十几本。书的种类也是很多，譬如：有唐宋诗词，有《三国演义》《水浒》《红楼梦》，还有同学看"西厢"。（学生笑声）《西厢记》，我曾借这位同学的来看了看，是"王西厢"。还有同学看明清笔记小说，是选译的。外国文学作品也看了不少。有的看列夫·托尔斯泰的《安娜·卡列尼娜》《战争与和平》；巴尔扎克的《高老头》，听到过吗？〔生（集体）：听到过。〕还有看雨果的《悲惨世界》等。总而言之，古今中外的作品都有。对古代的和外国的文学作品，对这一些文化遗产，我们在接触的时候，看的时候，应该采取什么态度呢？——今天我们学习鲁迅先生的《拿来主义》，从中可以受到启发，得到教益。①

这是于漪40年前给初二学生上课的实录。本来初二语文课本里没有鲁迅的《拿来主义》，于漪觉得很有必要，于是在课堂给学生补充了这篇经典。其必要性至少有二：一是教师已经引导学生读了很多书，现在需要从理性上给学生一种引导，引导他们更自觉地读更多的书；二是1979年中国的改革开放刚刚起步，怎样对待人类（中外）的文化遗产，整个社会的意识都还比较模糊，初二的学生更是如此，这篇文章能使他们模糊的意识清晰，知道"应当采取什么态度"。这体现了教师重要的文化导引作用。

这是一个可以作多重阐释的课堂，这里只从"贯通教材内外"的角度来阐释。观察这节课的导入部分，看于漪引导学生广泛涉猎古今中外的经典及当时的各种杂志的意义。

---

① 于漪.于漪全集:第8卷[M].上海:上海教育出版社,2018:3-4.

这些经典和杂志其实可以看作40年前的一份重要书单：67种，包含科技与文学；中外文学作品270多本，有唐宋诗词，有《三国演义》《水浒传》《红楼梦》《西厢记》《安娜·卡列尼娜》《战争与和平》《高老头》《悲惨世界》。半个学期全班每个学生平均看了5本左右的课外书，最多的学生看了40多本。

这份书单的重要性在于：贯通教材内外，广泛涉猎，大量阅读，人文与科技并重，经典与时文统一，古今中外统一，共性与个性统一。它是一个近乎完美的语文阅读境界。这一境界的背后，有学生旺盛的求知欲，有教师精湛的导引术，更有教师阔大的文化视野。但这三点不是并重的，前两点需要后一点支撑。教师有阔大的文化视野，才可能自如地引导学生在广阔的文化之原上奔驰。教师自己文化眼光局促逼仄，怎么可能引导学生在文化的莽原林海穿行？

反观今天，如果这份书单出现在某所学校初中二年级的某个班级，那这个班级一定非常"另类"了。

一是这个班级的语文教师必须具有阔大的文化视野，能贯通教材内外，并且能抵抗住来自学生、家长、其他科任老师的压力。非常遗憾的是，这样的语文教师现在很难找到。二是这个班级的许多学生必须是从小就养成了贯通教材内外且广泛阅读的习惯，能抵抗住整个时代娱乐化生活的诱惑，能摆脱工具理性的控制。否则，即使教师有视野，能顶住压力，也很难实现教育理想。现实的情境是，这样的学生群体很难形成。三是这个班级所在的学校必须允许这个班级的语文考分暂时（可能）不如其他班级，而是对它抱有更长远、更理想的教育期待：学生的语文素养全面提升。但在功利主义盛行的大背景下，很难找到这样的学校。

鉴于上述三点，这份书单出现在今天的某所学校初中二年级的某个班级的假设，是不太可能的！这更说明，于漪呼吁的贯通教材内外，具有特别重要的现实意义。

（二）课堂内外的贯通

教材是教学的重要凭借,课堂是教学的重要场所,但语文教材绝不是教学的唯一内容,语文课堂绝不是教学的唯一场所。与语文学习浩渺无际的内容及无所不在的时空相比,语文教材的局限和语文课堂的逼仄是显而易见的。所以贯通教材内外、贯通课堂内外是极其必要的。

贯通课堂内外也可从两个层次来理解。

一个层次是将语文课堂自身的内与外贯通。从形式上说,许多内容的学习可以从室内移到室外。于漪讲《花儿为什么这样红》[①]第一课时在室内,第二课时就是在校园实地完成的。这样的课堂我们今天极少。

其实,许多内容的教学都是可以在室外展开的,语文学习的内容多数都直接关乎宇宙自然、关乎社会人生。如果能尽可能将这些内容的学习转移到可亲身体察的实地,学生将会有更真切的感受、认知、理解。古人讲的"切问近思"也包含着这个道理。

另一个层次是语文课堂与其他学科课堂的贯通。当今语文学习的狭窄,还表现在画地为牢,与其他学科"老死不相往来"。这严重影响了语文学习的效能。

我们知道,语文学习从语言出发,再回到语言。那其他学科呢?其实,所有的学科都是由语言组成,数学语言、物理语言、化学语言……最终都是"语言"。语文学习引导学生在语言建构中成长,这里的"语言"绝不只是一般意义的文学语言,它应当包含各学科语言,它应当是各学科语言综合而成的"交合语言"。

细想一想,人们的生活中,哪一种语言不是综合了多学科的"交合语言"?举一个最简单的例子,我们见面常问:"您吃了吗?"这句"您吃了吗"就包含了多学科的交合:人类学可分析,社会学可分析,一般意义上的文化学可分析,生

---

① 于漪.于漪全集:第 7 卷[M].上海:上海教育出版社,2018:94-122.

物学也可分析,语法学更可分析。这不是说,人们在说话时会很清楚这些"学问",更不是说人们说话时要先思考这些"学问"才能表达,而是说,人们就生活在我们有所认知的各学科的交合语言中。这是今天的语文学科特别需要认识到的语文教育的逻辑。

回看于漪的《花儿为什么这样红》课堂,因贯通了文艺学、物理学、生理学和哲学(进化论)等学科,使其成了36年前的经典语文课堂。

很遗憾,今天这样的语文课堂依然极少。这其实也是今天教育改革要大力推进"跨学科"教育的重要原因。

当然语文学科"贯通课堂内外"是由其"综合育人功能"决定的,是由其语言习得的综合性、文化化育的综合性决定的,与当下推进的"跨学科"教学又并不是完全一致的。其他学科的"跨学科"教育是为了克服分科教育的狭隘所带来的人才全面素养日益失衡、创新能力日益贫弱等教育弊病,而语文学科除了与其他学科有共同的需要外,更主要的则是由语文学科教育自身的特征所决定的。

(三) 校园内外的贯通

学习的历程就是人的完成。语文学习倘若永远在实践之中,在探索活动之中,甚至在各种思想与行动的冒险之中,那么每次学习的历程,就是一次探索意识甚至创造意识的历练。

古人讲"学而时习之",讲"读万卷书,行万里路",讲"知行合一";今人也讲"实践出真知",讲"实践是检验真理的唯一标准"。但很遗憾,语文综合实践活动是今天语文教育的短板,课外综合学习活动,尤其是校园外的综合学习活动欠缺。

其实,一个人来到这个世界上,就开始了他的远行。可以说,每个人心中都渴求着外面的世界,都有着"外面的世界更精彩"的潜意识,因为行走、远游、流浪是人的本质特征。所以,中外的大思想者、大文学家,像康德那样的极少,而像孔子、郦道元、李白、苏轼、陆游、辛弃疾、徐霞客、荷马、雨果、兰波、海明威、黑塞这样的人却极多。为什么？因为从很大程度上说,思想就是人的"一路见闻",文学就是人的"一路见闻",科学就是人的"一路见闻"。或者说,思想、文学、科学是人在远行中,一路上应接不暇的新鲜所赐,无穷的新鲜刺激出无穷的新思、新得。

语文教育是人的教育,是人的唤醒,是人的激发,是人的创造,不仅要满足人生的本原渴求,而且要不断激发人的新的生命活力。

因此,在语文教育中,不仅要狠抓课堂,贯通教材内外、贯通课堂内外,而且要贯通校园内外,花大力气改变"圈养"于校园的状况,以满足学生的"窥探欲"与"好奇心",激发学生的"远行志",将学生"欲窥而不得"的通道打通,引导他们永远走在探索人生与世界的"远行"之路上。

人诞生于自然的孕育,人的知识无不源于自然的启示。引导学生走在探索人生与世界的"远行"之路时,尤其要引导学生在自然中"远行"——在文字描述的自然中"远行",在真实的自然中"远行",观察自然,体验自然,思考自然,表达自然。

总之,校园无论多大,多么丰富,都是有限的,而校园之外是无限的,有无穷的远方和无穷的人们,有无穷的世界和无穷的事物,有无穷的新鲜与无穷的奥妙。未来的语文教育,我们不仅要走出教室,而且要真正"以宇宙为教室,奉自然作宗师",拥抱社会,拥抱自然,拥抱宇宙天地。"要积极组织学生开展课外语文活动……让学生在人类、社会、生命的层面上来学习语文,在这里追寻真,追寻善,追寻美……最终构建起自己的精神家园。"①

正是在这样的认识中,于漪在20世纪80年代开展的校外语文实践活动就极丰富:苏州河考察、金山行走、苏杭探访等,给学生极大的生命激发。

---

① 于漪.于漪全集:第3卷[M].上海:上海教育出版社,2018:27.

四、在生命体验中实现文化大贯通

上述是为了表达的方便,将教材、课堂、校园分开来阐释,其实三者是一体的,多数时候是难以分开的,特别是教材与课堂更是难以分割的。语文教育要实现其育人的大功能,必然要将三者融通,引导学生在生命体验中实现三者的文化大贯通。

"体验"有三层意思:亲身经历,实地领会;通过亲身实践所获得的经验;查核、考察。

"生命体验"在这里是指学习者在学习实践中产生的真切的生命感知、生命理解与生命关怀,以及在此基础上产生的生命觉醒。

语文学习作为一种言语实践活动,其生命体验的基本方式就是听、说、读、写,以及行走与体察,而写作最具有言语的可视性,也最具有言语体验的综合效能。

语文教育就是引导学生在听、说、读、写,以及行走与体察的言语实践活动中,将教材内外、课堂内外、校园内外贯通起来,实现语文教育的育人意义。

写作最具有言语体验的综合效能,真实的写作就是真实的生命体验。它是亲身经历、实地领会语言的发现与生成;它是将听、说、读的言语实践活动中所获得的经验化为自己的书面语言;它同时也是对自我各类言语经验的查核与考察。因此,真实的写作是贯通教材内外、课堂内外、校园内外极好的方法。下面我们将更多地从写的层面阐释其贯通内外的意义。

(一) 说明、阐释、赏析学习内容

说明、阐释、赏析学习内容,在言语体验中将学习内容内化为自己的生命养分,并实现思维的锤炼与发展。这是"内外贯通"的基本方式。

说明具有客观性,或者说具有科学性,它要求准确,一般是对学习内容的客观陈述,属于表层体验;阐释具有逻辑性,它要求严密,一般是对学习内容的"文理"分析,属于中层体验;赏析具有个体性,它要求创造,一般是对学习内容的

"审美"发现,属于深层体验。

说明、阐释、赏析三个层次的言语实践活动,可以是听说转换,可以是听写转换,可以是读说转换,可以是读写转换。

常态的课堂,教师引导学生学习一篇课文,如果能分别从上述三个层次体验,就可以将"课文内外"贯通,实现由表及里的开掘,产生从有限到无限的学习效果。这基本上可以看作"听说转换"与"读说转换"。

如于漪《形声字》①的教学,分四个步骤:引入—汉字构造的几种方法—形声字—总结,其中讲"形声字"是课堂的主体部分。于漪运用了联想、想象、归纳、演绎、发散、聚合多种思维方式来引导学生展开体验,最明显的部分是"形声字"构成规律的"发现"与"运用"。讲"发现"时教师先提出三个问题:"什么叫形声字?形声字是由几部分组成的?形旁和声旁排列的位置是多种多样的,有哪几种?"然后在引导过程中一个一个解决。解决第一个问题时,让学生读课文获得基本认识,这是归纳式说明;再让学生举例印证,这是演绎式说明,也是联想,这是浅层次体验。解决第二个问题时,教师先出示一组形声字,然后引导学生辨识形声字的形旁和声旁,最后总结形声字由形旁和声旁两部分组成,这是归纳式阐释,这是中层次体验。解决第三个问题时,先借助上面第二个问题的结论,引出本问题的结论,再让学生逐一辨析,这是演绎式阐释。最后又花了不短的时间引导学生自己举例来说明不同形声字的组合方式,综合了联想、想象、归纳、演绎、发散、聚合多种思维方式,这是具有了创造性特征,是深层次的体验。

于漪把一篇知识短文的教学变成了"形声字"及其规律的"发现"过程,这就是探究,而探究过程中师生之间、生生之间相互启迪,这就是合作与交流。这种以生命体验的方式将必要的知识融于问题的探究之中,融于情感的共鸣之中,融于思想的启迪之中,融于审美的创造中的语文课堂,就是实现了教材内外、课堂内外、校园内外大贯通的课堂。

---

① 于漪.于漪全集:第7卷[M].上海:上海教育出版社,2018:3-28.

平常教师引导学生写的读书笔记、诗文赏析、文学评论,则可以看作读写转换。可惜,有这种意识并将其作为重要的学习方式引导学生坚持下去的教师,并不是很多。

怎样才能引导学生坚持下去?教师首先要有觉醒,认识到这种坚持对学生语文学习的意义;其次要有计划,有学段计划,有学年计划,有学期计划;再次要有评价,以合适的评价导引学生向前。

(二) 听(读)说转换、听写转换的专门训练

听(读)说转换、听写转换是言语实践活动的重要形式。一个人聪明,首先是他耳聪目明,不仅眼观六路,而且耳听八方。"风声雨声读书声声声入耳",人在耳听八方信息中长大。但这个基本常识被语文教育长期遗忘,现在除了小学低年级,我们极少有专门的听(读)说转换、听写转换训练课堂。这是语文教育一大功能的自我抛弃。

我们再看于漪的两个课堂,给我们许多启示。

一个是"口头表达训练"[1]课堂。这堂课是一个初三班级某学期的第四次口头训练,用来训练的内容是"课外阅读情况"和"课外读物",方式是"交流"和"介绍与推荐"。"交流"两个内容:一是这一个月读了多少书?要有具体数字;二是在阅读速度、方法、理解方面是否有进步,有哪些进步?用清晰的语言、响亮的声音告诉同学们,然后大家口头评论。"介绍与推荐"就是介绍与推荐自己最近阅读的好书,介绍的方法让学生"自己创造"。在学生交流、介绍过程中,教师相机与学生一起作适当的点评、引导。且不说交流、介绍与推荐的具体内容对学生的深远影响,也不说设计的这种每月交流、介绍与推荐的训练方式对学生的多重引导意义,如坚持(毅力)、自选(自主)、合作(互助)等,只说这种口头表达训练的方式,对学生贯通教材内外、课堂内外、校园内外,形成自身文化逻辑而构建语言体系的专门意义,是任何学习方式都难以实现的。

---

[1] 于漪.于漪全集:第7卷[M].上海:上海教育出版社,2018:29-61.

说得清楚,说得准确,说得简洁,说得流畅,说得有说服力、有感染力,是"会说话"由低到高的衡量标准。"清楚"是对所说事情的基本把握,"准确"是对所说事情的全面把握,"简洁"是对所说事情的精要把握,"流畅"体现的是思维的敏捷、连贯、通达,"说服力""感染力"体现的是思维的缜密、生动等。从"清楚"到"感染力"的要求,若能在训练中逐级实现,一个人的语文水平就会逐级提升并达到一定高度。

另一个是听写转换训练课堂:《再谈打开认识的窗户——〈听践耳同志谈音乐〉习作讲评》①。这是一堂作文讲评课,讲的是"怎样才算听得好",是在前期"听写转换"的基础上的理性提升。

怎样写好这样的作文?于漪说:"'听'最为关键。听到的、听懂的写下来。只有认真听,才能写得好。听是吸收,写是表达,吸收得好,占有了材料,才写得出来。如果听时一知半解,甚至张冠李戴,那么表达一定混乱不堪。今天讲评着重谈怎样用耳听,接受外在世界的信息。与前次讲评一样,也是打开认识窗户的问题。观察不仅是用眼看,同时也要善于用耳朵听,从听中增长知识,通过听占有材料,积累材料。"②"'要听真切,无差错;抓要点,梳条理;既储存,又舍去',才能提高听的能力、听的质量。怎样才能做到这几点呢?听的时候光用耳朵行不行呢?不行,一定要用心听。如果心不在焉,看东西就会视而不见,听报告就会听而不闻。认真听了是否就一定能听得懂?那也不见得。朱践耳同志报告中的有些内容在我们作文中毫无反映。比如淮海战役中人民解放军包围敌人时,用大喇叭放歌曲,可谓'垓下之围''四面楚歌';又如古代的六艺——礼、乐、射、御、书、数。这是由于我们年龄小,知识欠缺。所以,要听得懂,做到上述三点外,还要多读书、多学习,注意积累知识,扩大知识面。"③

应当说,在言语实践活动中,"听写转换"是极难的一种。最难的就是听得

---

① 于漪.于漪全集:第13卷[M].上海:上海教育出版社,2018:28-35.
② 同①29.
③ 同①32.

"真切",记得"牢靠",写得"在理"。"真切"是基础,"牢靠"是"实料"。"真切"又是难中之难,需要敏锐的捕捉力、迅捷的梳理力、缜密的整合力。这三种能力是"耳聪"的重要表现。有了"耳聪"的"基础",才能有"牢靠"的写作"实料",所写才能符合要求,才会"在理"。

可见,"听写转换"训练是引导学生走向"聪明"极重要的一种训练。

(三)"单元贯通"写作与交流

于漪在2001年出版的《给语文教学加点钙》一书中收有《巧弹"单元教学"琴键》一文,从"树立'单元教学'观念""全局在胸,认真运筹""精心设计,寻求'最佳方案'""选择恰当的教学方法"四个方面阐释了"单元教学"的重要性。"单元教学避免了单篇教学容易产生的烦琐、不必要的重复、缺乏序列和缺乏系统性的弊病,加强了教学的目的性、计划性和系统性;避免单篇教学容易产生的教师跟着教材走的弊病,突出了教师根据大纲、根据教学要求处理教材的主动性和必要性。进行单元教学,目标集中,重点突出,学生易有明显的收获,必须重视,必须加强实践。"[①]现在全国"双新"语文课程倡导的"大单元教学"与此相承。

"单元教学"是贯通教材内外、课堂内外的重要方式,这里仅从"单元贯通"写作的角度作一些说明。

1."单元贯通"写作

"单元贯通"写作是学生根据教材单元主题,将单元文章(含补充文章)贯通,阐释单元主题的写作形式。它从主题的理解、材料的选择、贯通的过程等方面对学生的学习提出了全新的要求。它将"三型"课程有机结合,集接受型、研究型学习于一体,是知识储备与技能提升、感性激荡与理性导引紧密结合的学习。

"单元贯通"写作因为需要在比较中统观,在选择中统观,在贯串中统观,在

---

① 于漪.于漪全集:第9卷[M].上海:上海教育出版社,2018:14.

沟通中统观,所以,它需要用联系的思维方式去发现单元文章内部、文章与文章之间、问题与问题之间的关系,需要用联系的思维方式去重构在明确的主题引导之下的文章与文章之间、问题与问题之间的联系。如果能长期坚持这样的思维训练,就一定能形成普遍联系的思维方式。同时,因自始至终都需要进行归纳与演绎,所以它能够很好地锤炼学生的归纳与演绎能力,从主题理解,到材料选择,到文字表达,每个主题写作都是一次完整的归纳与演绎思维训练。可以设想,经过几年的这种语文训练,学生的逻辑思维能力一定会得到很大的提升,在这个过程中就会逐步形成对感性世界的抽象能力、对芜杂世界的整合能力、对多变世界的方向把握能力。这不仅是应试需要的重要能力,而且是人立身处世的重要能力。

2."单元贯通"交流

"单元贯通"交流是学生完成了"单元贯通"写作后的交流活动。在教师指导下由一组学生对全班学生的单元贯通写作完成较详细的批改,并由该组学生摘录自己认为的习作中可以向全班分享的内容。然后,由小组内两名学生将全组学生摘录的内容在单元主题下重组,设计成一堂可以向全班学生展示的活动课。在这个展示中,要求全班学生的写作内容都能得到部分展示,不遗漏一人。

在这个过程中,特别要求学生关注"积累点""交流点"和"思辨点"。"积累点"指学生的写作是否有较丰富的积累。"交流点"指学生在写作中表达的可以分享给大家的新知识、新思想。"思辨点"指学生在写作中表达的疑问或有争议的问题,带到课堂上探讨。

"单元贯通"写作与交流是读写结合、以读促写、学以成人的重要学习方式。这一学习方式具有浓厚的生命体验特征:先有读的体验,然后将读的体验转化为写的体验,在读写结合的体验中生成自我的成长体验。这是非常典型的将教材内外、课堂内外、校园内外全部贯通的语文综合实践活动。

3. 记录行走与体察

调查社会,行走大地,体察万物,不仅是看见,是听取,是触摸,还应当是记录、思考与创作。

阅读《于漪老师教作文》可以看到,有《夏天的夜空》《杨浦中学导游》《故乡游》《观灯展》《×地×园游记》等习作。这些习作都是行走与体察的记录、思考与创作。

今天的写作教育整体上薄弱,行走与体察记录则更少见。从语文学习的有效性来看,行走与体察的记录、思考与创作其实是更有效的方式。因为它是最具有综合实效的学习活动,最能将教材内外、课堂内外、校园内外贯通。毫无疑问,未来的语文学习,应在这方面加强引导。

于漪说:"我们做教师的,往往只看到三尺讲台,看到课堂,看不到大千世界,也就是说在宏观上思考一些问题是不足的……我们一定要放眼看世界;在这样宏观大背景下看我们的教育,看我们肩上的责任,就更有深刻而清醒的认识。"[1]

就语文教育而言,以"内外贯通"之识,引导学生出入教材内外,出入课堂内外,出入校园内外,拥抱广阔生活,接天地之气,悟生命之谛,去构建自我生命的文化逻辑,构建自我生命的语言体系,成为觉醒的求索者与创造者,是每位语文教师应有的责任。

---

[1] 于漪.于漪全集:第16卷[M].上海:上海教育出版社,2018:265.

第九讲

办学的战略意识与战役本领

 **思想旨要**

于漪是独特的"这一个"。她真正可贵之处不在于上了多少节好课,培养了多少优秀教师,或者创造了多少奇迹,而在于她从教 70 年来持续为新中国基础教育提供了丰厚的精神财富。本讲主要阐释于漪的学校管理观。

在于漪看来,办学先要有战略意识,战略意识决定办学格局。第一要站得高一些,看得远一些,想得深一些,要坚持社会主义的办学方向,要面向现代化,致力于民族振兴,要树魂、立根、强基、储能,为人的终身发展打下坚实的基础。第二须有制高点,聚焦育人,要站在时代高度、战略高度和竞争高度来思考办学的总体要求,要在宏观上有前瞻性的、科学的总体设想,把学校办成社会主义学校的样子,办成学生成长的乐园。第三要善于抓关键突破口。于漪认为,首先,良好的校风是办学的精神支柱,要弘扬社会主义道德风尚,追求高远的精神境界。其次,要有过硬的战役本领,即在战略统率之下,练就打赢战役的战术本

领。譬如：立体推进，实施综合育人；以德为先，德法并举，营造良好的育人文化；花力气抓好教师队伍，让每一个人都散发光芒。再次，校长要勇于攀登教育家高峰，要坚持实践修炼，树立精神风范，勇做教育家型校长；要有丰富的智力生活，学而不厌，与时俱新。

于漪的学校管理观最显著的一点是办学的"战略意识"与"战役本领"的结合，而这又源于丰沛的"气"与"识"：为国家民族计深远、为党育人为国育才、坚持教育的人民性等。这是一位出身草根的教育实践家为中国教育交出的独特、深刻、具有前瞻性思考的答卷。其办学实践呈现鲜明的个人特质，也蕴含着普遍的教育智慧，更透射出强烈的民族精神与国家意识，展现当代中国教育名家的独特丰姿。

简明解读

1985年8月，于漪被任命为上海市第二师范学校校长。作为一所"乱校"的校长，于漪面临着极大的困难，"校园荒芜，杂草丛生；人员四分五裂；没有一份文书档案，没有一本财产账，经费匮乏；校舍破旧，课桌椅不少是缺胳膊断腿"[①]。更加要命的是，学校内部一直不太平，矛盾重重，教学质量一直上不去。作为新任校长，于漪出手不凡：她先是确立办学制高点，然后居高临下，总绾育人大目标，以校风建设为突破口，两代师表一起抓，紧紧抓住"人"这个关节不放，积极营造良好的育人氛围。通过短短三年的努力，学校发生了奇迹般的变化，"校园美景如画，教室楼、实验楼窗明几净，图书馆寂静无声，宿舍里井然有序，音乐楼琴声缭绕，体育场龙腾虎跃。教务、总务、财产、文书等学校所有部门

---

① 教育部师范教育司.于漪与教育教学求索[M].北京：北京师范大学出版社，2006：13.

建立明细档案,校风正,教风正,学风正,学校一切工作进入良好循环"①。1988年,学校被评为"上海市文明单位""上海市花园单位",1991年被评为"全国中等师范学校办学成绩显著单位",成为办学典范。

卓越的办学成就,源于高超的战略意识与过硬的战役本领,进一步向内探求,这又源于丰沛的"气"与"识"——一切为民族,一切从国家民族出发思考教育问题,即办学先要有一股"气",即气魄、气概、气势、气量、志气、勇气、骨气、正气,即志向远大,胸怀大局,无私无畏,具有把学校办好的凌云壮志。关键是有"识",眼光敏锐,见识不俗,善于透过历史看未来,透过现象抓本质,透过复杂谋关键。把"气""识"落在"行"上,知行合一,关键是校长。

一、战略意识决定办学格局

在功利主义大行其道的时代,育人不啻打一场战争。要打赢这场战争,指挥官的战略意识至关重要。《辞海》对"战略"一词的解释是:"泛指对社会政治、经济、文化、科技和外交等领域全局、高层次、长远重大问题的筹划与指导。"可见,战略从根本上讲是管方向、管全局、管根本、管长远、管重点的行事方略。"方向"说的是往哪里走的问题,方向错了就会满盘皆输;"全局"说的是须以整体思维来统筹全局;"根本""重点"说的是须在全局之中抓住主要矛盾;"长远"说的是须以发展的眼光来看问题,切忌目光短浅。从于漪的办学实践来看,打赢"育人"战争,首先须确立社会主义的办学方向,坚持教育的人民性;其次须以"立德树人"为根本任务,为党育人,为国育才;再次须以校风建设为关键突破口,为学校创造良好的小气候。

(一) 坚守人文主义理想

于漪一生中有过几次转身,每一次转身都转得意外,也转得漂亮:大学学的是教育学专业,刚工作时教的却是历史,这是第一次转身;继而改教语文,这是

---

① 教育部师范教育司.于漪与教育教学求索[M].北京:北京师范大学出版社,2006:17.

第二次转身;20世纪80年代做校长,这是第三次转身。令人赞叹的是,无论转身做什么,于漪都做得意气风发、一骑绝尘。原因就在于她身上始终洋溢着一种古往今来仁人志士所特有的精神气质:心气高远、心怀天下、志在千里,始终张扬一种人文主义理想——为了人,围绕人,激发人,成就人。

其实,做校长对于漪来说是无心插柳。无心插柳柳成荫的背后,是高人一等的"气"与"识"。考察于漪的办学思想,这是一个很有意思也很重要的立足点。她不想做校长,因为她不愿意被复杂的人事关系捆住手脚。她喜欢纯粹,痴迷于教学。她的想法很简单,就是认认真真做一名好教师,"树中华教师魂,立民族教育根"①,是她终生奋斗的宏伟目标,是她始终不变的精神追求。办学,是她临危受命、一切为民族的一次迎难而上,也是她立足教师、超越教师的一次自我升华,更是她在更高层面、更大范围张扬人文主义的一次光辉实践。因其无私,所以"气"高;因其"气"高,所以多"识";因其多"识",所以善"行"。

于漪的办学,始终指向人,指向学生。在她眼里,学生是活生生的生命体,是宝贝,是目的,而不是被漠视、被搁置、被耽误的工具。什么是教育?她认为教育就是培养人;中国教育就是培养有中国心的人;中国的基础教育就是为中国人奠基的教育。因此,基础教育要站得高一些,看得远一些,想得深一些,要面向现代化,要致力于民族振兴,要树魂、立根、强基、储能,为人的终身发展打下坚实的基础,而不是重术轻人,育分误人,培养背功很好的"机器人"。② 其识灼灼,其情殷殷,展现了一代教育名家的宏阔器识!

盖因其人文主义的理想,在中国的基础教育界,于漪出身草根,却成一代大家:70年如一日,始终植根中国大地,心系育人大业,以如火的激情,如水的智慧,激励、引领着一代又一代、一批又一批中国教育人怀揣梦想,砥砺前行。

(二)站在山峰上看问题

校长应该怎么做?于漪并没有现成的经验可循,也没读过校长班,不是科

---

① 教育部师范教育司.于漪与教育教学求索[M].北京:北京师范大学出版社,2006:2.
② 于漪.于漪全集:第1卷[M].上海:上海教育出版社,2018:127-132.

班出身,没有博士头衔,但她具有得天独厚的条件——她出身草根,长期站在讲台上,是一位出类拔萃的人民教师;她的根子扎得深、扎得正,她的心向来连着民族,连着孩子,连着未来。她之所以能成为教育家型的校长,首要因素就一个字:高。她的站位很高,心气很高,眼光很高,她习惯于站在山峰上看问题,而不是蹲在山脚下看问题,她的精神自由地向着高处升腾。这与于漪独特的求学经历、强烈的学习精神与纯粹的精神境界息息相关。于漪强调,要站在时代高度、战略高度和竞争高度来思考办学的总体要求,要在宏观上有较为科学的总体设想,把学校办成社会主义学校的样子,办成学生成长的乐园。①

战略意识之高远,体现在办学思路上。办学思路独特,思虑深远,学校的办学起点就高。20世纪80年代,上海市第二师范学校的办学环境很不理想:在社会上,金钱拜物、享乐思想流行一时,不断冲击着师生的思想。在教育领域,普遍推崇知识教育,高度重视"双基"训练,而在思想道德教育和行为规范教育方面有所缺失。在学校内部,学生缺乏足够的学习动力,缺乏积极进取、奋发向上的精神状态;教师地位待遇不高,纪律松散、工作懈怠屡见不鲜。面对现实困境,于漪毫不畏惧,她认为办学要做到三个瞄准:一是瞄准21世纪的小学教育,努力把20世纪80年代的师范生培养成为21世纪的小学教育骨干;二是瞄准国外基础教育先进国家的小学教育,从严治校,发愤图强,办出水平;三是瞄准国内、市内兄弟学校的办学经验,博采众长,力求少走弯路,办出特色。② 基于此,她一出手,就比别人高一大截:站在制高点上积极求索,抓人的思想境界,抓人的业务素质,两代师表一起抓,力促风气之转变,形成风清气正的教育环境。简单讲,就是抓人、抓精神、抓风气。归根结底,这首要体现的是校长的气度与见识,综合表现为校长的专业领导力。

沧海横流,方显英雄本色。越是面对难题,越是显出于漪的"气"与"识"。

---

① 于漪.于漪全集:第1卷[M].上海:上海教育出版社,2018:13-14.
② 同①14.

她的办学智慧如同启明灯一样,不但在当时能够引领时代,即使在今天也凸显卓尔不群的价值。当今世界正经历百年未有之大变局,新一轮科技革命和产业变革深入发展,国际力量对比深刻调整,人类命运共同体理念深入人心,同时国际环境日趋复杂,民族主义民粹主义日益抬头,不稳定性、不确定性明显增加。教育改革势在必行,办学生态日趋窘迫。此时,重温于漪"站在山峰上看问题"的办学智慧,具有格外深远的意义——因其本固,故而"气"足;因其"气"足,故而"识"高;因其"识"高,故能"行"远。

(三) 创造良好的小气候

学校治理,不但要站在山峰上看问题,而且要俯下身子洞察幽微,在纷繁复杂中拎出关键问题率先突破。众所周知,教育质量是学校的生命,质量低下,就等于浪费学生青春,浪费教育经费。可是关键突破口在哪儿呢?于漪认为,良好的校风是办学的精神支柱,要弘扬社会主义道德风尚,批评和抵制歪风邪气:社会上允许的,学校不能都允许;社会上流行的,学校也不一定都提倡,不能把学校风气降低到社会的一般水平。办学者要有火眼金睛,提倡什么,允许什么,抵制什么,心中要一清二楚。关键是抓人,抓思想,抓精神,以校风建设为突破口,树正气,压邪气,力求形成良好的学校小气候。①

具体如何做呢?于漪四措并举,打出了一套利落的组合拳:堵疏结合,强化训练,统一步调,齐抓共管,取得了不俗的教育效果。首先要"敢"字当头,敢抓敢管。敢于在学校弘扬社会主义道德风尚,敢于批评和抵制歪风邪气,排除社会上不良影响对学校师生的干扰,同时大力加强师生员工的思想政治教育。其次要深谙学生的心态,坚持正面引导,在"善于"上下功夫。比如针对师范生爱美但不懂美的现状,于漪请老校长、老校友来作校史报告,讲述艰苦创业情况,引导学生勤奋学习,严于律己;请劳动模范、先进教育工作者讲述教师必须具有的思想素质、文化素质和审美情趣;开展"师范生应该追求什么"的专题讨论,组

---

① 于漪.于漪全集:第1卷[M].上海:上海教育出版社,2018:14-17.

织学生自己设计校服、设计发型,倡导朴素美、庄重美、大方美。再次是制定一系列校纪校规,强化行为规范的训练。根据师范生培养目标,针对学生实际,制定了一系列的学规、食规、宿规、会规、劳动规章等,让学生在集体生活中提高自我约束力,自觉遵守纪律。最后是统一认识,统一步调,形成教育合力。特别是在思想政治教育上,形成了"三线一面"的格局,即政治课、年级组(班主任)、团与学生会三条线有机结合,对学生进行思想政治教育;各学科根据学科特点在课内外渗透思想政治教育,提高教育效果。[①]

于漪创造良好小气候的认识与实践,既符合普遍性的教育规律,又具有鲜明的个人特质,其内核表现为三"高",高起点谋划,高水平统观,高质量突破。突破的重点是以"大"谋"小",以"小"为大,敢于用良好的小气候去影响社会大环境。所谓"大",就是办学者要有大视野,善于谛听时代先声,把握社会环境;拥抱国家战略,对标育人目标,立志办出与众不同的学校。然后通过高起点、立体式、规律性的举措来统观学校大局,深入落实"立德树人"根本任务,坚持以我为主,不为时风所动。所谓"小",是指办学者要有火眼金睛,用绣花的精神去占领课堂,占领学生的头脑,占领一切影响"小气候"的要素,注重细节,为每一个小小的"我"提供最纯粹、最正气的发展支持,着力升华人的精神境界。

二、历练战役本领

打赢育人战争,不仅需要高超的战略意识,而且需要过硬的战役本领。战略主要指向的是指挥员的胸怀见识,解决的是打不打、为何打、打什么的问题,而战役本领主要指向的是科学管理,解决的是怎么打、如何打赢的问题。如何向科学管理要质量、要效益?于漪想得很细,做得很实。简括地说,就是围绕一个目标,即聚精会神抓教学,殚精竭虑谋育人;建立教与学两个网络,既自成体系,纵横交织,又有机结合,浑然一体;坚持三个"化",即管理规格化、常规制度

---

① 于漪.于漪全集:第1卷[M].上海:上海教育出版社,2018:14-17.

化、检查经常化;完善四个板块:必修课、选修课、课外活动、教育实践。① 这涉及课程教学改革、校园文化营造、教师专业发展、学校内部治理、外部环境经营等。就育人而言,必须要一场战役一场战役去打,一个阵地一个阵地去攻,没有过硬的战役本领,一切都是镜花水月。从于漪的办学实践来看,特别值得深入理会的战役本领有:立体推进,实施综合育人;以德为先,德法并举,营造和谐的校园文化;因势利导,标本兼治,造就一支能打胜仗的良师队伍。

(一) 立体推进,实施综合育人

对于漪来说,育人是使命,更是生命。她从教 70 年以来,都在殚精竭虑地回答一个具体而宏大的命题:育什么人,如何育人,为谁育人;都在兢兢业业地实践这个理念,教书育人,管理育人,服务育人,环境育人。关于教育的本质,于漪一语中的:"古今中外研究教育的大家都认为教育的本质是完善人的精神世界。"②"教育是把人的灵魂、精神用力往上拉,引向真理世界;知识、技能是帮助灵魂攀升的阶梯。"③她反复强调:"教师要循循善诱,伴随着知识的传授和能力的培养,撒播做人的良种,而不是做传授技能的匠人;管理要思想先行,制度到位,要让学生懂得为何要定制度,为何要遵守制度,学有学规,食有食规,宿有宿规,做广播操还有做操的规矩。规矩一旦定出,就要明内容、督遵守,否则就是一纸空文。每个服务部门的职工都要以育人为先,尊重学生,讲述道理,学校公物除自然损坏外,把人为造成的损失降到最低。学生在优美的校园里活动能受环境熏陶,滋长爱心,养成文明习惯。"④育人,是一道分水岭,普通教师总是习惯于猫着身子就分论分,而教育大家总是全心全意践行育人使命,多管齐下实施综合育人。

育人,在于漪看来不是一种口号,而是基于使命的一种战术本领,是一种战

---

① 于漪.于漪全集:第 1 卷[M].上海:上海教育出版社,2018:45-49.
② 同①111.
③ 同②.
④ 同①116.

略统观下的综合战、持久战。首先要排除干扰,树立全面的质量观,重视学生的个性差异,逐步克服见分不见人、见局部不见整体、见眼前不见长远的弊病。其次要"研究和深入到学生成长中的三个世界——生活世界、知识世界、心灵世界。在他们金色年华的时代,要以德育为核心,促进他们生活上健康、开朗、自理、自立,促进他们爱学乐学,善于求知,勇于探索,促进他们丰富心灵,提升思想,奋发向上"①。最后要学会按照规律办事,立体推进,实施综合育人。早在20世纪80年代,于漪就突破了单一的必修课模式,实现了必修课、选修课、课外活动、教育实践的有机结合,这在当时是极为可贵的。没有"将育人进行到底"的决心与智慧,打赢育人战争就是一句空话。在必修课上,于漪强调要自觉站在育人高度,加强德育渗透,促使教学目的更加明确,教学过程更加科学,教学手段更加先进;备课组要加强集体备课,深入钻研教材,优化课堂教学,力求熔知识传授、能力培养、智力发展和思想情操陶冶于一炉,追求立体化、多功能的育人效应;结合教材列出训练要点,课内外结合,分年级落实基本功的培养。在选修课上,总的做法是排入课表,全面普及,长短结合,逐步到位。共开设学科深化类、专业技能类、艺术体育类等三类15门课程,共380课时,达到了国家教委规定的选修课占总课时7%~15%的规定。在课外活动上,以服务性、教育性、发展性、系统性、可行性为原则,因地制宜,规范开展相关活动,如坚持"七定":定时间、定地点、定项目、定教师、定年级、定标准、定考核——特别值得称赞的是定标准、定考核,其思虑之密,规范之严,要求之高,即使放在今天也是难得一见的。在教育实践上,于漪强调:"教育实践是教学管理的重要组成部分,要讲究整体效应。我们在组织教育实践活动中,努力按照教育理论与教学实践相结合,学校师资与小学师资力量相结合,分散与集中相结合的原则,做到计划落实、检查落实,尽心、尽力、尽职地搞好教育实践。"②

---

① 于漪.于漪全集:第1卷[M].上海:上海教育出版社,2018:115.
② 同①48.

30余年,弹指一挥间。如今,众声喧嚣,价值多元,育人的难度日益增大。回想当年,于漪在办学实践中旗帜鲜明地提出要"牢固树立育人目标",不但要"树立育人目标",而且要"牢固树立",誓将育人进行到底!其实,对于无处不在的诱惑与干扰,于漪始终心怀忧虑,目光警惕,她一直在思考、在呼吁、在探索如何将育人进行到底。她指出必须研究人,研究学生和教师这一最重要的、活的因素;她主张按规律育人,带领一大批教师扑在课堂教学上,如痴如醉;她警惕技术办学,主张加强文化育人;她呼吁必须继承传统,扎根中国,给学生一颗奔腾的中国心……目的就一个,把学生培养成为全面发展的社会主义建设者与接班人。于今看来,这一主张堪称高瞻远瞩,她的努力可谓苦心孤诣。

(二) 营造和谐的校园文化

在于漪看来,要把学校办成社会主义的样子,办成学生成长的乐园,必须一手抓"依法治校",一手抓"以德兴校",两手都要抓,两手都要硬。于漪强调,法治是具有强制性的他律,是一种刚性的惩戒;德治是提倡性的自律,是一种温性的约束。法治负责调整人的某些行为,强调必须这样做,不能那样做;德治则是一种导向、一种教育、一种警示,强调自制意识,强调公众压力,强调认识自己的责任与义务,引导大家在怎么做上下功夫。依法办学和以德兴校相辅相成,互相促进。[1]

但两手都要硬,并不等于面面俱到,平均用力。于漪特别指出,在中小学校,面对青少年学生,"要强调德教为先"[2],"靠的是自我教育","靠的是思想先行,说清道理"[3],"管理要思想先行,制度到位,要让学生懂得为何要定制度,为何要遵守制度"[4]。只有思想先行,德教在先,然后才是管理到位,强化训练,这样才能真正做到两手都要抓、两手都要硬。于漪说:"学校是培育学生成人成才

---

[1] 于漪.于漪全集:第1卷[M].上海:上海教育出版社,2018:112-114.
[2] 同[1]114.
[3] 同[1]16.
[4] 同[1]116.

的神圣场所,以德兴校是办学者应尽的天职。以德兴校是对学生生命与发展成长的敬畏,是对教育事业的忠诚。尽管社会上有市场喧嚣、急功近利、金钱至上的观念,但学校弘扬的必须是社会主义核心价值,营造真善美的文化。坚持以德兴校,能比较有效地抵御社会不良风气的侵袭,创建学生健康成长的精神家园。这不是要关门办学,而是在改革开放的条件下,牢牢抓住以德兴校,有助于去功利、去包装、去虚假、去炒作,让教育回归育人的本原,让学校成为比较洁净的地方,显示社会主义精神文明的引领力量。"①这一认识展现了于漪敏锐的眼光与高超的智慧。

两手都要硬,本身不是目的,而是要刚柔并济,营造和谐的校园文化。于漪指出,和谐校园文化的核心是"爱",这种爱是"大爱"。营造和谐的校园文化,校长须有一双慧眼,发现每位师生身上的美丽、特长;要有一腔热情,用爱去点燃心灵的火种;要有一颗仁爱之心,心中时刻装着别人。校园文化建设须抓好三个层面。一是实践层面。文化不是标语、口号,是要实践的。二是制度文化。一定要使学校把教育理念化作针对性制度,以适应师生内心的需求。三是精神层面的文化。教育多元和谐,最后着力的都是学生精神层面的提高。教育人的精神层面是心灵养育,是教师以自己的人格培育学生的人格成长,以自己的高尚情操熏陶学生的情操,使他们有高尚的审美观。②

于漪深谙辩证法,她目光敏锐,看得很深。在她看来,法的背后是人,立法的目的是育人,立良法行善治才能更好地育人,因此不能为法而法,搞烦琐哲学,以法压人,她对此保持着足够的警惕。她说:"学校文化建设制度必不可少。正常的教学秩序需要一系列制度保证……然而,这方面常可见到两种毛病。一是烦琐不堪,有些规则、条例多达数十条,学生哪里记得住……二是对人的主动性、积极性考虑不够,约束大大超过倡导。从精神文化着眼,让师生真切领悟到

---

① 于漪.于漪全集:第 2 卷[M].上海:上海教育出版社,2018:86.
② 于漪.于漪全集:第 1 卷[M].上海:上海教育出版社,2018:248-249.

制定这些制度的缘由和目的,大家就能自觉遵守,自主维护,保证学校的教育质量,促进学校的发展。"①这对今日的办学启示良深:我们必须以人为依归,把"立德树人"作为依法治校的根本出发点和落脚点。只有坚持以德为先,育人为本,提倡真善美,大力弘扬社会主义核心价值观,才能持续提高依法治校水平,实现真正意义上的"善治",全面提升育人质量。

(三) 让每一个人散发光芒

校长的首要使命是什么?这恐怕是一个见仁见智的问题:有人说是确立办学理念,明确办学方向;有人说是依法治校,建章立制;有人说是争取资源,营造有利于学校发展的大环境;有人说是守土有责,切实提高教学质量;有人说是广开渠道,狠抓生源,提高办学起点;等等。那么,于漪是如何看待这个问题的呢?她认为,校长的首要使命是抓好教师队伍,因势利导,因材施教,抓好教师的自身素质与团队精神,真心诚意地让每一个人都散发光芒。她说:"学校的质量说到底是教师的质量,要办好学校,追求高尚的教育境界,关键在于抓好教师队伍。"②她强调,校长要认清教师劳动的特点,因势利导,在提高每个个体的德、才、识、能的综合素质上下功夫。要向教师反复宣传加强自身修养的必要性和重要性,教师心中要有阳光,要堂堂正正、光明正大,一言一行都成为学生的榜样;要敢于弘扬正气,发扬先进。要标本兼治,治本为要,狠抓师德。校长要深入教学第一线,与教师一起研究如何开展教学改革。③

人,是关键驱动力,更是目的。这是于漪一以贯之的主张,这既与中国传统文化中"以人为本"的人文精神息息相通,又与现代领导学的精髓紧紧契合。它强调要加强人的自我管理,要以德为本,让人成为决定自己命运的根本因素。抓好教师队伍,在于漪看来,须有攻坚克难的大本领。首先,以"一身正气,为人师表"作为办学的精神支柱,作为全校师生的座右铭。"反复强调教师应该加强

---

① 于漪.于漪全集:第 1 卷[M]上海:上海教育出版社,2018:150.
② 同①116.
③ 同①117-118.

自身修养,堂堂正正,光明正大,在学生心目中能形成高大的形象;强调教师的德、才、识、能,尤其是事业心、责任感应成为学生的榜样、表率;强调教师的一言一行对学生都具有示范的作用……与此同时,我们还注意运用表扬与批评的方法,树正气,压邪气,对有损教师形象、有损师德的言行展开批评,防微杜渐。"[1]其次,抓好教师的团队精神,提倡以大局为重,反对不当竞争,特别是满心热忱地培养青年教师,创造机会让他们显露聪明才智。具体而言,有两点。第一,与他们在感情上沟通,百倍爱护,政治上关心,生活上帮助,充分肯定他们的长处,也真诚指出他们的不足。第二,要采取教育评优的办法,加强岗位练兵。于漪说:"我做校长,最大的事情就是培养青年教师。我出入课堂听课,听完课评论,听一节课,起码评两三节课,要站在理论和实践相结合的高度来评课。我倡导的是'活的教育学',要让老师觉得上这堂课是师生都有收获的,要知道好在哪里,为什么好;不足在什么地方,为什么不足,应怎样改进。"[2]再次,干部要身先士卒,增强学生"为师"的意识,以"师表"的要求严格塑造自己的自觉性。最后,师与生双向促进,教与学双向检查,发现问题及时改进,扎扎实实提高质量。

办学,是以人育人、以心动心的事业。因此校长的首要使命,是不遗余力将教师队伍抓好,这是提升办学质量的关键所在。通观于漪的办学实践,她很善于做人的工作,善于抓住人心,善于提振人的精神,进而把学校办成心意相通的家园,办成师生成长的乐园。这对今日办学治校的启示是:因材施教,发挥每一个人的长处,让每一个人都动起来、亮起来;完善培训机制,搭建发展平台,促进智慧流动,激发自主能量,让教师更具活力,协作更加有力;校长要以身作则,扎根教学实践,使学校管理不断趋向道德领导、文化引领和专业管理。简言之,抓教师队伍,就是通过创设最佳发展环境,促进"人"的回归,表达对"人"的观

---

[1] 于漪.于漪全集:第1卷[M].上海:上海教育出版社,2018:17.
[2] 于漪.于漪全集:第20卷[M]上海:上海教育出版社,2018:144-145.

照——让教师多一点专业发展,多一分职业尊严。

三、攀登教育家高峰

打赢育人战争,首在战略,要在本领,关键在人——将"战略意识"与"战役本领"结合付诸行动的,是一校之长。在于漪看来,校长是基础教育的领军人物,是师生的领路人,是学校的灵魂,要追求高远的教育境界,要敢于攀登教育家高峰。她说:"一名校长,就是一所学校,反映学校的面貌、学校的内涵、学校的精神、学校的办学质量。因此她的思想、品德、气质、言行应成为教师的楷模,学生的榜样。她应是学校的脊梁,顶住学校一片天,以人格塑造人格,以精神激励精神,春风化雨,恩泽师生。"[①]可见,攀登教育家高峰,是指校长要在实践中持之以恒地修炼自己,同时要有丰富的智力生活,不断锤炼自己的"气"与"识",知行合一,行稳致远,努力做一位教育家型的校长。

(一)校长要坚持实践修炼

眼下,我们正阔步行进在迈向教育现代化的征途中。现代化的教育,离不开现代化的人,尤其是现代化的领军人物。此刻回看历史,重温于漪的办学智慧,对于教育现代化有着正本清源的意义。回想当年,于漪对社会上重"物"轻"人"的不良倾向,一针见血地指出,人的现代化是时代发展的迫切要求,是社会现代化的根本保证。她借用英格尔斯《人的现代化》一书中的论述,告诉我们,一个国家可以从国外引进作为现代化最显著标志的科学技术,移植卓有成效的管理方式、教育制度和课程内容等,但这些毕竟是一些空的躯壳,关键在执行和运用这些制度的人。要使这些制度有生命力,并在自己的土地上生根发芽、开花结果,人自身的心理、思想、行为方式都须经历一个向现代化转变的过程。只有提高人的综合素质和创新能力,确立人才优势,才能保证社会现代化的实现。[②]

校长是实现教育现代化的关键核心。在多元经济并存、多样文化碰撞的复

---

① 于漪.于漪全集:第 21 卷[M].上海:上海教育出版社,2018:153.
② 于漪.于漪全集:第 1 卷[M].上海:上海教育出版社,2018:99.

杂时代背景下,办学要志存高远,牢牢把握社会主义的育人方向,弘扬先进文化,拒绝急功近利,守护社会文明,消弭喧嚣嘈杂。这无疑对校长的人格与智慧提出了更高的要求。于漪强调:"校长是学校的无字之书,要以人格的力量教育教师志存高远、敬岗爱业,教育学生健康成长……办学校不是百米冲刺,而是万米赛跑,要有勇气,有毅力,向着理想的目标奔跑。'依法办学,以德立校'是科学,也是艺术,既要抓好法律规范,又要在师生精神世界里撒播做人的良种,辛勤耕耘,执着追求,相互促进,寻求全方位的育人规律,不断推动学校工作跃上新台阶……教育力量只能从人格的活的源泉中产生出来,任何规章制度,任何人为的机关,无论设想得如何巧妙,都不能代替教育事业中教师人格的力量。校长是学校工作的组织者、领导者,引领教师前进的人,在人格方面更应具有魅力,闪闪发光。校长视学校质量为生命,生命与使命结伴同行,教育就会出现蓬勃发展的新境界。"①

　　学习于漪好榜样。新时代的校长须持之以恒,在实践中不断地修炼自己。一是加强思想政治建设。校长先要提高政治站位,站稳中国立场,坚持人民性,牢牢把握社会主义的办学方向。二是具备正确的教育思想。它包括对教育意义和功能的理解,对人才、质量标准的看法,对师生关系、教学关系的认识等。它是学校现代治理的"核",校长必须与时俱进,及时更新自己的教育理念,确保先进性;要有文化定力,不为时风所动,坚持以育人为导向,用正确的思想引领办学。于漪指出:"教育思想关系到学校的全局。办学方向、治校方案、组织怎样的教师队伍、把学生培养成为什么样的人等,无不以教育思想总缆。因而校长必须具备正确的教育思想,努力探索并力求通晓基础教育的规律。"②三是塑造自我人格。"一身正气,为人师表","在当今,就是要有坚定的社会主义信念,对党的教育事业赤胆忠心,有高度的使命感和责任感,堂堂正正,光明正大,按

---

① 于漪.于漪全集:第1卷[M].上海:上海教育出版社,2018:119-120.
② 同①91.

党的方针、政策办事"。①同时,校长还要有人格魅力,要用人格来感染教师与学生,引领师生健康成长。四是专业水平的修炼。苏霍姆林斯基说,校长首先应该是一个优秀的教师,是学生的好老师,是教师的教师。因此,校长更要讲业务,懂业务,精进业务,要把根扎在教学一线,做专业上当之无愧的领军人物,带领教师深入研究业务。五是历练教育管理能力。校长要崇法贵德,抓好依法办学与以德兴校;统筹协调好内与外、人与物、师与生等各方面的关系,为学校发展营造良好的氛围;关键是因势利导,因材施教,充分调动人的积极性,让每一个人都各司其职,各负其责,在岗位上闪闪发光。

（二）勇做教育家型校长

坚持实践修炼,目的在于锤炼"气"与"识",成为教育家型的校长。于漪以她独特的办学实践,树立了中国基础教育教育家型校长的光辉形象。何为教育家型校长？考察于漪的领导素养,其要有四:首先是"教育",这是基本前提。校长须是一位教育的专业人士,是教师的教师,洞悉教育趋势,遵循教育规律,掌握教育技能,不能是教育的门外汉。其次是"领导者",这是重要基础。校长应该提高思想政治素质,站稳中国立场,坚持教育的人民性;要像《孙子兵法》讲的那样,具备"智信仁勇严"等人格品质,重点做好三件事,即定战略、抓专业、带队伍;同时"具有管理的才能,具有民主作风,善于调动全校师生员工的积极性,推进学校事业健康、持续地发展"②。再次是"思想智慧",这是核心关键。教育家型校长要有自己的教育思想,不能让自己的头脑成为别人思想的跑马场,总是零碎地、随机地贩卖别人的想法。正如苏霍姆林斯基所说,一个校长必须具有较高的教育学理论素养,离开科学的教育思想而谈办学治校,不过是头痛医头,脚痛医脚,只能整天陷身于纷繁复杂的行政事务与人事旋涡中。可见,好的校长一定要有自己的教育思想,要靠科学的教育思想教学、办学和管理学校。最

---

① 于漪.于漪全集:第1卷[M].上海:上海教育出版社,2018:90.
② 同①92.

后是"精神风范",这是魅力源泉。在更高的意义上讲,校长其实不是一个岗位、一个阶层、一种身份,而是一种精神风范,一种站在制高点上勇于求索,不断"加强自我素质修养"[①],"跟随时代奋力前进"[②],"有丰富的智力生活"[③],追求高远精神境界的精神风范。

一句话概括,所谓教育家型校长,就是有自己的教育思想,努力追求高远的办学境界的教育领导者。可以说,校长是一所学校的方向、动力和魂魄。毫无疑问,于漪就是这样一位教育家型的校长,她与广大教师心意相通血肉相连,是新中国千千万万基础教育领军人物的杰出代表。虽然不是每一位校长都可以成为教育家,但是每一位校长都应该具有教育家的精神。这是办学的内在需求使然,也是社会大众对校长的殷切期待。

(三) 校长须有丰富的智力生活

丰富的智力生活,是"气"与"识"的源泉,也是"行"的动力与保障。于漪说,真正的学校应该是一个积极思考的王国、文化王国、文明高地。因此,校长要有丰富的智力生活,须是文化人、文明人,身上要有书卷气,要具有学者气象。她说:"校长是师生的领路人,更应重视积极思考。要把学校办得有时代气息,就必须用历史的眼光把握现在,着眼于未来;思想敏锐,认识有前瞻性;要独立思考,从学校实际出发,不人云亦云,不随风,不浮躁;要审时度势,因时辨势,遵循教育规律,创造条件,办出特色。办学要有自己的个性,自己独有的特色,自己独有的精神文明内涵。校长应做到身上有正气,师风可学,抵制鄙俗的市侩习气,还应该做到学风可师,身上有书卷气,是文化人,文明人,学者型的人。二者结合,与时俱进,就能成为教育改革的探索者、推进者,就能使学校出现高质量、高境界,泽被莘莘学子。"[④]当前,教育改革进入深水区,向前推进的每一步都

---

① 于漪.于漪全集:第1卷[M].上海:上海教育出版社,2018:90.
② 同①91.
③ 同①93.
④ 同①120.

充满挑战。作为学校的领军人物，校长在实践之余，要多读一点书，多读一点"磨脑子"的书，多读一点具有时代气息的书，博观慎取，勤学善问，要在批判中思考，在思考中实践——研究学生，深入洞悉学生身心的发展规律；指导教师，帮助教师改进教育教学工作，提高教师的教育修养；领导教育活动，深入师生中，发现问题，研究问题，并与师生一起解决问题。这样，才能确保校长具有较高的教育学理论素养与实践智慧，确保教育改革的顺利推进。

于漪很喜爱闻一多先生的《红烛·序诗》，经常以此激励自己的思想言行，她认为这些诗句深刻地道出了人生的意义和价值，道出了红烛精神的精髓，即始终不渝地为他人的成长与欢乐奉献，更道出了我们民族优秀的文化积淀与精神特质，标明了千百年来无数仁人志士的生命坐标。作为一校之长，我们要用心培育这种精神风范，在智力上、文化上不懈追求，为师生的成长、学校发展提供源源不断的支持，为实现中华民族的伟大复兴而奋斗不息！

综上，于漪的学校管理观，科学地探讨了在党的全面领导下办学治校的一系列重要问题，具有丰富的思想内涵与独特的实践价值，无愧于"教文育人的旗手""时代师表的楷模"和"教育改革的先锋"这一光辉评价。第一，其办学治校的智慧，集中体现为"战略意识"与"战役本领"的有机结合；这又源于"气"与"识"——从国家、民族角度思考教育问题，办学先要有一股"气"，即气魄、气概、气势、气量、志气、勇气、骨气、正气，志向远大，胸怀大局，无私无畏，具有把学校办好的凌云壮志。关键是要有"识"，眼光敏锐，善于透过历史看未来，透过现象抓本质，透过复杂谋关键，具有自己的个性化的思考与实践；不局限于一时一地一事一物。第二，战略是宏观指引，主要指向的是领导者的"气"与"识"，解决的是打不打、为何打、打什么的问题；战役本领是执行能力，主要指向的是"行"，解决的是怎么打、如何打赢的问题。第三，打赢育人战争，首在战略，要在本领，关键在人。校长须志存高远，敢于追求高远的教育境界，勇做教育家型的校长。

第十讲

自我修为,学做人师

 **思想旨要**

中国一定要有自己的教师学,这是于漪在多个场合反复表达的一个愿望。实际上,于漪也是以她一辈子的教育实践与理性思考,在践行着这一追求,留下极为丰厚的积淀。本讲重在梳理于漪的教师观。

当我们审视于漪 70 年的教育生涯时,我们似乎难以给她作出明确的身份界定,我们可以称她为优秀的语文教师、杰出的班主任、出色的校长等,我们也可以评说仁者于漪、智者于漪、勇者于漪、求索者于漪、创新者于漪、坚守者于漪、爱国者于漪、奉献者于漪,但似乎始终没有找到一个最合适的表达。国家以最隆重的方式授予她最崇高的"人民教育家"称号,这告诉我们,于漪是一位最优秀的践行者,更是一位杰出的思想者,一位教育教学理论的建构者。她是站在国家发展、民族复兴的立场,站在中国教育根本性进步的角度,来看待教师这个职业与教师应该成为的样子。因此,我们研究于漪的教师观,就不能停留在

"知识"与"能力"层面,而忽略了"价值"与"精神"。于漪留给世人的最可贵的东西,就是"教师的价值"和"教师的精神",而且是鲜活的,始终在发展的。因此,本讲先要建构起现代教师应该建立的价值观念与精神追求,探究如何打造"有理想信念、有道德情操、有扎实学识、有仁爱之心的'四有'好老师"队伍。在这个基础上,才能建构起一个具有相对完整意义的框架来。

"教育是一项理想的事业,没有理想的教育是不存在的;教育是一项神圣的追求,它充满着伟大与圣洁,不容任何玷污与亵渎;教育是一个崇高的使命,它需要我们全身心地投入与完全的奉献;教育是民族发展的奠基者,它决定着民族的命运与未来。这就是我心中的教育,正是基于对教育的这一认识,决定了我的价值意识与人生选择,决定了我终身的职业走向。"①这是于漪作为《中国语文人》传主之一的自序体开场白,从这段话我们可以看到一位杰出教师的职业理想、价值观念、使命意识等,更可以看到一种永恒不变的执着求索与终身建设的精神力量。这是认识于漪教师观的原点与根本点。

简明解读

一、深度觉醒:让生命与使命结伴同行

"让生命与使命结伴同行",这是于漪的人生名言。综观于漪的整个教师生涯,其中渗透着一种崇高的人生追求。教育,对她来说,是一项需要以整个生命去拥抱的伟大事业,这也是她作为一名教师终身不变的人生目标和高尚的生命境界。因此,树魂,立根,树中华教师之魂,立民族教育之根,也就成为她毕生的不朽使命。可以说,没有这样一根精神支柱,就没有今天的于漪。这种教师身份的认识重构与深度觉醒,奠定了中国教师发展应有的精神底子与一切努力的

---

① 于漪.于漪全集:第2卷[M].上海:上海教育出版社,2018:124.

出发点,也是于漪建立中国的教师学的核心基础。是的,大道至简,做教师首要是做人,"生命与使命结伴同行"是人应该建立的最基本的底色。所以,于漪的这一价值意识,可以成为一切职业观的根本点。这也构成了于漪教师观的哲学基础。

（一）使命意识

于漪的使命意识,远远超越了职业道德的外在规范性,而成为一种生命的自觉需求,成为她永不停步执着追求、一生奉献的内在驱动力。她认为,教师既是一种职业,又是一种人生理想,是需要以整个生命去拥抱的伟大事业,教师应该拥有这样的人生标杆和生命境界。因为,教师"一肩挑着学生的现在,一肩挑着祖国的未来",所以,教师要认识到,教师职业是"太阳底下最光辉的事业"。在于漪的眼中,教育是一项神圣的事业,教师是一种崇高的职业,是一个必须将生命融于其中的伟大事业,所以教师对自己的职业"要怀有一颗敬畏之心"。于漪常常引用汉代韩婴《韩诗外传》里的话:"智如泉涌,行可以为表仪者,人师也。"①她深有感触地说:"做老师应该是智慧像泉水一样喷涌而出,思想言行都可以做学生的榜样。我牢记住这句话,努力身体力行。"②正是这样一种使命意识,使得于漪认定教师必须身体力行,不断进取,执着地追求作为一名教师的理想境界。她说:"为了做一名合格的教师,做一名合格的语文教师,对学生今日的成长与明日的发展起积极作用,我孜孜矻矻数十载,不敢有丝毫的懈怠。道路艰辛,欢乐洋溢,意义非凡。"③"希望达到一个合格的教师境界。我所理解的'合格'的'格'不是用量化的指标来衡量的,而是国家的要求、人民的嘱托。国家把自己的希望交给我们,人民把自己的子女交给我们,这个'格'的要求是很高的。所以我一辈子追求教师的人格力量,一辈子用两把尺子量,靠两个支柱支撑,聚集在反思上,不断地自我否定、自我超越,力求做一名合格的基础教育

---

① 于漪.于漪全集:第2卷[M].上海:上海教育出版社,2018:134.
② 同①.
③ 于漪.于漪全集:第18卷[M].上海:上海教育出版社,2018:61.

的教师。"①这朴素无华的"合格"二字,蕴含着多么崇高的信念与境界!

于漪曾谆谆教导青年教师:要教育学生具备良好的思想道德素质,教师先要自我教育,完善人格。教师心里要装着国运、教育、学生、责任、追求。要做到四个"学会":一是学会热爱,教师要热爱党、热爱祖国、热爱教育、热爱学生,情真、情浓、情深,就会有不懈的内驱动力;二是学会敬业,教师身上挑着千钧重担,一头挑的是学生的现在,一头挑的是祖国的未来,这就是教师工作的整个世界;三是学会正确的价值判断,未成年人识别能力不强,教师具有正确的价值判断,学生就能深受其益;四是学会教育教学的真本领,现在学生思维活跃,见识广,教师具有真才实学,教的课,说的话,学生才能入耳入心。这其实也正是于漪的自我写照,是她对教师职业的理想境界的基本描述。

于漪指出,教师要全面发展,让自己成为完整的人,才能真正承担起自己肩负的使命。她认为,教师的素养构成是思想、道德、行为、举止、气质、风度、知识、能力、心理、生理众多因素的综合。要而言之,教师应在德、才、识、能诸方面自觉锻造,才能无愧于教师这一理想追求者的称号。

毋庸置疑,于漪是深受中华文化的熏陶和影响的,她的教育经历又给了她理性的眼光与哲学的思考,可以说,她正是以哲学的思辨方法,以敏锐的时代意识,在对中华文化精华的采撷中,构建起教师应有的人格追求。对她来说,做人非常重要的一点是坚守自我,是"克己",是追求内在的崇高,这正是"仁"的核心内容之一。她认为,人总是有物欲的,要生存、要发展,但君子爱财,取之有道,追求的目标应该是人格的完美。她并不排斥物质,但她更追求精神,她引用泰戈尔的话来阐述这个道理:"泰戈尔曾说,鸟的翅膀一旦系上黄金,就永远也不能飞腾起来。人之所以为人,是因为有精神世界,有精神支撑。"②因此她的人生定位就很清楚了:"读书求知为什么? 为明理,为明做人之理,明报效国家之

---

① 于漪.于漪全集:第20卷[M].上海:上海教育出版社,2018:78-79.
② 同①162.

理。教师是教圣贤书的人,当然,应是做人的表率。"①她常常以此来勉励别人,同时也自勉。

于漪的人生过程有两条线的交织,一条是外在的经历,那是一条曲线,波澜跌宕,惊心动魄;另一条是内在的坚守,那几乎是一条直线,没有起伏,没有曲折,就这么直直地从起点走来,只是变得越来越雄浑粗壮。这两条线重合在一起,能够让我们看到很多东西。她的贡献那么多那么大,而她所要求的却那么少那么微薄,"语文教师"是她唯一认同的终身头衔。因为她追求的是她的理想,她从事的是太阳底下最光辉的事业,是她自身的生命需求。于漪说:"人的生命是有限的,作为一名教师,能够把自己有限的生命融入常青的、伟大的、辉煌的教育事业,我觉得此生有幸。"②这正是今日教师应该建立的使命意识与生命写照。

(二) 民族立场

于漪这一辈子,曾无数次地面临生与死的考验。于漪的身体是柔弱的,年轻时严重的胃溃疡,使她"简直体会不到胃不痛是怎样的感觉",肝炎等疾病的残酷折磨,使她几乎瘦成了"人干",退休后严重到几乎宣判生命终止的心脏病……还有来自社会的巨大冲击,"文革"期间,作为"修正主义的黑苗子",年轻的于漪遭到严重迫害,这一切她不仅都挺了过来,而且柔弱的于漪的生命之路竟走得如此坚强和璀璨,没有极为强大的精神支柱显然是不可想象的。那么,是什么支撑着她,她的使命意识来自何处,这可能是我们研究"于漪现象"最有价值的部分,也是于漪教师观的重要组成部分。

对此,于漪在《岁月如歌》中给了我们一个明确的答案:一切为民族。那是她就读的高中母校镇江中学的校训,这一校训深深铭刻在她的心中。幼年的苦难岁月和艰辛的成长历程,也使她深深懂得,民族富强是一切的根本,否

---

① 于漪.于漪全集:第20卷[M].上海:上海教育出版社,2018:162.
② 于漪.于漪全集:第2卷[M].上海:上海教育出版社,2018:140.

则,就没有任何个人的幸福与快乐可言。那时的于漪就十分明白求学为什么。从愚昧走向文明,就是要立志解救苦难的民族于水深火热之中,"'一切为民族'五个大字……镌刻在我心中,成为我铸造师魂的基因"①。因此,"树中华教师魂,立民族教育根,成为我终生奋斗的目标,成为我始终不变的精神追求"②。

纵观于漪整个人生,她身上始终不变的是己饥己溺、民胞物与的赤子胸襟,是鞠躬尽瘁、死而后已的仁者追求,是乐以天下、忧以天下的圣人情怀,是出淤泥不染、濯清涟不妖的君子操守,而其根本,是民族的忧患意识与责任精神。正如她曾在各种场合反复表达的:自古以来,中华民族多灿烂,中华民族也多艰辛、多苦难。过去,正是我们民族的奋斗精神与无数先贤的奉献牺牲,才有中国人民站起来的新中国;今天,祖国的繁荣和民族的振兴依然需要我们每一个人全身心的投入与付出。作为中华儿女,她深感自己肩负的历史责任。这构成了于漪终身不渝的生命支柱与精神脊梁。

于漪认为,教师必须成为民族的脊梁,代表社会的良知,代表社会的道德。她曾在不同场合多次提到西南联大的教师群体,给这一群体以极高的评价。因为这一群体有着崇高的道德操守与民族气节,有着高尚的人格魅力,他们忧国忧民,一辈子考虑的是国家的兴衰、民族的存亡,他们把自己所从事的育人事业和国运兴衰、民族存亡紧密联系在一起,因而他们成为中国教师的道德标杆与行为准则。于漪的生命中同样贯串这不变的使命。她说:"作为中华儿女,我深感自己肩负的历史责任,天下兴亡,匹夫有责。身为基础教育的一名普通教师,这种忧患意识与使命使我深深地认识到,奉献是教师的天职,也是一名中华儿女无可推卸的责任,因此,'让生命与使命结伴同行'——成了我的人生

---

① 于漪.于漪全集:第21卷[M].上海:上海教育出版社,2018:14.
② 教育部师范教育司.于漪与教育教学求索[M].北京:北京师范大学出版社,2006:2.

名言。"①

因此,于漪的教育与教学追求有着鲜明的民族意识和强烈的爱国精神,她站在中华大地上坚守着中华民族伟大复兴的教育理想。她认为,中小学教育也好,大学教育也好,归根到底要培养学生有一颗中国心。她曾很深切地表达一种担忧:如果我们培养的人对自己的国家缺乏感情,对中国的文化缺乏认同,缺乏一个公民应有的责任心,不能自律,那就意味着教育的失败。也因此,70年来,于漪始终肩负一个中国人的责任,坚守中国教师的教育使命,培养有一颗中国心的合格接班人。

而且,于漪的国家与民族立场有着很强的现实针对性。世纪交替之际,面对社会令人痛惜的"西语东渐"现象,她大声疾呼,呼唤广大语文教师要以清醒的头脑,坚守母语的精神家园。她十分担心"一切都是外国的好"的观念影响今日学子的健康成长。于漪是站在关系民族存亡的大是大非立场上来认识这一问题的,她曾在许多场合强调:"母语,跟每个中国人应该有不解的情结,是我们民族文化的根……一个国家若语言消亡了,就彻底灭亡了。"②因而她明确指出,语文教师就应该为了传承和弘扬祖国的语言文字、中华文化而努力奋进。这是今日教师必须始终坚守的一个重要观念。

于漪的中国立场是明确的、坚定的,她曾经结合具体的事例饱含感情地对青年教师说:"不知从何时起,我们的教育话语系统发生了变化。一系列教育政策、措施,都是具有中国特色的,从中国的国情、教情、学情出发,切实解决实际问题。但一进入教育专业,对传统教育就不屑一顾,铺天盖地是外来的教育概念、教育术语、教育做法,不仅'言必称希腊',而且'行也照希腊'。"③这绝不是一种偏激或者狭隘,于漪有着博大的文化情怀,她认为:"欧美等西方国家有些教育思想确实比较先进,有些做法与经验也值得学习借鉴。教育本身就有很强

---

① 教育部师范教育司.于漪与教育教学求索[M].北京:北京师范大学出版社,2006:2.
② 于漪.于漪全集:第4卷[M].上海:上海教育出版社,2018:222.
③ 于漪.于漪全集:第2卷[M].上海:上海教育出版社,2018:167.

的包容性,它承认不同教育之间需要相互了解、相互借鉴,看到人家好的就学。因此中外教育进行比较,介绍与引进先进的教育理念与做法是必要的、无可非议的。"①她反对的是"中国人讲外国话",她始终认为:"中国教育必须有中国人自己的灯火,走中国人自己的路。就专业而言,也不是只能任人说短长。"②

面对教育教学理论领域的西语霸权,她反复强调,中华民族悠久的历史积累了丰厚的、极有价值的教育理论与教育实践,我们必须传承、弘扬并发展。今天,中国的教师教育中国的学生,当然应该给他们全球视野和世界眼光,中国教师当然应该学习西方的教育理论,但是,这是"它山之石,可以攻玉",这些理论必须是为我所用,而不能"矮化"了自己而成为西方理论的奴隶。因此,她呼吁,我们必须建立"中国的教育学"与"中国的教师学"。2017年,耄耋之年的于漪,在《人民教育》发表文章《以教育自信创建自信的教育》,她指出:"教育从来是国家的、民族的事业,任何国家均如此,它的核心是价值塑造、价值追求。我们教育追求的价值观是培养我们的教育对象深刻领悟并身体力行中国人就是中国人,要热爱中国,为中国服务奉献是天职,是自己的责任担当。这个价值一旦丢失,教育就失魂落魄,丢了民族精神的根、爱国主义的魂,于国于民,都会发生危机。"③该文章的结尾再次强调:"坚守中国立场,拥有世界视野,以教育自信创建自信的教育,走自己的路,我们的定力将更强大,我们的前途会更宽广。"④这应成为所有中国教师的魂魄。

(三) 奉献精神

使命意识与民族立场必然引发并构建起于漪"深度觉醒"的第三柱石,教师的奉献与牺牲精神,她用"激情"来表达这种精神,她是站在学生生命成长和国家未来需要的角度来建立教师的这一精神的,因此,她说,做教师的心中就要揣

---

① 于漪.于漪全集:第2卷[M].上海:上海教育出版社,2018:168.
② 同①169.
③ 同②.
④ 同①172.

着一团火,教师要一辈子燃烧自己。

她是这样表达的:"激情也是教师必不可少的素质,不热爱这多情的土地,没有工作的激情,就不能完成教育的伟业……教师只有倾注满腔热忱,为之而倾心,才能完成肩负的神圣使命……有了这种激情,就会鼓足生命的风帆,孜孜不倦地追求,顺境不自傲,受挫折更刚强,有使不完的劲。"①"直至今天,我依然不知老之已至,不能也不愿放下我心中的事业,这一使命将伴随我生命的始终,为了我们的下一代,为了我们民族的未来,我无怨无悔。"②

于漪认为,教师的奉献与牺牲精神,实际上是在守护作为教师的仁者境界。正像她常常喜欢引用文天祥就义时留在口袋里的几句话:"读圣贤书,所学何事?而今而后,庶几无愧。"文天祥面对民族大义所作出的生死抉择,正是这种仁者人格的执着与坚守。人之所以为人,是因为人有精神世界,有灵魂支柱。教师也是如此,所有优秀教师的事迹都昭示着我们,作为教师,他们首先爱学生,因而爱他们所从事的事业,而且是站在学生整个生命成长的角度,站在民族未来的大背景上,站在中国命运的高度,来爱学生和爱事业。在不少教师特别是青年教师身上出现精神迷茫和职业信仰相对淡漠的今天,这种精神的建构尤为重要,它关系到中国教育的未来。

教师的奉献与牺牲精神,并不是仅仅出于责任,出于外在的职业操守和职业道德的制约,不是"不得已而为之"的,而应该出于教师内在的生命需求,是他们的生命快乐之所在。我们应该认识到,教师既是一种职业,又是一种人生理想,是一个需要以整个生命去拥抱的伟大事业和生命形态。优秀教师之所以能在如此漫长的岁月、如此艰难的环境中,如此执着与坚韧,能够始终精神抖擞地实现职业的理想,那不仅是"头悬梁、锥刺股"式的苦熬,而且是他们不断感受到付出同时的巨大获得,是因为付出而获得的内心的安宁,无愧于己心的满足与

---

① 于漪.于漪全集:第4卷[M].上海:上海教育出版社,2018:535.
② 教育部师范教育司.于漪与教育教学探索[M].北京:北京师范大学出版社,2006:3.

充实,是他们感觉生命价值的所在,是他们获取生命快乐的源泉。

于漪说,选择了当教师,就选择了崇高。这就意味着,教师的生命不再只属于自己,属于自己的家庭,因为教师是一种成就生命的事业,是服务国家与民族的大事业,因此,教师必须要有全局意识,奉献与牺牲精神必然成为教师必不可少的精神追求。从教70年,年过90的于漪,至今仍然全身心地投身于教育事业,一年365天,没有一天空闲的日子,为了教育的进步,为了青年教师的成长,为了祖国的孩子更好地发展。我们在于漪身上所看到的这种执着追求、奉献牺牲、九死不悔的精神力量,正是中国教师精神的体现,是中华民族千百年来生生不息的生命意识与民族精神凝聚而成的。于漪的这一教师观,将构成未来中国教师学中一根重要的思想支柱,引领中国教师队伍的建设。

二、永远求索:一辈子做教师,一辈子学做教师

于漪认为,教育事业永远没有终点,所完成的工作永远没有最好,教师一定要不断地自我发展,一个不会发展的教师,他的生存空间就会越来越小。因此,她说"一辈子做教师,一辈子学做教师",一辈子在提升自我,完善自我。

(一) 终身发展

终身发展的观念是于漪教师观的重要组成部分。她认为,教师要真正实现自己的使命,必须终身进步。因为教育的本质是育人,是培养终身发展的人。教师既要培养学生良好的知识与能力,又要实现学生品格与心理的全面健康,使他们既拥有丰富的学识,又拥有良好的道德情操与积极的人生追求,成为德才兼备的一代新人。特别是在今天这样的价值多元时代,教师的导引作用就显得特别重要。教师只有以正确的思想去教育人,以积极的心态去熏陶人,才能培养学生积极的人生态度和良好的情感态度与价值观,去正确地认识社会与融入社会。塑造大写的"人",这是我们的学校教育所面临的一个重要使命,也是教师之所以被称为"人类灵魂工程师"的原因所在,教师职业充满了神圣感和崇高感。

由此,于漪始终将教师看成一种放飞理想的事业,它需要教师拥有一种自觉的人生追求。教育的事业是着眼于未来的事业,教育工作的性质与特点要求教师具有相当程度的职业敏感,教师一定要跟随着时代奋力前进,不断更新教育观念,不断提升教育素养,使自己始终站在时代的前沿来思考问题,不断发展自我。于漪很喜欢引用朱熹的诗:"问渠哪得清如许,为有源头活水来。"教师如果不天天学习、月月学习,哪里来的源头活水?

于漪自己正是这一观念的优秀实践者。在她70年的教师生涯中,她不断求索,永不停步。正如她自己所说:"我教了一辈子,一辈子在反思。正如罗曼·罗兰所讲'这累累的创伤就标志着你生命前进的一步',我确实是伤痕累累,随便打开自己的文章、教案,可以讲出很多不足和缺陷,但正是这些缺陷和不足,激励我向前奔跑。"①几十年来,如此优秀的于漪仍然坚持不懈地严格要求自己,她说:"人生活在社会中,总是要比的,可是比什么,和谁比,我觉得其中非常有讲究。我这一辈子有两把尺子,一把尺子量别人的长处,一把尺子量自己的不足。"②正是在这种"比"和"量"的过程中,于漪总能找到自己的不足,总能学到别人的长处,她谦虚地说:"在长期的教学实践中,我深深体会到教师的字典里永远不能有一个'满'字。"③因此,不断追求,自我超越,与时俱进,于漪不断达到一个又一个新的境界。

在求索过程中,于漪主张教师对已有的理论和观念不能轻信盲从,要有自己的分析与认识,要有科学精神与质疑态度,并在此基础上建构起自己的正确认识。她是这样倡导的,也是这样实践的。教育界有一个比喻的说法,"要给学生一杯水,教师要有一桶水",她是不太同意的,"因为你这桶水是不是陈旧了,是否有污染,恐怕很值得研究。我们学过的东西随着时代的发展有些已经束之高阁,大量新的信息、新的知识要掌握,因此教师学习必须如长流水,教师一定

---

① 于漪.于漪全集:第2卷[M].上海:上海教育出版社,2018:138.
② 同①137.
③ 同②.

要有丰富的智力生活,不断学习"①。

于漪曾经回顾自己的教学观念与学生观念形成的历程,说她的课堂教学有过三个重要的追求——"一清如水""目中有人""激发生命的灵动与活力",这是她在不同的时期提出来的。从这几个概念可以看出,她的课堂观与学生观随着时代发展而变化,但"一切为了学生"的这份真爱是不变的,她对学生的爱是站在他们整个生命成长的角度,站在民族未来的大背景上的。因此,她始终坚持着,求索着,奉献着,奋斗着。正是这样坚持不懈的求索,于漪从"一清如水"的课堂讲授能力的要求,到"目中有人"的学生主体地位的确立,再到"激发生命的灵动与活力"这一课堂成就完整生命的理念的建构,一步一个脚印,不断实现着对自己的超越。

也正是这种终身发展的意识,使于漪始终坚持改革,不断开拓创新,跨越了一个又一个台阶而达于至善。她曾充满深情地回顾自己走过的路:"我花大气力进行变革。变革的核心是让学生真正做学习的主人,使课堂真正成为学生在教师指导下获取知识、训练能力、发展智力以及思想情操受到良好熏陶的场所。"②她又说:"个体的生命是有限的,教育事业是常青的"③,"一名真正的语文教师,是用生命在歌唱,用生命在实践,学而不厌,诲人不倦,为了崇高的社会主义教育事业,为了可爱的学生,甘为红烛燃自身,甘为泥土育春花"④。

(二) 与时俱进

于漪常说,做教师一定要有时代的活水。她认为当代社会快速发展,不断出现许多新的事物、新的变化、新的观念,因此教师不能"两耳不闻窗外事",一定要关注社会生活,紧贴时代的脉搏,具有时代的敏感性。一是从时代的变革中汲取养分,更好地提升自己和完善自己;二是对新的东西要有充分的探究与

---

① 于漪.于漪全集:第2卷[M].上海:上海教育出版社,2018:138.
② 于漪.于漪全集:第16卷[M].上海:上海教育出版社,2018:154.
③ 同①223.
④ 于漪.于漪全集:第4卷[M].上海:上海教育出版社,2018:536.

思辨,不能人云亦云,不分黑白,盲目跟从。她提出,在当今这个日新月异的大变革时代,教师必须与时俱进、改革创新,不断改变自身观念,走在时代前沿;必须走出孤芳自赏、独善其身的传统的精神象牙塔,引领自己也引领学生正确面对社会的物质大潮。这一观念本身也是基于这个时代的特征所提出的。

于漪对新时期的众多新生事物所带来的积极变化有着高度敏感,甚至包括科学技术的进步与发展,并为之欣喜,而对教育领域的有些观念和做法更有一种高度的时代警觉,特别是当这些东西偏离了教育的正轨,误导了整个教育或者学科教学的时候,她会深入探究,建构合理的观点,并大声疾呼。可以说,于漪的许多教育教学理论与主张,都是站在时代的脉搏上建构起来的,这些真知灼见引领着时代教育脉搏的跳动,而不是在象牙塔里闭门造车,因而它们是鲜活的,充满着时代活水那淋漓的水汽与生命的张力。

例如,20世纪80年代后期,应试教育以迅雷不及掩耳之势挟来了"标准化试题",于是,原本就处于主导地位的"工具性"与新生的"标准化试题"一拍即合,使得语文教育日益失去鲜活的水分和生机,降格为一门工具性、技术性的课程。学生学习语文的兴趣淡薄,语文素质与能力明显下降。在这种教学思潮和风气影响下,名曰量化、科学,实质上却是语文教育中丰富的人文精神内涵和涵泳生命的养分的流失。躯壳在,灵魂失,教师迷茫,学生更是不知所措。由此,把本作为检测手段和选拔手段的考试推向不恰当的前所未有的高度,重知识、技能、技巧,轻学生总体素质的培养,语文教育的准星发生了偏差。

针对这一现象,自1996年起,于漪连续发表了《弘扬人文,改革弊端——关于语文教育性质观的反思》《准确而完整地认识语文学科的性质》《语文是进行素质教育最有效的一门学科》《语文学科是一门实用而多彩的人文学科》《语文学科是一门多功能的育人学科》等一系列文章,全方位提出了语文的"人文性"。这一学说重新定位了语文学科的性质,得到广泛的认同,并在教育部2001年颁布的《全日制义务教育语文课程标准(实验稿)》得到明确的肯定:语文是最重要的交际工具,是人类文化的重要组成部分;工具性与人文性的统一,是语文课程的基本特点。

又如,升学考试的指挥棒对学科教学的"指挥"力度越来越大,影响所及,甚至到小学低年级。一切围绕着考试转,学生不堪学业重负,教师不堪应试压力,学校教育见"分"不见"人"。针对这一现象,在上海市德育工作会议上,于漪发出了要"突围"、要"减负"、"育人要树魂立根"的声音,提出了"育人还是育分"的思考,这对教育功利追求的纠偏之言,回响在浦江两岸,它们振聋发聩,撞击着每一位教育工作者的心。这里凝聚着的,是一位终身奉献于教育事业的老教育工作者的时代责任与赤子情怀,它来自时代并贡献于时代。

于漪强调,教育要站在时代的视野上,教在今天,想到明天,以明日建设者的素质要求、德才标准来指导今日的教育教学工作。因为,世界是复杂的,对外开放后,先进的科学技术进来了,这是好事,但随之也带来形形色色资产阶级思想和其他易产生负面影响的东西,所以,如何增强学生的识别能力,增强抵制精神污染的能力,教师就要深入思考,寻求有效的教育途径与方法。

于漪非常清醒地看到,在21世纪,我们的教育面临巨大的挑战:受功利等思想的影响,"重术轻人""重利轻人"甚至"目中无人"的现象到处蔓延,使对学生良好素质的培养与提高,难以有效地落到实处。因此,当时70多岁高龄的于漪在一切可能的场合呼吁素质教育,倡导新课程理念,强调"两纲"教育的重要性。她敏锐地指出,21世纪经济之争、科技之争,说到底是人才之争、人的综合素质之争。我们培养的人只有自身健康、强壮,有主心骨,才能立于不败之地。这里,我们看到了一种高瞻远瞩的远见卓识。

(三) 不断超越

如果说,本节第一部分着重谈的是于漪的终身发展观念,指出教师要不断实现对自己的超越,那么,她更可贵的是,在实现自我超越的同时,实现了对已有的教育教学观念的重大突破与超越。于漪认为,做教师要"站在时代和民族发展的高视点上",要不囿于旧说,要勇于创造。

在语文教学领域,早在20世纪80年代,于漪就明确提出"熔知识传授、能力培养、智力发展、思想情操陶冶于一炉",一个"熔"字,揭示了语文教学培养目标及其结合的最佳途径是春风化雨、水乳交融,在此,于漪高扬起她"全面育人"的旗帜。20世纪90年代初,于漪又提出:"今天语文学科的育人目标,就是从语文的教育功能出发,培养具有现代人素质、能力、智力的明日建设者。"①她率先提出培养"现代人素质"的要求,赋予语文教学目标新的时代内容。20世纪90年代中后期,于漪又喊出了"弘扬人文,改革弊端"这振聋发聩的声音,旗帜鲜明地提出"语文学科具有人文性",在语文教育界内外产生了广泛影响,促使语文界最终在"人文性"上达成共识。今天看来,于漪实际上引领了近几十年中国语文教学的方向。

这样的创造性理论成果是有着深厚的功底的。于漪把围绕自己这种语文观展开的教育研究概括为五个方面:了解社会,把语文教学改革建立在对现代社会科学分析的基础之上;研究人,把语文教学改革建立在对教育对象个体和群体深入研究的基础上;研讨语文教学的任务,使学生具有获取知识和运用知识的能力;研究语文知识、技能的"核"与"壳"的问题;学习现代哲学、现代教育学、语言学、心理学、社会学,使语文教育理论和实践有更多的参照系统。

在教育的价值观领域,于漪很早就提出,我们的教育究竟应该以什么为本,是以知识为本,还是以人的发展为本?因为传统的教学是注重知识传授的,甚至是以知识的传授为根本目的的。于漪指出,知识的价值更多的在于作为思考的焦点激发学生各种水平的理解,而不仅仅是作为固定的信息让人们接受。教育的使命是促使人思考知识来解放人,使人变得更自由。这一观点站在时代对人的要求发生变化的角度,极富前沿性。所以,学生求取知识的真正目的,不在知识本身,而在学得运用知识以适应需求的素养。于漪在前代哲人的基础上向

---

① 于漪.于漪全集:第3卷[M].上海:上海教育出版社,2018:19.

前走了一大步,不仅指向能力养成的维度,而且走向了人的解放这一哲学命题。

在教育对象与目的方面,于漪提出,今天的教育,已由单纯的促进经济发展的工具和手段,成为追求和实现人的幸福生活、实现人的全面发展的重要途径;时代对人才培养的要求,也逐渐由工业化时代的整齐划一,转入更加注重人的个性发展与创造精神的培养。她清醒地认识到,今天,人已经成为教育的中心,也是教育的根本目的;人是一切教育的出发点,也是所有教育的归宿;教育在人的交往与活动中展开,人在教育的交往与活动中成长和发展;人是教育的基础,也是教育的根本。这样一种教育的基本价值观念,是从人的生命的完整需求出发,为人与现代生活、人与社会的和谐发展奠定基础的。也就是说,教育应该促进每一个个体生命获得完整与幸福的人生追求,促进每一个个体生命实现其理想的人生价值。于漪强调,这也正是当前课程改革"以人为本"核心理念的基本出发点。

联合国教科文组织在《教育的四个支柱》一文中也曾明确指出:21世纪将为信息的流通、储存和传播提供前所未有的手段,因此,它将对教育提出乍看起来近乎矛盾的双重要求。一方面,教育应大量和有效地传授越来越多、不断发展并与认识发展水平相适应的知识和技能,这是造就未来人才的基础;另一方面,教育还应找到并标出判断事物的标准,使人们不会让自己被充斥公共和私人场所、瞬息万变的大量信息搞得晕头转向,使人们不脱离个人和集体发展的方向。可以这么说,教育既应提供一个复杂的、不断变动的世界的地图,又应提供有助于在这个世界航行的指南针。这言论着眼的也是人的发展,但于漪是从人的生命的完整需求出发,更接近于教育的本质属性。

三、大基本功:真功夫是学术功底的展现

于漪非常注重教师的素养构成,但她所说的教师素养,和我们通常所说的基本功有着根本的区别,她不是停留在具体的操作层面,也不是停留在诸如"三笔"字、板书设计等最基本的教学技能,她站在全面育人的高度,站在文化的宽

度与历史的深度来解释教师应建构的素养。她曾说道:"我能够引以为豪的是,60多年的长途跋涉,自己能够始终站在时代的潮头,以辩证唯物主义认识论为指导思想,从探究语文教育的本质出发,把教育学、心理学等方面的现代研究新成果融进自己的教育实践,孜孜不倦地追求崇高的学术境界,不断求索语文教育的规律,在扬弃和开拓中逐步形成了自己的语文教育特色与体系。我之所以能取得些微末成绩,是因为我站在巨人的肩膀上。"①也就是说,教师把握时代特征,基于哲学思辨,探究学科本质,融入现代理论,建立认知系统,我们可以称这些素养为"大基本功"。

（一）丰富底蕴

于漪认为,教师要能胜任育人的重任,必须拥有丰厚的底蕴。因此,教师要有拼命吸取营养的素质与本领,教师要不断地学理论,学业务,学科学,学文化,犹如树木,把根须伸到泥土中,吸取氮、磷、钾,乃至微量元素。因为,只有拥有富有的积淀,言传身教,才能不断激发学生的求知欲望。于漪的根深深扎在人类思想的丰厚土壤中,扎在中华文化的坚实土地上。她"一辈子学做教师"的重要内容之一,是一辈子不断浇灌与充实自己的文化根基,直到今天。无论是对中国文化基本精神的把握,对教师增厚自身文化底蕴的呼吁,还是倡导教师要拥有一颗哲学的头脑,都体现了她这样一种不懈的追求。

于漪勤于学习,博采众长。重要的理论反复学,在世界发展与中国建设的大背景下来认识教育的地位、价值、功能与走势。她曾指出,就学科论学科,往往会陷入鸡虫得失的纠缠,跳出圈子看问题,站在时代的高度、战略的高度,视野就开阔得多,思考就深入得多。为此,她进行了大量的研究性学习,例如,"为了阐释语言的本质属性,我阅读了不少马克思主义经典著作,尽力让自己的立论得到权威理论的支撑。我十分注意吸收西方语言学研究的成果,让自己的理论有更宽阔的视野。同时我处处做有心人,时时怀着探究的意识,透过现象抓

---

① 于漪.于漪全集:第3卷[M].上海:上海教育出版社,2018:2.

住本质,使自己的立论经得起实践的检验"①。她深深体会到,教师的真功夫是学术功底的展现;不下苦功读书学习,不做精辟透彻的理性思考,教学上怎么可能气象万千,入学生耳,入学生心?她在改行教语文伊始,就定下目标,先从"胸中有书,目中有人"这八个字上下功夫。"胸中有书",要认真钻研教材,查阅有关材料,在"真懂"上下功夫。对教材做到烂熟于心,要如出自己之口,如出自己之心,自己"昏昏",是不可能使学生"昭昭"的。为了求得真懂,深入钻研教材,弄清来龙去脉,从语言表达到思想内容,从思想内容到语言表达,反复咀嚼,推敲,在理解的深度、广度上探究,先做学生,后做先生。与此同时,有系统地一门一门学科地学习。晚上九点以前工作,九点以后学习,明灯伴她过半夜是常事。一个学期,两个学期,两三年,把中学语文教师该具备的语法、修辞、逻辑等知识,该具备的文、史、哲知识,该了解的中外名家名著都摸了一遍。她说:"没有任何诀窍和捷径,就是老老实实,以勤补拙,笨鸟先飞,才勉强把课教下来,在学生面前,有了初步的发言权。"②

在于漪看来,用优秀经典文化滋养心灵,不仅是针对受教育者的学生,而且是对作为教育者的教师而言的,因为"教育的本质是提升人的精神境界",而一个缺乏文化底蕴和思想内涵的教师是难以承担"提升人的精神境界"的重任的。对此,于漪不仅身体力行,而且谆谆告诫广大教师,教师不仅要有人格的魅力,而且要有学术的魅力。她特别强调文化底蕴不同于专业素养,更不同于学历水准,她着重指出,拥有高学历不等于有很高的文化素养和文化底蕴。有些人学历是有了,但是对中华民族的民族精神知之甚少,对社会生活道德知之甚少,对当代社会不断更新着的知识也知之甚少,这种人有人称为"高学历的野蛮人"。这正是一位人民教育家的警醒之言。

(二)"术""道"合一

于漪提出,今日的教师不能停留在传统的知识观或能力观上,而必须做到

---

① 于漪.于漪全集:第3卷[M].上海:上海教育出版社,2018:11.
② 教育部师范教育司.于漪与教育教学求索[M].北京:北京师范大学出版社,2006:6.

"术""道"合一。这里的"术"主要指教师的教学技能、技法等方法类的东西,"道"则是指教师的教育思想、教学理念等。她认为,一个不深入探究"道"而只注重"术"的教师是不可能成为一个优秀教师的。任何一门学科不能见术不见道,更不能见术不见人。她认为,"术""道"合一的核心是三大支柱——知识和能力,过程和方法,情感态度与价值观的有机融合。这三大支柱构成了我们各学科的整体教学目标,从根本上说,它们都是建立在以人为本、以学生的发展为本的全面育人观这一基础之上的。如语文教学,就要树立明确的语文综合素养观,语文教学不仅要教会学生理解和运用语言文字,而且要形成与提高语文素养,它是语文学科"术"和"道"的整合。

因此于漪指出,任何一门学科的教学成效,不能仅仅看学科教学给了学生多少学科知识与能力,还要看在学科教学中是否实现了学生综合素质的提高。综合素质既包括这一学科的素养,又包括学生作为一个人的良好思维品质和思想道德情操等,或者说后者更为重要。她认为上海大力开展的在学科教学中融合生命教育与民族精神教育,也正是基于这样一种认识。因此,学科教学必须传授学生"道",其核心内容之一就是情感态度与价值观,我们的教学一定要让学生的情感丰富起来。学生只有真正站在"道"的层面上,才能悟"道"而得"技",成为拥有较高素养的"完整的人",成为中华民族合格的接班人。

她还指出,从语文学科讲,我们要培养学生成为具有丰富情感的人。要培养学生热爱语文学科,热爱我们的民族文化。一个不热爱中华文化,不热爱祖国语言文字的人,不可能成为一个健全的人,不可能成为一个合格的中国人。因此,首先要培养他们学习的境界追求,要使他们有比较高尚的品位、高尚的情操,要有丰富的情感。其次要培养他们一种认真学习的态度、求实的科学态度、乐观的生活态度和宽容的处世态度,总之,要有个完善的人生态度,包括学科学习,也包括整个人生。再次要培养正确的价值观。价值观是人的综合素养的核心内容,这在当今时代尤为重要,任何学科都要在教学中渗透一种理念,培养学生做到个人价值与社会价值的和谐统一,科学价值与人文价值的统一,培养学生正确健康的价值观同样是所有学科教学义不容辞的职责。

于漪还指出,当今教育改革的核心之一是教育由"物化"转向"人化"。"人本教育"的真谛是"开发人",对于学生来说,课堂教学应该是在教师的指导下,既是学习和探究新知识的过程,又是培养和提升自身能力与素养的过程。因此,知识与技能属于"术"的范畴,但它必须是在"道"的统领下的"术",离开了"道"的"术",很容易变得琐碎和繁杂,成为失去情感和生命活力的纯粹的知识与方法序列,因而我们不能孤立地来谈培养学生的知识与技能,而必须把它放到整个学科教学目标中去认识与把握。同时,知识与技能必须是学生在教师的引导下自主获取的,知识与技能系统也只能是学生在个性化的构建过程中完成的。因此,这一教学目标的完成,是一个内塑的过程,而不是外在灌输的过程。这对教师的素养提出了很高的要求。

于漪始终在这样努力着:"我60年语文教学研究与实践中积淀下来的,有的更多的指向理论发现,如对语文学科性质、语文教学目的任务的思考;有的是在理论与实践结合的层面,如'语文学习兴趣说''语言和思维训练核心说'的构建;也有的主要是实践层面的,如我的语文教学风格、我的课堂教学模式。应该说,我所有的理性思考和实践追求都是互相呼应,科学整合,'思''行'合一,融为一体的。"[①]可以说,这种"术""道"合一的理念,成就了于漪,也应该成为所有教师所遵循的准则,因为一个不深入探究"道"而只注重"术"的教师是不可能成为一个优秀教师的。

(三) 扎实功力

于漪非常注重教师教学功力的形成,但她的定位是高的,她的要求是严的,她为此下的功夫是极大的。今天很多教师会谈到她的"以死求活",就是为打下扎实功力所做的大修炼,因为,这背后依然有着"育人"的大追求。

---

① 于漪.于漪全集:第3卷[M].上海:上海教育出版社,2018:43.

如教师的课堂用语,她就指出,语文教师的教学语言要有文化含量。语言是思想的影子,各行各业语言要求不同。作为语文教师,你的语言要能反映你的文化素养,反映你的思想情操,如果语言有吸引力,学生就愿意听。语文教师的词汇要很丰富,你既要教学生规范的书面语言,又要让学生在特定场景下学习活的语言。因此,她提出:"我的目标是'出口成章,下笔成文'。我是语文教师,在语言的应用方面,应该成为学生的榜样,不能说的是一套,自己行的不一样。如何规范自己的语言,清除语言中的杂质,提高语言的质量? 我用了以死求活的方法,用比较规范的书面语言改造自己不规范的口头语言。当时,年纪轻,有劲儿,追求完美。我把上课的每一句话都写下来,自己修改,把不必要的字、词、句删除,把不合逻辑的地方改掉,背下来,再口语化。这样一来,啰唆、重复、语病大大减少。每天到学校,我要走 20 分钟路才乘到公共汽车。这 20 分钟里我就把上课的内容'过电影',在脑子里放一遍:怎么开头,怎么展开,怎么发展,怎么掀起高潮,怎么结尾;这个问题下去,学生怎么回答,回答不出,怎么引导,怎么铺垫……乘上车,有时继续想,乘过站的情况经常发生。这样做的结果,不仅改造语言,而且一堂堂课心中很踏实,无丝毫飘浮感。课后,再记个'教后',简要地记下学生学习的闪光点和自己教学的缺陷、不足,乃至错误,一步一个脚印,打做一名合格教师的基础。"①这不仅是一种追求,而且是一种境界,没有强烈的责任与使命意识,如何能如此"以死求活"?

正是基于这样一种大基本功追求,于漪在教学以外勤于耕耘,她亲手撰写的近 600 万字著述是她奉献给广大教师和中华教育事业的巨大财富,这还不包括她主编的文集和丛书。她的《于漪文集》6 卷本于 2001 年正式出版,2018 年,21 卷本的《于漪全集》正式出版,一位中学教师出文集乃至全集,这在新中国的教育史上,是破天荒的,其意义难以估量。《于漪全集》按内容分为基础教育卷、语文教育卷、课堂教学卷、阅读教学卷、写作教学卷、教师成长卷、序言书信卷、

---

① 于漪.于漪全集:第 21 卷[M].上海:上海教育出版社,2018:53 - 54.

教育人生卷共八大类,其涉猎之广,思考之深,为她的教师观作了完整的诠释,为教师发展成为完整的人提供了最好的典范。这样的成果,除了思想的深度、理论的高度、探索的精神,没有"下笔成文"的深厚功底,怎么能够成就?直到今天,于漪几乎所有文稿,都是一气呵成的。

由上可见,于漪的基本功要求是高的,这实际上是作为教师的一种境界追求,不只是一种技能要求,而且她在作为教师能力的各方面,都达到了这样的境界,这样一种教师的自我要求,值得今天所有教师学习并实践。

第十一讲

薪火相传,让青春闪放光辉

思想旨要

百年大计,教育为本;教育大计,教师为本。于漪从国家富强民族复兴的战略高度指出,青年教师不仅是教育的现在,而且关乎教育的未来,青年教师的培养关系到我们的社会主义事业是不是后继有人。本讲主要阐释于漪青年教师培养观。

"一个民族要想在未来的世界里取得政治和经济的优势,就必须大力发展教育。当前,教育实际上已处于全球性的战略地位,要建设强盛的国家,非创一流的教育不可。一流的教育最为重要的是要有一流的师资。"[1]"改革开放呼唤人才,人才呼唤教育,教育的关键是教师。"[2]"爱青年教师就是爱事业,爱未

---

① 于漪.于漪全集:第 16 卷[M].上海:上海教育出版社,2018:210.
② 同①252.

来。"①"不管教什么学科,中国基础教育一定要打上中国的印记,要具有鲜明的中国立场。"②

于漪将创建中国本土的教师教育学当成自己的使命。为了实现中国的教育梦想,于漪用博大的胸怀去培养青年教师,为青年教师的发展积极助力。她希冀优秀教师茁壮成长,中国教育事业蓬勃发展,我们的社会主义事业开创出新的局面。

简明解读

于漪非常重视青年教师的培养。因为青年教师是祖国教育的未来。青年教师要以青春之自我创造灿烂的人生,要以青春之自我创建我们国家青春的教育。青年语文教师是语文教育事业的未来,语文教育事业的希望。教育的希望在青年教师身上。

于漪有一个美好的期待,那就是高端教师示范引领,青年教师茁壮成长,薪火相传,追求卓越,无数青年教师成长为优秀教师,中国的教育家层出不穷,青春在讲台闪放光辉,用精神的成长创造使命的精彩。

于漪站在中国的大地上认识中国教育,她一直致力于探索并建设有民族传统和时代特征的中国本土教育学。因为教育从来都是国家的、民族的事业。因此,要有博大的胸怀,站在国家发展、民族复兴的高度培养青年教师。

于漪青年教师培养观可以概括为四点:后继有人的非凡意义、创建活的教育学、创新教师教育的多种形式、关键在于博大胸怀。

---

① 于漪.于漪全集:第 16 卷[M].上海:上海教育出版社,2018:138.
② 于漪.于漪全集:第 17 卷[M].上海:上海教育出版社,2018:341.

一、后继有人的非凡意义

今天的教育质量就是明天的国民素质。"教师的道德言行不管是有意识还是无意识,都在对学生起到潜移默化的作用……教师的德、才、识、能,尤其是事业心、责任感应成为学生的榜样。"[①]因此,从某种意义上说,教师决定教育的成败。教师的重要性不言而喻。为了我们的教育梦、强国梦,必须有一流的教师;为了我们的社会主义事业后继有人,必须要有无数青年教师快速成长发展起来。

(一) 一流的教育要有一流的师资

一流的教育最为重要的是要有一流的师资。有一流的教师,才有一流的教育,才能建成一流的国家。于漪青年教师培养观从国家发展的高度出发,促进了青年教师的深度觉醒。

于漪以天下为己任,以民族发展为己任,站在中华民族伟大复兴的高度思考教育,看待青年教师发展。于漪青年教师培养观的旨归是"一切为民族"。"一切为民族"这五个大字掷地铿锵,深深镌刻在于漪的内心,成为于漪铸造师魂的基因。一直以来,于漪围绕着"一切为民族"展开自己的教育教学,用心培育"有中国心的现代文明人";于漪更是从国家富强、民族复兴的高度出发精心培养青年教师,为建成一流的国家、一流的教育而培育一流的教师。

中华人民共和国成立以来,我国的教育事业取得了举世瞩目的成就。但是,当前也的确存在着一些教育乱象。比如,育分重于育人,应试教育横行,甚至有些教师自身的教育目的也不是十分清晰,没有认识到教育事业关系国家和民族,而只是把教书当作一份职业。

对此,于漪从国家发展、民族复兴的战略高度积极鼓呼,给很多青年教师以警醒,让更多的青年教师对自己所从事的教育事业有了更加清晰的认识。于漪不仅把自己的工作与国家、民族的命运紧紧联系在一起,而且不知疲倦地将这

---

① 于漪.于漪全集:第1卷[M].上海:上海教育出版社,2018:17.

一认识运用到青年教师的培养上。在于漪看来,只有把自己平凡的工作与国家、民族的命运紧密联系在一起,才会站得高、看得远。青年教师把自己的工作与国家、民族的命运紧密联系在一起,才会看到自己工作的意义和价值,才能激发内心的爱国热情,增强自身的责任感和使命感。

为了青年教师的快速成长,90多岁的于漪殚精竭虑,积极奔走,坚持写文章鼓励青年教师加强自我修养,塑造完美人格。于漪多次在报告中指出,青年教师要坚守教育的阵地,要让生命与使命同行,以教师的生命激发学生的生命活力,为中华民族的伟大复兴广育英才。青年教师成长起来,我们的教育事业就有希望,我们的社会主义事业就有希望。

(二) 教育的关键是教师

教育要面向世界,教育要面向未来。未来社会的发展靠人才,人才的培养靠教育,教育的发展靠教师。于漪说:"教育事业不是一个人或几个人的事业,而是千百万人的事业。教育的成功也不可能仅仅依靠领导班子几个人的努力与奉献,而需要广大教师的共同浇灌。"[1]

教师是教育活动的具体实施者,也是学生人格的直接塑造者。在日常教育教学中,教师的言行举止都会或直接或间接地影响着学生。对学生而言,基础教育的教师更具有权威性,影响也更具有关键性。因为基础教育阶段的学生可塑性比较大,模仿力比较强,教师的引导和外部环境的影响很可能影响其一生。因此,有怎样的教师,就会教出怎样的学生。教育的质量说到底是教师的质量。

学校的发展关键靠教师,教育的发展关键靠教师。于漪青年教师培养观不仅让青年教师认识到自己肩上所担负的责任,而且让他们增添了无上的光荣感和使命感。

于漪身在教育一线,也一直关心着教育,思考着中国教育的发展、青年教师的成长等问题。教师的人格魅力在教育活动中影响力巨大。为此,于漪鼓励青

---

[1] 教育部师范教育司.于漪与教育教学求索[M].北京:北京师范大学出版社,2006:18.

年教师要为人师表,德才兼修。学生在与教师的接触中通常是以教师的言行举止来衡量教师的,他们很看重教师的表率作用。因此,"教师能真正为人师表,首先在人格上要'表里俱澄澈',做到在学生看来是个里里外外通透的、可尊敬的、高尚的人"①。

优秀的教师不仅要"目中有学生",在人格上做学生的表率,而且在学养上要做学生的楷模。教师必须精通业务,有真才实学。要培养学识广博、学以致用的人才,教师先要自身学识广博。这也就是于漪所说的"胸中有书""成为真正意义上的文化人"。不仅如此,学术魅力还能激发学生独立的思想意识,自觉成为真理的探求者。"一个教师最感动人的是他的品格,最吸引人的当数他的学术素养。"②

退休以后,于漪坚持抓教师教育,因为"改革开放呼唤人才,人才呼唤教育,教育的关键是教师";于漪还坚持主持名师培养基地和德育实训基地,因为教育的希望在青年教师身上。

(三) 站在事业高度爱青年教师

教育的发展关乎国家富强,教师的发展关乎整个教育事业。从长远来,青年教师的质量就是教育的质量。于漪说:"青年教师是学校的未来,也是教育的未来,他们的政治思想、业务素质如何,将直接影响下一代的健康成长,影响教育事业的发展。"③

青年教师思维非常活跃,生命力也很旺盛。但是,青年教师的自我约束力相对较弱,专业思想也不是很稳固。因此,要不遗余力地爱护青年教师,竭力推动青年教师的专业发展。在有经验教师的助力关心下,青年教师就会加速专业发展的步伐,快速成长为优秀教师,恩泽莘莘学子,我们的社会主义教育事业就会薪火相传,拥有不竭动力。因此,必须站在事业的高度爱青年教师。

---

① 于漪.于漪全集:第16卷[M].上海:上海教育出版社,2018:47.
② 于漪.教育魅力:青年教师成长钥匙[M].上海:华东师范大学出版社,2013:140.
③ 教育部师范教育司.于漪与教育教学求索[M].北京:北京师范大学出版社,2006:18.

站在事业的高度爱青年教师要考虑青年教师自身的特点,热情培养青年教师,迅速提高青年教师的教学能力。在于漪青年教师培养观中,青年教师上课是顶重要的事。

深入钻研教材、认真写好教案是上好一堂课的关键,而评课和说课亦不可少。评课是对一节课本身的评议,说课则可以超出就课论课的狭隘性,并且带有教学艺术的指导性。无论是在一个学校还是在一个专业发展共同体,青年教师经常开课、听课、评课、说课,会逐步形成相互促进、相互学习的生动局面,青年教师的教育教学水平也会因此明显提高。

于漪不仅鼓励青年教师上课、说课、评课,而且深入课堂听青年教师上课、说课,评青年教师上课。于漪评课不是站在对岸观火,不是坐在一边说说风凉话。于漪总是能够发现教师上课的闪光点,并极力予以肯定、赞誉和更大的期待。而对那些明显的不足,于漪又总是能够给出具体可行的建设性意见。

于漪说,"教课要一清如水","最忌糊成一片"。于漪从学生、教师和专家三维视角对青年教师的课堂予以观照,帮助青年教师思考课上需要教什么和怎么教更有效,思考教学重难点的落实与突破策略,思考怎么教才更合乎规律。

站在事业的高度爱青年教师,这不单单是青年教师的事,也是对老教师提出的要求。"要迅速提高青年教师的教学水平,增强其教学能力,丰富其教学艺术,示范课要走在前头,为青年教师提供范例。"[1]所以老教师要以身作则上公开课。

站在事业的高度爱青年教师,更是对校长的要求。因为校长是培养教师的第一责任人,校长是教师专业发展的第一责任人。教师是学校最大的财富,学校是培养教师最实际、最有效的基地,校长理应站在理论与实践结合的高度培养教师,成为指导青年教师成长的组织者、指导者和引路人。于漪经常说:"我做校长,顶大的事情就是培养青年教师。"

---

[1] 于漪.于漪全集:第16卷[M].上海:上海教育出版社,2018:85.

于漪对中国教育的未来充满信心,对青年教师始终抱有很高的期待。于漪手把手带教青年教师,几十年如一日,不遗余力,乐此不疲,她是站在事业的高度爱青年教师。

二、创建活的教育学

于漪长期以来的心愿,就是希望有一本研究教师的专著,并且创建有民族传统和时代特色的中国本土教育学。在于漪看来,研究教师是培养教师的需要,是教育发展的需要。我们的专业教育不能缺少中国的土壤和新时代的路径。只有创建中国本土教育学,才能在中国的大地上更好地培养具有民族传统和时代精神的青年教师。因此,我们要从中国特色、中国土壤上认识中国教育的重要性,要建立起中国的教育自信,中国教育必须要有自己的话语权,中国基础教育一定要打上中国的印记。

(一) 实现岗位成长

于漪经常谦虚地说:"我上了一辈子课,教了一辈子语文,但还是上了一辈子深感遗憾的课。我做了一辈子教师,一辈子在学做教师!"在于漪的心中,教育不是一个结果,而是面向未来的生命展开过程。因此,做教师就要学无止境,学而不厌,一辈子做教师,一辈子学做教师。

现在,教师的准入门槛越来越高,这尤其体现在对学历方面的要求。但是,学历符合要求不等于岗位符合要求。于漪说:"学历水平只说明你职前接受的教育,不等于岗位水平,你在大学阶段包括研究生阶段学的只是一门一门的课,是纵向的,而我们基础教育要求的是综合能力,要求创新能力。确实有这样的青年教师,品行很好,学历也很高,但是在教学上非常困难,学生就是不太愿意听。因为教育教学不仅是科学,还是艺术……学历水平不等于岗位水平,岗位水平只能在岗位上锻炼,因此要接受继续教育,实现岗位成长。"①

学历水平不等于岗位水平。于漪青年教师培养观对年轻教师,尤其是高学

---

① 于漪.于漪全集:第 17 卷[M].上海:上海教育出版社,2018:4.

历的新教师予以警醒。职后教育与职前教育不一样。新教师刚刚走上工作岗位,首要面临的是身份和角色的转变。大学毕业前,自己是一名学生。而毕业后,从一个校园走进另一个校园,自己也就由学生转变为教师。教师面对的是一个个活泼泼的生命,要在课堂传道授业解惑,要用自己的聪明才智教书育人。因此,职后教育更加侧重综合性、实践性和针对性。

实现岗位成长就要勇于实践,潜下心来研究课堂教学。课堂是教师教学的主阵地。教师必须坚守课堂,并且要精心研究课堂。教师要做学生健康成长的指导者和引路人,要为国家和民族培养合格的建设者和接班人,单凭满腔热情是不够的,在岗位上必须胜任,在业务上必须精湛。

教师要实现岗位成长,就要与学生的心弦对准音调,在学生心中撒播理想的种子。在学科素养方面,教师当然要有过硬的本领;在思想教育方面,青年教师更要加强。在当今时代,社会对教师的信任,学生对教师的信服,面临着严峻的挑战。要担负起育人的重任,要取得良好的效果,教师就要不断修炼人格魅力与学术魅力。

教师要走进学生内心,了解每一个学生,然后才能拨动学生的心弦,促进学生文化生命和精神生命的成长。当然,在教育学生的同时也要教育自己,教育自己成为一个堂堂正正、表里如一、言行一致的中国人,成为一个能和学生知心交心的教师。

(二) 要有教育自信力

有人认为,中国没有教育学这门学科,教育学作为一门学科是"西学东渐"的结果。的确,纵观中国百年教育发展史,自创办师范教育以来,教育学理论大都来自西方。对此,于漪说:"当今时代办教育当然要有世界眼光、国际视野,当然要认真学习国外的先进经验。学习,就要比较、深究、参照,就要立足本土,尊重国情,择其优秀者借鉴、使用、发展,在'化'上下功夫,而不是照搬照抄,以此来炫耀、卖弄,抬高自己的身价。"[1]鉴于中国教育的实际,我们必须建立起教育

---

[1] 于漪.于漪全集:第2卷[M].上海:上海教育出版社,2018:98-99.

自信,建设中国本土的教育学。

"建立我们自己的教育话语权是对我们国家民族的尊重,是对我们自己教育的敬畏与自信,是对从事教育工作的人,特别是在第一线的教师的心中点燃希望之火,用温暖支持他们挺直腰杆做培养学生成长、成才的大事。"[①]于漪把建设有民族传统和时代特色的中国本土教育学看作重要使命,她不愿意用自己的教学实践做西方教育话语的论据。于漪说:"我长期以来的心愿,就是希望有一本研究教师的专著,近两年来,这个心愿成为一种责任与义务。"[②]

在培养青年教师方面,在教育学的技能技巧的培养上,不管是从访谈到录像,从听课到评课,我们比很多西方国家领先得多。中国的许多中小学都有自己的一套新教师岗位培训的方法。这些方法不同于师范院校的正规培训,而是由各学校自己制定、执行,并进行总结和修改、完善的。这不仅缩短了新教师的适应期,促进了青年教师的专业发展,而且为中国本土教育学的创建提供了强有力的支撑。

中国的教育学和我们之前借鉴、模仿、学习的国外教育学理应不一样。所以,中国的教育学必须有效地传承中国优秀的教育传统。无论是针对青年教师的培养,还是面向学生的全面发展,中国的教育学必须具有我们民族的传统。传统的中国教育是文道结合、道器合一的教育,传统的中国教育更加注重人的培养,而不仅仅是知识本身。

中国的教育学扎根中国教育的沃土,要有鲜明的时代特色。我们要培养顶天立地的人,要培养中国特色社会主义事业的建设者和接班人,而不是旁观者和反对派。因此,我们的教育学要符合中国国情,并且具有时代活水。中国的教育学来源于中国教育,服务于中国教育,是中国本土的活的教育学。

于漪一直为建设有民族传统和时代特色的中国本土教育学而努力。她还

---

① 于漪.于漪全集:第2卷[M].上海:上海教育出版社,2018:62.
② 于漪.于漪全集:第17卷[M].上海:上海教育出版社,2018:6.

说,我们不仅要建成有民族传统和时代特色的中国本土教育学,而且要把中国的教育学、中国在职教师岗位培训的方法介绍给西方。

(三) 打上中国的印记

基础教育是大众教育,是培养未来良好的国民素质的教育,培养的应是有理想、有情操、有良好科学文化素质的人。因此,基础教育必须传承本民族的优秀文化,弘扬民族精神,培养为本民族、本国建设服务的人才。

"什么是教育？教育就是培养人。什么是中国教育？就是培养有中国心的现代文明人。我们要培养的绝对不是那些只给外国人打工的人,而是要培养有中国自信、中国自尊的,能放眼世界的,为世界和平做贡献的人,也就是能真正屹立于世界民族之林的中国人。"[1]中国的基础教育必须立足本国,以我为主,要立足中国大地教语文。中国要走向世界,当然应该把外语学好,但是绝对不能以牺牲母语的代价来对待我们的语文。我们不能只点"洋蜡烛",心中永远要有一盏中国的明灯。

于漪多次在报告中说:"基础教育是给中国人打基础的,一定要有中国的根、民族精神的根和爱国主义的魂,这个根和魂才是最重要的。"孩子是国家的未来,要用正能量教育他们,让他们成为社会主义事业的建设者和接班人,绝对不是"思想的矮子""解题的机器""分数的奴隶"。因此,教师必须在他们的心里精心播下革命理想的种子,教育他们把正人生的方向盘,绝不能重分不育人,将学生培养成目光短浅、极度功利的精致的利己主义者。于漪经常勉励青年教师说,考试只是一种手段,不能把手段变成目标,完全用分数定乾坤。

目前崇洋媚外、以国外的教育理论为先进的心态依然在有些教师的心里作祟。正因为如此,中国基础教育一定要打上中国的印记,传承中华民族的优良传统,中国教育要有自己的主心骨。

"中国人一定要有骨气,中国人一定要说中国话！我们要有自己的话语权,

---

[1] 于漪.于漪全集:第2卷[M].上海:上海教育出版社,2018:211.

用祖国的语言文字来表达自己的思想感情。"①因此,基础教育的教师要肩负起教书育人的使命,要有坚定正确的政治方向,自觉同社会主义现代化建设事业,同社会主义教育事业同呼吸、共命运,严格塑造自己,精心塑造学生,要担当起传播知识、传播思想、传播真理的使命,担当起塑造灵魂、塑造生命、塑造新人的重任,为中华民族伟大复兴树中华教师魂、立民族教育根。

三、创新教师教育的多种形式

于漪心中有一个宏大的教育梦想。于漪说:"我们不是期盼出一两个、几十个、上百个优秀教师,而是希望出现数百万乃至上千万这样的优秀教师,而在上千万优秀教师队伍中能够有一些非常卓越的教育家。"②为了实现这一教育梦想,于漪在带教培养青年教师的过程中主动创新教师教育的多种形式,既兼顾不同区域教师的发展,又注重教师发展的视野和识见。不仅如此,于漪还特别注意教师发展的梯队建设。

(一) 关注不同区域教师的发展

于漪年近90岁还坚持带教上海市语文学科德育实训基地。她在培养青年教师的过程中针对教师所在区域的特点因材施教,兼顾不同区域教师的发展。

在遴选上海市语文学科德育实训基地学员时,于漪不仅关注学员的综合素养,而且考虑到学员的学段、区域来源。其中,有来自中心城区的小学老师,也有来自郊区的小学老师;有来自公办学校的初中老师,也有来自民办学校的初中老师。在带教上海市九郊县培训者培训班时,于漪更是重点关注了"种子教师"的拔节成长。她曾经不止一次说过,我们不仅要带领骨干教师"送教下乡",发挥骨干教师的辐射引领作用,而且要把不同区域的教师培养成才,这就是"输血"和"造血"的区别。

---

① 于漪.于漪全集:第 2 卷[M].上海:上海教育出版社,2018:91.
② 于漪.于漪全集:第 17 卷[M].上海:上海教育出版社,2018:5-6.

在于漪的鼓励支持和引领下,各区域的青年教师快速成长起来。单是最近几年,参加于漪相关培训的青年教师就有近20位被评为上海市特级教师,其中有多位来自郊区、扎根乡村的教师。

(二) 注重教师发展的视野与识见

"要全面贯彻党的教育方针,要全面提高教育质量,非得建设一支拉得出、打得响的真正德才兼备的教师队伍。"①于漪带教培养青年教师尤其重视教师发展的视野与识见。

于漪青年教师培养观强调教师内心的深度觉醒。她说:"名教师的培养不是重知识灌输,重某些技能技巧的传授,而是要滋养心灵,抓生命感、价值感、使命感的唤醒,进行自我潜能开发,激发旺盛的教育生命力。"②在于漪语文德育实训基地,于漪鼓励教师用坚强的毅力、经久不息的内驱力和百折不回的精神去认识自己,鼓励教师结合自身特点去寻找合宜的教师专业发展路径。在于漪看来,"教师成长最为重要的是内心的深度觉醒"③。为了促进青年教师内心的深度觉醒,于漪总是能够发现不同教师的特长,而且通过多种渠道在公开场合表扬教师的优点,让教师在公开自我的同时收获信心。

于漪青年教师培养观强调哲学的眼光。她说:"中国基础教育教师须学一点中国哲学,懂得自己从何处来,根在哪里,魂在何处,思想文化的源头是哪些。"她还说:"我一直认为教师须学一点哲学,面对教育工作的艰巨、复杂及难以洞悉的变数,碰到矛盾、问题,不作辩证、唯物、历史的思考,就会迷雾一团,茫然无所措,甚至方向不辨,是非曲直不分。"④为此,她亲自为于漪语文德育实训基地的学员写《中国哲学简史》的推介,引导青年教师用哲学的眼光看问题,用辩证的思维思考教育。

---

① 于漪.于漪全集:第17卷[M].上海:上海教育出版社,2018:2.
② 同①251.
③ 同①329.
④ 同①332.

于漪一直鼓励教师要有开阔的视野,因为"教师不仅要有足够的知识储备,而且要有视野,要有识见"①。为了打开青年教师的视野,她不仅亲自指导实训基地的学员"看问题视野要开阔,不能只看课堂、考卷和考场",而且邀请专家为学员作专题讲座。为了让青年教师开阔视野,她特意邀请了国防大学博士生导师蒋伟翔教授为实训基地学员讲解中美贸易战等国际问题,邀请复旦大学博士生导师张汝伦教授为基地学员讲教育与哲学的问题。不仅如此,于漪还邀请了葛兆光、杨福家、张维为、鲍鹏山等知名教授为基地学员作讲座。

(三) 注重梯队建设

教育事业的建设与发展不是一劳永逸的,必须具有长远发展的源头和活水。于漪青年教师培养观尤其重视教师发展的梯队建设。于漪说:"教育的本质就是用明天的目标来指导今天的教学。"②为了让优秀教师不断涌现,为了教育事业的后续发展,于漪为教师队伍的梯队建设做了多方面的规划。

于漪在1986年就首创了上海市教师学研究会。从建会初期至今,会员涵盖了大、中、小、幼各级各类学校的优秀教师。上海市教师学研究会发扬学术民主,团结广大教师,开展合作交流,组织有关教师学的调查、研究和讨论,及时反映和推广教师学的研究成果。这对提升教师专业化发展,为建设德才兼备、合格稳定的教师队伍,为上海乃至全国教育综合改革和教育现代化发展做出了应有的贡献。

为了学校建设和教师专业的长足发展,于漪提议开展上海市教师专业发展示范校的建设与评选。上海市教师专业发展示范校的建设与评选活动以学校发展和教师发展为本,以青年教师专业发展为抓手,极大促进了基层学校教师的专业发展。这对整个教师队伍的全面发展,尤其是青年教师的专业发展起到了极大的促进作用。

---

① 于漪.于漪全集:第17卷[M].上海:上海教育出版社,2018:302.
② 同①25.

不仅如此,于漪还积极倡导"讲台上的名师"、"新秀教师在课堂"、见习教师规范化培训、"书香校园"等活动的开展。"讲台上的名师",旨在展现新星特级教师的风采,公开展示他们的教育教学能力,扩大他们在域内的影响力;"新秀教师在课堂",主要是发掘那些有潜力、有积极发展需求的青年教师的潜能,助力青年教师的专业成长;"书香校园",目的是营造浓郁的书香氛围,让教师真正成为文化人,让教师站在文化的平台上成为一个读书人。

"教育从来不是一个结果,而是一个生命展开的过程,它永远面向未来,不会结束。"[1]于漪青年教师培养观在教师发展梯队建设上为全体教师的专业发展提供了充足的机会和可能。

四、关键在于博大胸怀

于漪说:"学校不应只是'使用'接受过高等师范教育的教师,而不担负继续培养的责任。事实上,完成了正规的高师教育,只是完成了成为合格教师的一半工作,另一半需在他们工作的学校里完成。"[2]对教师要在使用中培养,在培养中使用,既充分肯定他们的长处,又真诚地指出他们的不足,严格要求。这就需要有一双慧眼去发现青年教师的优点,用最合适的方式助力其成长,并且有博大的胸怀真心实意地帮助青年教师。

(一) 要有慧眼与热心

教师的成长关键是思想的成熟、理念的成熟。青年教师大学毕业后,学历上虽然符合要求,但在实际工作中还不能够胜任教学任务,需经过锻炼才能适应。一名教师从新教师逐渐成长为教学技艺娴熟、教育思想成熟的教师需要老教师的指导。

如果单凭自己摸索,新教师成长一般需要很长时间,也可能会走很多弯路。这无论是对学校还是对学生都会带来不必要的损失。因此,教师岗位培训既是

---

[1] 于漪.于漪全集:第17卷[M].上海:上海教育出版社,2018:303.
[2] 于漪.于漪全集:第16卷[M].上海:上海教育出版社,2018:182.

新教师的任务,也是老教师的职责。

走进课堂,于漪用一双慧眼发现青年教师的教学闪光点;与基地学员促膝交谈,于漪用一颗热心指明青年教师的发展方向,让他们不断追求卓越,优化课堂教学,提升教学质量,促进教师发展的满腔热情。

在教学研讨中,有的教师带着挑剔的眼光看课堂,对课堂的亮点视而不见,有的教师只着眼于课堂的表象,谈优点挖不到深处,谈缺点又找不到根源。于漪评课是站在理论与实践相结合的高度对课的总体、局部乃至细节进行评说,探讨教与学的规律问题。这不仅让执教的教师明确了改进的方向和途径,也让听课的教师知道这节课好在哪里,为什么好,还有哪些不足,原因何在等。

于漪说:"评,就要评得执教教师心里热乎乎的,眼睛发亮,心中升腾起提高课堂教学质量、追求理想教学境界的强烈愿望;评得参与观课与评论的教师有茅塞顿开、豁然开朗、举一反三的快乐。这样的评课,教师觉得有劲、有味、有提高、有奔头,在心中留下或高兴或得意或震动或遗憾的痕迹,在教学实践中不知不觉获得了发展,一步步走向成熟。"①

于漪走进课堂,发现每一位教师的优点。她还以满腔热情鼓励青年教师勇于实践,把握好机遇走向成熟。年近90岁的于漪坚持主持上海市语文学科德育实训基地,用自己的行动带教种子教师,高位引领优秀青年教师的专业发展。

她坚持作报告,用一身正气为青年教师的发展点燃明灯;她为青年教师开专题讲座,带领青年教师以理论来指导具体的教学实践;她亲自指导青年教师聚焦理论和实践的结合点,努力学习做教师的真本领;她寄语青年教师,把自我教育作为终身任务;她乐此不疲地为青年教师的著作作序,用心用力推介青年教师。"青年教师思维活跃,接受新事物敏锐,成才的愿望强烈,这些都是十分可贵的。要充分珍视这些条件,充分利用这些条件,严格要求自己,力求使自己

---

① 于漪.于漪新世纪教育论丛:超越[M].南宁:广西教育出版社,2008:182.

健康成长,早日成为教书育人的合格教师、优秀教师。"①青年教师逐渐走向成熟,成为优秀语文教师,就会恩泽莘莘学子。

(二) 合适的才是最好的

青年教师的身上充满了希望,都畅想着自身能够得到很好的发展,在内心深处都渴望自己能够在课堂教学中游刃有余,在教育过程中运筹帷幄。所以,青年教师在职业生涯之初会格外珍惜一切学习的机会。但是,随着承担的教育教学任务愈加繁重,除了完成学校分配的各项工作,还要参加各级教研活动,按要求完成各种部门接踵而来的"杂事",想要做个恪尽职守的教师几乎耗尽心力。于是,有一些青年教师逐渐失去了刚刚入职时的那股干劲和拼劲,甚至专业发展的目标和方向也不是那么明确了。

于漪青年教师培养观从教学实际出发,充分考虑到青年教师的优势和不足,对青年教师的培养主张因材施教、因材培养。

于漪知人善任,能够洞悉每位教师的"长"与"短",而且能够指导青年教师扬长补短,把个人的特色发挥到极致。针对有些教师只侧重教而忽视写的情况,于漪从理论的高度鼓励青年教师要善教,还要会写。"教师会写,并不要求教师都成为作家,语文教师如能跻身于作家行列,也是好事、美事,会写的人不一定不善教。教师经常动笔,可以锻炼思维、锤炼感情,增强认识生活、感悟人生的能力,增强驾驭语言文字的能力。对语文教师来说,思维的清晰化、条理化十分重要。课教得一清如水,学生就愿学、乐学、学有所得;如果含混、朦胧,学生就如堕五里雾中。动笔写,对训练思维的清晰度、条理化极有效果。"②

课堂教学是教学的关键。于漪青年教师培养观始终将课堂教学视为教师发展的生命线。教师是学生心灵的耕耘者,教课就要教到学生的心上。这对青年教师提出更高的要求。教师必须要明确一节课到底要教什么,应该达到怎样

---

① 于漪.于漪全集:第16卷[M].上海:上海教育出版社,2018:139.
② 于漪.于漪全集:第17卷[M].上海:上海教育出版社,2018:41.

的教学目的。因此,青年教师要潜下心来研究教材,用心解读文本,根据教材的特点和学生的实际确定教学内容,选择教学方法。有的教师声音有特色,于漪就鼓励他在课堂上多朗诵,极力发挥自身的优势;有的教师书法造诣颇高,于漪就鼓励他尽力用板书影响学生。于漪总是能够激发青年教师内在发展的动力,让他们能够勇于面对困境,积极进取,走上利于个人成长成熟的道路。

青年教师的发展要理论学习与实践操作相互结合。阅读学习教育教学理论,可以提升自己的理论素养,使得自身的教育理念逐渐走向成熟。教育教学又是实践操作性很强的职业。因此,教师一定要在大量阅读的基础上,及时地将所学到的理论理念运用到实际课堂教学中去。这是教师专业成长的一条重要途径。

青年教师还必须清晰地规划个人的专业发展,认识教师的成长规律,扎扎实实地践行专业自觉。当下,青年教师面临很大压力。但是,在任何时候青年教师都要抓住发展的契机,不断地寻找突破口;都要明确奋斗的方向,善于思考,勤于学习,通过读书塑造高尚的灵魂,努力开启学生思维的门扉;都要有一颗哲学的头脑,把自我教育当成终身任务。

(三) 要有大格局、大胸怀

于漪从20世纪70年代末就开始带教青年教师。一直以来,于漪对教师的专业发展非常重视,诲尔谆谆,手把手地教。于漪是站在国家发展、民族复兴的高度来培养青年教师的。于漪青年教师培养观的一个重要特点就是有大格局、大胸怀。

于漪的一个中国教育梦就是名师辈出,人才辈出,国家富强,民族复兴。这就需要优秀的教师层出不穷,薪火相传。只有每一个青年教师都努力争做优秀教师,做卓越教师,把自己融进教育事业中,把学生培养成国家有用人才、专门人才、卓越人才,我们的教育才会越来越好;只有把自己平凡的日常工作与国家、民族的命运紧密联系,才会站得高、看得远,才会看到工作的意义和价值。

培养青年教师,要坚守中国立场。只有坚守中国立场,同时又拥有国际视野,我们才能以教育自信创建自信的教育。我们要培养有中国心的现代文明人,要求教师视野要开阔,思考问题要深入,思维广度要开阔。

青年教师对工作不适应不仅影响自己的工作,而且会影响班级的整体教学。因此,学校采取措施,帮助青年教师解决问题,从小处说是解决学校发展的实际问题,从大处说就是为中国教育事业做贡献。学校整体教学水平的提高有赖于每一位教师的努力。中国教育事业的发展需要无数优秀的教师成长。

培养青年教师是老教师的职责所在,更是校长的职责所在。因为教师是学校的宝贵财富,校长是培养教师的第一责任人。于漪说:"青年教师的培养是学校重中之重的大事。政治上关心引领,教育教学上热情帮扶,生活上关心照顾,一样都不能少。青年教师是学校教育的未来,要采用适合他们青春特点的多种多样的方式培养。"[1]

培养青年教师要发现每一个青年教师的优点,这很不容易。但是,为了每一个青年教师的成长成熟,就要俯下身子细心发现,而不能在形式主义上兜圈子。在名师培养基地和上海市语文学科德育实训基地,于漪亲自组织公开教学、主题论坛等活动,创造条件让学员公开展示自己。于漪还请学员积极参与"青青子衿传统文化书系""知困书系"等编写,参与德智融合等课题的研究,让更多的青年教师在实践中积淀,在锻炼中成长。

于漪以一种大格局、大胸怀为青年教师的发展积极搭建多种平台,为教师发展创造更多的机会和可能。"她用博大的胸襟和朴实的教诲创造了一个又一个'奇迹',培养了一个个大写的'人'。"[2]"在她的发掘和培育下,一批批青年教师脱颖而出,并形成了全国罕见的'特级教师团队'。从20世纪80年代开始,

---

[1] 于漪.于漪全集:第2卷[M].上海:上海教育出版社,2018:279-280.
[2] 余慧娟,等.人民教育家于漪[J].人民教育,2019(20):32.

她先后培养了三代特级教师。"①

几十年来,怀着为党育人、为国育才的理想,于漪用心用情用力,孜孜矻矻,探求学科育人的规律,探求教师成长的规律,着力培养教师,力求使自己的生命与教书育人的使命结伴同行。

---

① 余慧娟,等.人民教育家于漪[J].人民教育,2019(20):32-33.

第十二讲

人文精神铸就思想风骨

 **思想旨要**

本讲重点阐述于漪人文主义教育教学思想的精神内涵、理论特质与时代价值。

于漪在 20 世纪 90 年代旗帜鲜明地提出了语文学科性质的"人文说",于是人们通常便会认为,"人文说"是于漪对于语文教育教学的理论贡献。这当然是不错的,但还不止于此。考察于漪教育教学的实践文本和理论建树,我们会发现,人文主义根本就是于漪教育教学思想整体版图的基本底色。

于漪认为,人文精神是一个人、一个社会、一个民族的精神支柱。而教育的本质就是要聚焦在学生作为一个人的全面发展和终身发展上,这不仅是现代民主的基本理念,而且是每个学生的基本权利。基础教育作为普及教育,能否从人文的高度,聚焦人的培养、人的发展、人的精神提升,聚焦学生的全面发展和终身发展,把学生的潜能变成发展的现实,关系到全民族素质的提高,影响到国家发展的全局。因为一个民族没有人文关怀,精神就会迷失,民族就会异化。一个社会没有人文精神,就是一个病态的社会,难以和谐,难以发展。一个人没有人文精神,就是一个残缺的人,丧失理想、信念,丧失奋斗目标,在个人荣辱得失中浮沉。①

为此,在教育教学中,就要站在文化平台上,充分激发教学内容的文化力量、用富有思维内涵和情感深度的教学去培养人、塑造人,提升人的精神世界,将认知教育与情感教育、审美教育、人格教育高度融合,达到一种境界,为学生的发展打下"精神的底子"。② 因为任何一门学科教学,都是为培养人这个大目标服务的,都是为"人"的"核心素养"贡献各自的学科育人价值。无论是学校教育,还是学科教学,其重要的意义都是要引导学生创造有价值的人生,让学生的心灵辉煌起来。③

要达成这样的教育目标,教师就要实现精神的深度觉醒,勤学笃行,富有学识和见识,具有文化的厚度、思想的高度④,此外还要有一定的哲学思考,因为教育的生命力在于教师的成长。⑤

简明解读

先讲一个小故事。有一次,学校请人作报告,于漪和学生一起在学校礼堂听。会议结束后,她一边和学生走出礼堂,一边交谈:"今天报告的内容比较好,谈青年学生如何求知如何成长,有自己的一些看法……"没想到一个男生冲着于漪说道:"好什么啊?他讲了150多个'这个',其他我什么也没听到。"说着就

---

① 于漪.于漪全集:第 2 卷[M].上海:上海教育出版社,2018:195.
② 于漪.于漪全集:第 4 卷[M].上海:上海教育出版社,2018:199.
③ 于漪.于漪全集:第 17 卷[M].上海:上海教育出版社,2018:283.
④ 同①27-32.
⑤ 于漪.于漪全集:第 1 卷[M].上海:上海教育出版社,2018:234.

把练习簿打开了。于漪发现,那上面画满了一个个用来计数的"正"字。[①] 就这一件小事,却引发了于漪深深的思考,如果教学语言啰唆重复、词汇贫乏、没有趣味,学生听课就会受到很大影响。于是她下定决心,以"出口成章,下笔成文"为目标,下苦功夫锤炼教学语言,目的就是用语言"粘"住学生,不仅听课质量不受影响,而且要让学生在语言美的环境中受到教育与感染。为此,她不知道付出了多少心血。

其实,类似的故事在于漪教育教学生涯中实在是举不胜举。这一个个教育事件虽然细小,却十分耐人寻味。教育的本质是什么?说到底就是知心教心,帮助学生提升生命境界。而这就需要春风化雨般的力量,在教育生活中的每一个细节之处,让学生感受到教师作为教育者内心的温暖和对他们的关爱。于漪常说:"教育就是'仁而爱人'。"无论是在课堂之内还是课堂之外,于漪都把学生的智力、情感和身心发展等每一方面的需要时时刻刻放在第一位,想方设法去满足他们健康发展的需要。这种把学生的人格发展、素质培养和生命境界的提升放在核心地位,作为第一要素详加考量、躬身实践的教育观,通体闪现的都是人文主义教育的思想光辉。在于漪的教育世界中,无论是语文教学、班级工作,还是学校管理,抑或是教师培养,无不闪耀着这种人文主义教育思想的光芒。

纵观于漪教育教学思想,不难发现,有一条清晰的发展变化的脉络;在这发展变化的过程中,我们又会发现其中有一个恒定不变的基本立场。这发展变化的部分,体现的是于漪在时代发展的滚滚洪流中,结合自身对教育实践的理解和体会不断深入,其思想认识的不断超越;而那恒定不变的,则是于漪对教育的基本性质、目标定位和价值立场的牢牢坚守。无论是"超越"还是"坚守",其思想的核心,说白了,就是于漪躬身实践而且著文必提、逢人必讲的四字金言:目中有人。我们之所以说,在于漪教育教学思想体系中,这种"人文精神"铸就了其"思想风骨",正是因为"超越"与"坚守"这两种姿态的辩证统一所呈现的精

[①] 于漪.于漪全集:第21卷[M].上海:上海教育出版社,2018:50.

神特质,是勇猛精进的,是坚定不移的,是纯净明亮的,这是于漪人文主义教育教学思想的神韵和底色,也是其风骨之所在。

一、捧向教育的一颗丹心

于漪曾满怀深情地说:"'人文说'是我向当今教育贡献出的一颗赤诚之心。"①确实如此。那么这颗人文主义"赤诚之心"的搏动,奏响的是一曲怎样的乐歌呢?我们认为,学生、教师、文化,构成了于漪人文主义教育教学思想这首交响乐歌的立体架构。

(一)"人"是教育的唯一目的

于漪始终认为,学生人格、素质和能力的培养,是教育的唯一目标,除此之外,没有其他,学校的工作也好,教师的工作也罢,都必须围绕着这一目标的达成而努力。如果偏离了这一目标,而错误地将其他因素作为评价教育的尺度,就必然会滋生种种弊端。片面追求升学率、名校录取率,必然会导致"育分不育人"的各种教育乱象和怪象;一味强调"标准化",盲目地将测量学的一整套做法当作衡量教育教学效果的法宝利器,而忽视了学生生命成长的复杂性、个体性、整体性,其结果也只能把我们的教育教学"引入死胡同"②。凡此种种,都是把"人"作为工具,而不是作为目的,是把学生生命发展的基本权利放在功利祭台上的错误做法。而人文主义,则是以人为教育的唯一目的,尊重人的生命发展基本权利。于漪所坚守的,正是教育的这种人文立场。

需要指出的是,在于漪人文主义教育教学思想版图中,学生作为"人",既是全体的,又是个体的;既是理念的,又是实践的;既是抽象的,又是生动的。

所谓"全体的""理念的""抽象的",体现为于漪的学生观是"面向全体学生终身发展"。在于漪看来,基础教育是面向大众的普及教育,是为国家民族培养合格的建设者和未来的接班人,绝不能仅仅着眼于精英人才的培养。在这项伟

---

① 教育部师范教育司.于漪与教育教学求索[M].北京:北京师范大学出版社,2006:59.
② 于漪.于漪全集:第4卷[M].上海:上海教育出版社,2018:252.

大事业中,每一个学生都是宝贝,"一个都不能少"。翻开《岁月如歌》,我们会看到,那一个个在别人眼中的"问题学生",在于漪的心中有着怎样的分量,而于漪又是用了多少水磨的功夫去感化他们,转化他们,培养他们成长、成人、成才的。2001年,在东方电视台记者采访时,于漪一口气报出了98位20世纪60年代她教过的学生的名字,其中当然有社会精英,而更多的则是在平凡的岗位上默默无闻而又尽心尽职工作着的普通劳动者,每一个学生鲜活的样子都深深地印在她的心中,哪怕40多年过去了,仍然难以磨灭。因为在她看来,"教师教学生涯中最大的事就是一个心眼为学生"①。

如果说于漪的学生观"全体的""理念的""抽象的"一面,体现的是其"有教无类"的教育思想,这当然是人文主义的;那么其学生观"个体的""实践的""生动的"一面所体现的,则是其"因材施教"的特点,这同样也是人文主义的。

在于漪心中,学生作为发展中的人,绝对不是一个抽象的集群,而是一个个鲜活的个体,因为"学生是活泼的生命体,一个人是一个世界、一个宇宙,在成长发展过程中酸甜苦辣精彩异常"②。因此,要真正落实"面向全体学生终身发展"的理念,在教育过程中就绝不能搞"齐步走"或"大合唱",而必须敏锐地发现每个学生心中那根"独特的琴弦",在沟通理解上多下功夫,把准学生成长过程中心灵的脉动,从而真正走进学生的心灵世界,和每个学生的心弦对准音调③。在她看来,教育当然要面向全体学生,而要做到这一点,"教师就不仅要认清当代学生的共性","而且要审视学生之间的差异,保护和调动各类学生学习的积极性","不仅要有班级的全局,而且要有一个个学生鲜活的形象"。④ 于漪这种尊重学生独特个性的人文思想光芒,同样闪耀在其语文教育理论和实践中。她说:"寸有所长,尺有所短,在被视为语文水平差的同学中,仔细研究,他

---

① 于漪.于漪全集:第15卷[M].上海:上海教育出版社,2018:417.
② 于漪.于漪全集:第2卷[M].上海:上海教育出版社,2018:75.
③ 于漪.于漪全集:第1卷[M].上海:上海教育出版社,2018:181.
④ 于漪.于漪全集:第17卷[M].上海:上海教育出版社,2018:137.

们的语文能力中也有强项。我教过的学生中,有些字写得歪七斜八,文章前言不搭后语,但口才好得很;有些背诵默写总漏字、添字、张冠李戴,但在解答问题时常在语句不顺畅中透露出独特的看法。"①

(二) 教育是教师的精神家园

于漪教育教学思想的人文主义色彩,同样体现在她的教师观上。于漪认为,从生命选择来讲,"人一辈子总是要面对选择,选择教师,就是选择了高尚"②,学识渊博,爱岗敬业,为学生鞠躬尽瘁,这不仅是一个教师应该具备的职业品格,而且是一个人在追求生命价值和生命意义的历程中所进入的一个真实的精神境界。教师的这种不懈的生命追求,"追求生命内在的丰厚、完美,追求诗意的精神家园,让生命的清泉汩汩流淌"③。这些认识,建立在对教师生命深层观照的基础上,超越了对教师这一职业虽然神圣却不乏悲壮色彩的传统描述,而具有了融融的暖意、脉脉的温情和浓浓的诗意。也正是出于对教师的这种深层观照,于漪才会动情地对青年教师说道:"如果下一辈子还叫我选择职业,我仍然选择教育这多情的土地,选择我们可爱的学生,选择这永远光辉灿烂、青枝绿叶的教育事业!"④"我曾经这样傻想:如果有一天谁剥夺了我热爱汉语、倾心语文教学的权利,那我就失去了精神家园,成了无家可归的人;那样的话,我的生命也就枯竭了。"⑤

对教师的业务学习和文化提高,于漪也不是将它局限在胜任教师职务、完成学科教学或德育工作等功利需要的范围内来认识的。她认为,一个教师,通过读书求知,吸取前人丰富的文化遗产,厚实自己的文化底蕴,做到精神富有,学识广博,从职业的角度来说,"不仅自己教学时无捉襟见肘之窘,而且可放开手脚,信手拈来,左右逢源。然而,说到底,还不是强调为师的快乐,而是学生遇

---

① 于漪.于漪全集:第 17 卷[M].上海:上海教育出版社,2018:137.
② 同①344.
③ 同①127.
④ 同①116.
⑤ 同①130-131.

到这样有真才实学的教师,可深受教益,乃至受益终身"①。

而从教师生命的角度来说,教师的学习行为,既具有安妥生命,构建自我精神家园的意义,又是一个教师生命尊严的体现。谈到自己的学习心路,她说过:"长期居住在城市里,喧嚣、烦躁、劳累不断袭击,常感生命不堪承受之重。此时此刻,读一读陶渊明,读几篇山水游记,似乎立刻变了一个人,心境平和起来,徜徉于山水之间,美景如画,目不暇接。"情之所至,她禁不住动情地说道:"汉语,是我的精神家园。作为一名语文教师,在这儿追寻真,追寻善,追寻美。无数的圣者、贤者、智者引领我向前迈步,我吮吸民族精神的精华,民族语言的精粹,生存得很充实,发展得有滋有味。"②在这里,阅读学习已经不再单纯是一个教师的职业需要,还是一个生命解脱精神困扰,寻求心灵宁静,优雅地生存,和谐地发展的需要。正因为具有永不枯竭的精神发展动力和生命发展要求,一个教师才会因为"文化人"的身份而获得生命的尊严,葆有一份骄傲。她说:"只有视文化为全部生命的人,才会在现代世界中还由于能拥有文化与传承文化而如此自负。"如果不能不断地充实自己,发展自己的生命,只是满足于"教书匠"或"知识搬运工"的角色,则会斯文扫地,尊严尽失。"须知,打仗失败只是武力的失败,而读书失败,就是精神的失败。"③只有在"读书求知"这条"光荣的荆棘路"上不停地攀登,才能"成为堪作学生榜样的知识富有的人"。在这里,知识富有,是一个教师的生命内涵,也是维护其作为教师尊严的资本,而"堪作学生榜样",则是一个教师读书求知的职业目的。在这里,于漪将教师自我生命需要与学生生命发展需要成功地对接,使教师的文化学习行为在满足教书育人的职业需要这一功利目的之外,获得了一份丰盈自我生命、提升生命品格和人生境界的独立意义。

---

① 于漪.于漪全集:第17卷[M].上海:上海教育出版社,2018:154-155.
② 同①130.
③ 同①155.

(三) 站在文化平台上爱育生命

在于漪看来,不管是教师还是学生,一颗爱心贮胸中,感恩之情永不忘,生命就会有温度,就会具有温暖自己、温暖他人、温暖社会的感人力量。因此要不断锤炼自己的感情,丰富感情世界,敢爱,敢恨,敢怒,敢言。对学生,她说:"情感世界是人独有的,亲情、友情、乡情、赤子情都是人类美好的情感,然而,金钱至上的喧嚣,个人私利的膨胀,不少人的情感世界已经变成'盐碱地',青年学生要立志冲刷,追求感情世界的美好,做到血是热的,情是浓的、高尚的。"①"青少年学生有一颗纯真的心,心中要装载许多美好的东西……这样,你会觉得心胸开阔起来,血热了,热情往上涌,激情满怀。"②对老师,她说,教师"胸中要有一团火……只有燃烧自己,才能在学生心中点燃理想之火,塑造优美的心灵"③。

同时,在于漪看来,无论是教师还是学生,都是一个个不断发展完善的生命,而阅读、写作,在情感上净化自己,在意志上磨炼自己,则是生命发展的途径。她说:"做人要追求生命的价值和生命的意义,也就是一步一步地攀登……进入一个真实的精神境界,而知识、能力是攀登精神世界的阶梯。"④人生,就是一个不断追求生命的意义和价值,寻找精神家园,丰富精神世界,提升生命境界的过程。教师的文化学习,学生的阅读写作,就生命关怀的角度而言,具有同样的意义。

特别需要指出的是,于漪人文主义教育教学思想与她的文化视野密不可分。她在多篇文章中反复强调一个人精神生命的发育、人生境界的提升和生命态度的完善与民族优秀文化的密切关联。教师也好,学生也罢,只有将自己的个体生命放在中华文化传统的承续之中,放在中华民族伟大复兴的征途上,才会得到更为丰美的滋润。在她看来,文化是语言文字的命脉,"站在文化的平台

---

① 于漪.于漪全集:第12卷[M].上海:上海教育出版社,2018:105.
② 于漪.于漪全集:第20卷[M].上海:上海教育出版社,2018:109-110.
③ 于漪.于漪全集:第17卷[M].上海:上海教育出版社,2018:63.
④ 同③112.

上,语言文字的表现力、生命力才会闪耀光彩;语言文字才是生动的、鲜活的,给学生以强烈的感染,使学生受到人类优秀文化的哺育"①。她还说:"用中华文化塑造心灵,人会典雅起来,真正脱离野蛮。"②"先哲先贤、思想者、践行者,在一篇篇充满睿智的文章、一部部感人肺腑的作品中唤起读者精神的觉醒,牵引人的灵魂往上升。"③把对生命的观照纳入历史文化的视野中,不仅使生命价值的体认和生命态度的形成具有更为丰富的文化内涵,而且赋予生命超越个体局限性的文化意蕴,使之在生命伦理历史传承的文化链条中获得了更为厚重博大的意义空间。这不仅强化了每个人对自身精神生命意义和内涵的认识,而且在强化其文化认同感的同时,使其体认到一份作为民族成员和历史文化传承者、创造者的自豪感和使命感。

二、向教育的人文传统致敬

于漪人文主义教育教学思想是历史的产物,也是时代的产物,是我们中华民族教育传统在新中国这一特定时代背景下的延续和绽放,其中既有丰富的中国和世界教育史的文化因子,又有鲜明的时代特征。尤其需要特别指出的是,其直面问题、探本寻源、革故鼎新、开放包容的实践品质和求真求实、向善向美的探索精神,对中国教育的未来发展而言,同样是取之不尽的智慧宝藏。因此我们说,于漪人文主义教育教学思想,不仅具有丰富的历史性、时代性,而且具有极为重要的未来性。

(一) 向中国教育的人文传统致敬

中国教育历史悠久,源远流长,血脉赓续,薪火相传,每个时代都有代表那个时代教育精神和教育高度的教育家,而中国教育文化历史一脉贯通的根本精神,正如钱穆所言,"是一向看重'人文精神'的"④。在春秋时期教育由贵族教

---

① 于漪.于漪全集:第4卷[M].上海:上海教育出版社,2018:12.
② 于漪.于漪全集:第9卷[M].上海:上海教育出版社,2018:173.
③ 于漪.于漪全集:第17卷[M].上海:上海教育出版社,2018:129.
④ 钱穆.中国历史精神:新校本[M].北京:九州出版社,2012:95.

育的官学向平民教育的私学转向之际,孔子等儒家学派极力倡扬践履的教育思想,便是以"君子养成"为旨归的道德教育、人格教育和文化教育。所谓"君子",就是通过教育所成就的理想的道德人格。无论是"君子不器"的警诫,还是"女为君子儒,无为小人儒"的训告,都是把人的整体建设与发展作为根本目的,而不是把人塑造成从事某种专门职业的工具(器)。此后历代教育家,无论是两汉经学时代的董仲舒、马融、郑玄,还是唐代处于佛教和道教盛行的时代思潮中的韩愈,都是将道统尊严放在至高无上的位置加以强调和重视的,而道统尊严的背后,他们所要着力挺立的,其实是处在政统法统强势逼压之下的士人自身的人格尊严,所以,其精神底色同样是人文主义。到宋代书院教育盛行,教育星空群星灿烂,涌现胡瑗、范仲淹、程颐、程颢、朱熹、陆九渊等一众教育家和学者。其中张载的"横渠四句",堪称那个时代的最强音:"为天地立心,为生民立命,为往圣继绝学,为万世开太平。"这就不仅意在挺立士人自身的主体精神,而且"是为别人、为大众、为天下,乃至为后世打算,所以说它是'人文精神'"①。而明代心学代表人物王阳明以"良知"学说为基础,认为"满街人都是圣人"也是常事,不足为异②。在王阳明看来,"圣人"作为一种人格理想和道德标准,并非遥不可及,因为作为"善端"的"良知良能",无论圣人还是愚夫,人人皆具,只要善自护持,不让它遭受任何蒙蔽,良知常存,圣人可期。因为圣人代表着人格的最高尊严,因此,"人人皆可为圣人"的宣言,便是在道德提升和人格解放的可能性面前众生平等的人权宣言。

　　于漪的人文主义思想脉动,与中国教育史的上述人文传统是一脉相承的,是中国教育文化源远流长的人文传统在新中国这一全新历史条件下的灿烂绽放。从春秋时的孔子,到近现代蔡元培、陶行知等教育家,他们教育思想中的人文因子,在于漪教育教学思想谱系中,不仅都能够找到与之遥相呼应的经典表

---

① 钱穆.中国历史精神:新校本[M].北京:九州出版社,2012:99.
② 王阳明.王阳明全集:卷一[M].北京:线装书局,2012:196.

达,而且我们会发现,于漪在新的历史条件下赋予了这种人文传统新的内涵,使其得到了丰富和发展。

回顾中国教育史的这一人文传统,我们会发现,中国历史上历代优秀的教育家,其教育思想中一以贯之、连绵不绝的,正是那种以天下万民为己任、以文道传承为担荷的人文精神。具体言之,不同时代的教育家,其人文精神的内在气质又有细微差别。孔子的"有教无类""因材施教""君子不器"等人文教育思想,主要表现为一代知识分子在社会大变革、阶层大变迁的时代里的淑世热情;董仲舒的"天不变,道亦不变"和韩愈的"道之所存,师之所存",其教育思想的人文特质,主要表现为在经学时代里知识分子试图以道统来制衡法统以维护自身尊严的人格自觉;由张载的"横渠四句"为代表的宋代教育思想的人文气质,主要表现为在道统沉沦日久的时代里,知识分子对自身主体价值的自觉精神。"所谓'自觉精神'者,正是那辈读书人渐渐自己从内心深处涌现出一种感觉,觉到他们应该起来担负着天下的重任。"①延至后世,以王阳明为代表的教育家,其教育思想的人文气质,无论是"人人皆可为圣人",还是"须做得个愚夫愚妇,方可与人讲学"②,更多地表现在对俗世和庶人价值的认可与肯定上。而于漪教育教学思想的人文精神,与历代诸贤比较,其鲜明的个性气质则表现为,它是在新中国特色社会主义建设的时代背景下,面对中华民族伟大复兴这一时代命题和历史所赋予的重任,从事基础教育事业的一代知识分子所表现的公民担当。她的诸多"金句",无论是"教师双肩挑着千钧,责任重大。一肩挑着学生的现在,一肩挑着祖国的未来"③,还是"培养有一颗中国心的现代文明人",都是这种公民担当的具体表达。在她看来,"如果我们培养的人对自己的国家缺乏热情,对中国的文化缺乏认同,缺乏一个公民应有的责任心,不能自律,那我们就白花力

---

① 钱穆.国史大纲:下册[M].北京:商务印书馆,1996:558.
② 王阳明.王阳明全集:卷一[M].北京:线装书局,2012:197.
③ 于漪.于漪全集:第17卷[M].上海:上海教育出版社,2018:344.

气了"①。这种公民自觉与使命担当,鲜明地体现出当中国教育发展到新中国这一历史时期,在党的教育路线和方针指引下,新中国所培养出来的新一代杰出的"人民教育家",其教育思想所达到的新的人文高度。

(二) 从雅典学院到后现代主义

对于中华民族历史发展过程中的人文传统,于漪用自身的教育实践和理论探索表达了深深的敬意,同时她又以非常开阔的世界视野,吸纳着世界上各个国家和各个民族的优秀教育文化,来丰富自己的教育思想。世界各国和各民族的优秀教育文化,从古希腊的雅典学院到当代后现代主义思潮,都是于漪人文主义教育教学思想的重要精神资源。

一方面,她对教育目标的思考,是放在当下经济、文化等各领域竞争、交流、碰撞的世界格局中来展开,因此,对"我们的教育究竟应该培养怎样的人"这一问题,她的回答掷地有声:"培养有中国心的现代文明人";另一方面,对于世界上从苏格拉底、柏拉图到赫尔巴特、布鲁姆,乃至日本的佐藤学等各个国家、不同流派的教育思想,她都有深刻的理解,因此,在"怎样培养人"的思考上,她又广收博取,并进行实践性的转化。她说:"面向现代化,当然不能关起门来搞教育,自我封闭,而是必须面向世界。在怎样的全球背景下办教育;世界各国教育的状况怎样;它们是怎样办教育的,尤其是发达国家办教育的经验,我们都要比较、对照,科学地分析利弊得失。有了国际视野,知己知彼,心中更有谱,更能认清前进的方向。培养的学生当然也要有国际视野,要立足本国,放眼世界,具有参与国际社会生活与竞争的能力。他们不仅要有中华优秀文化的底气,而且要以开放的心态善于学习与吸收人类创造的文明成果,还要提高文化识别力、判断力,抵制西方种种腐朽毒液的入侵、浸染。"②

由此我们看到,在于漪人文主义教育教学思想谱系中,对于如何处理"民

---

① 于漪.于漪全集:第 1 卷[M].上海:上海教育出版社,2018:193.
② 于漪.于漪全集:第 2 卷[M].上海:上海教育出版社,2018:59.

族"与"世界"及"过去""现在"和"未来"的关系的思考,于漪就像一棵大树,她将根系牢牢地深扎在国家和民族的沃土里,而她的枝叶又时刻感受着世界的风云。我们说于漪人文主义教育教学思想体现了"变"与"不变"的辩证法,她的"变",是源于现实思考而贡献出的理论资源和实践智慧,因此她的教育思想永远是与时俱进的;而她不变的永远是前进的方向,具体来说,就是对中国这片土地上的基础教育和学科教学的本质的理解、目标的理解。

三、尖锐的宽厚,冷峻的温暖

应当指出的是,于漪人文主义教育教学思想的一个鲜明特点,就是其批判性。这主要表现为在当前市场化、全球化、数字化背景下"人"在教育价值中的失落和人的物化、异化、功利化等种种乱象,于漪痛心疾首所表达的"椎心的忧思,竭诚的期望"[1]。这种直面时代症结的深沉的忧患意识,既是其人文主义教育思想形成的时代源泉,也是其批判性特征的显著标志。

同时需要指出的是,于漪这种人文主义教育思想的批判性特征,主要表现在其思维层面和教育哲学层面,而不是立场层面。因为她从来没有把自己定位在批判者的角色上,绝不把自己置身于教育发展的滚滚洪流之外,而是全身心地把自己投入进去,从学术思考与行动探索两端发力,寻求解决问题的路径。在她看来,教育是一个不断追求理想境界的事业,是永远追求完美的事业,它的发展,注定是一条永远绵延不尽的"光荣的荆棘路",如果只是批判,只是抱怨,只满足于当教育教学领域里的"愤青"和"喷子",这也瞧不起,那也看不惯,而不愿去做踏踏实实的建设工作,恐怕对于教育的发展并无实际意义。真正有意义的是,在认清方向的基础上,披荆斩棘,走出一条路来,这样才能不断前行。所以我们说,于漪人文主义教育教学思想的批判性,固然是尖锐的、冷峻的,但在这尖锐之中有宽厚,在这冷峻之中有温暖,因为这种批判源自一颗仁人之心,这种批判最终指向的是建设。

---

[1] 于漪.于漪全集:第2卷[M].上海:上海教育出版社,2018:78.

(一) 问题意识

"问题意识"是于漪人文主义教育教学思想批判性特征的第一要素。于漪曾经说,我是"一个脑子里全是问题的教师,问题甚至胆大到可以质疑我们的汉语语法体系"①,确实如此。正是这些问题,让她在教育教学之路上不断探索前行。回顾于漪人文主义教育教学思想的发展轨迹和实践探索之路,我们会发现,她有一条非常清晰的不断演进的路线,而这条演进路线背后的一个推动力,就是她的问题意识。对此,中央庆祝改革开放40周年表彰工作领导小组办公室编写的《改革先锋风采录》是这样评价的:"她坚持以学生为本,用'宗教般的虔诚'教学、实践、累积,厚积薄发对语文教学改革作出深层思考。从20世纪80年代提出'全面育人',到90年代初提出培养'现代人素质',再到90年代中后期以来主张'弘扬人文、改革弊端',提出'工具性与人文性的统一是语文教学基本特点'、推动'人文性'写入全国《语文课程标准》,她的教育思想、教学实践创新始终同步。"②

上述评价,主要梳理的是于漪在语文学科领域基于问题的思想发展轨迹。其实,面对整个基础教育,于漪脑子里同样是问题不断。比如,21世纪于漪提出了一个新的问题:教育究竟应该"育分"还是"育人"？原上海市政协副主席王荣华同志称之为"于漪之问";近几年,在当前复杂的国际局势下,基于当前复杂的教育生态,于漪又产生了深深的忧虑,那就是教育安全之忧、国家安全之忧、变局、困局、危局中的下一代身份认同的定力之忧,王荣华同志称之为"于漪之忧"。"于漪之问"和"于漪之忧",充分体现了于漪人文主义教育教学思想的问题意识和忧患意识。

"于漪之问"和"于漪之忧"包含了非常丰富的人文教育思想内容,其中最核心的,应当就是于漪作为新中国所培育出的基础教育领域的人民教育家,她对于国家发展和民族前途命运的那种深沉的忧患意识和浓浓的爱国情怀。"于

---

① 于漪.于漪全集:第2卷[M].上海:上海教育出版社,2018:108.
② 中央庆祝改革开放40周年表彰工作领导小组办公室.改革先锋风采录[M].北京:党建读物出版社,2019:9.

漪之问"和"于漪之忧"切中时弊,启示我们每一个从事教育工作的人都要在内心深处叩问自己:"我每天的教育教学工作究竟在塑造怎样的人?"这一"问"一"忧",源自对我们民族如何自立于世界民族之林、我们如何实现民族复兴的伟大中国梦的战略思考,它们触及基础教育的本质和责任,具有极为深刻的理论内涵和实践启示意义。

"于漪之问"和"于漪之忧",为什么能够引起人们的普遍共鸣?因为这是"时代之问",是"时代之忧",它们切中了我们这个时代基础教育的症结。

一是功利教育的症结。于漪说:"基础教育从事的是人的基本建设,给人思想道德、行为习惯、科学文化打基础。"可是受功利思潮的影响,在实践中我们却不自觉地把手段当成了目的,好像教书就是为了考试,把分数和升学率看得比什么都重要,常常错误地以应试教育为目的,以追求升学率为目标,这就不仅偏离了育人的轨道,而且使学生的健康发展受到明显伤害,因此于漪大声疾呼:"别赚走学生的未来"[1],让我们真切感受到面对教育时弊的那种椎心之痛。

二是工具理性的症结。她一直呼吁,教育工作者应该站在文化平台上思考教育,要时刻警惕"泛技术化"的倾向,不能只是简单地从技能和操作层面来考虑怎么上课、怎么办学。从事教育的人,不管是当教师还是做校长,都不能只有工具理性,还必须有价值理性,甚至可以说,价值理性比工具理性要重要得多[2]。教育者要守住教育的精神家园,不能跟风走,受社会不良价值取向的影响,这就需要有一股坚守的定力,用于漪自己的话说就是《志存高远,守护教育者的尊严》[3],"在坚守中创造精彩"[4]。

三是西语霸权的症结。于漪有一个梦想,就是建立具有中国特色的本土基础教育学,而不是跟在西方教育话语后面亦步亦趋。她用一辈子在讲台上孜孜

---

[1] 于漪.教育的姿态[M].太原:山西教育出版社,2014:8-9.
[2] 于漪.学校办学警惕"泛技术化"[J].上海教育,2007(11):2.
[3] 于漪.于漪全集:第17卷[M].上海:上海教育出版社,2018:246.
[4] 于漪.在坚守中创造精彩[J].语文教学通讯:高中版,2005(6):3.

矻矻、坚持不懈地耕耘与求索,来构筑自己的这个梦想。从20世纪90年代以来,于漪撰写了多篇文章,谈教育自信力问题。她说:"我绝不会甘心让自己沦为西方教育理论的注脚。"于漪在《人民教育》上发表的文章,题目就是《以教育自信创建自信的教育》。我们中国人口这么多,地域这么广,地区差异这么大,我们有我们的教育目标和战略定位,国情不同,怎么能照搬照抄西方的经验呢?

(二) 格局·见识·洞察力

于漪人文主义教育教学思想批判性特征,其思维方式上的表现,在于其独特的格局、见识和洞察力。于漪首先是一位教师,一位终身从教的优秀教师。她的思想,是从丰厚的实践土壤中,经过漫长时间的培育而开放出来的花朵;她的话语,是从一个个生动的案例中提炼出来的,带着教育生活新鲜露水的智慧结晶。正因如此,于漪才成为一位名副其实的教育家。她的著述,迥异于那些醉心宏大叙事和追求体系建构的学院专家;她的身上体现出了作为教育家的一些鲜明特征,比如独立自由的思想,淡泊功利、宁静致远的定力,坚守教育根本价值的勇气,对教育问题的高瞻远瞩、深谋远虑的哲学思考,以及富有独特性、创造性和持久性的教育实践,还有堪称辉煌的教育教学成就。

作为终身从教的人民教育家,于漪人文主义教育教学思想的思维方式表现如下:

一是直面现场。这里的现场,既是于漪讲课、写文章或作演讲的需求背景,又是令于漪心绪难平的教育现实。我们的教育当然取得了不少成绩,但同时又乱象丛生,迷雾重重,比如西语肆虐、理念横飞、文化失语、价值缺位、功利至上、自信缺失、机械训练、目中无人,等等。对于这些突出问题,她不回避,不虚饰,而是直面矛盾,像鲁迅先生那样"揭开病苦,以引起疗救的注意";同时又发现亮点,坚定希望,指引教育教学的光明之境。她的每一篇文章,基本上都是对基础教育和语文教学的冷峻思考、理性批判、切实分析和中肯建议,表现出一种务实的精神、清醒的眼光、建设的热情。

二是富有洞见。于漪教育教学思想的说理方式,有分析,但绝不纠缠;有思辨,但绝不玄虚;有综合,但绝不笼统;有推理,但绝不枝蔓。她行文中不乏洋洋洒洒、娓娓道来的案例,也不乏对事理的阐述和解说,但在要害处总能三言两语,直击要害,兔起鹘落,绝不纠缠,有如醍醐灌顶,令人豁然开朗。这就是"洞见",一种清明的眼光,一种透彻的理性,一种瞬间爆发的清醒认识。这种境界,靠的不只是写作演讲的技巧,不只是语言运用的智慧,也不只是丰富的经验和阅历,更重要的是卓越的见识和过人的胆略。而这种见识和胆略,则是以丰厚的文化积淀、独立的思考方式、清醒的价值立场、高远的思想境界为基础的。

三是表达独特。于漪很多文章真的很难明确界定文体属性。且不说那些由演讲而整理出来的文章,即便是正式发表的很多论文,文体特征同样非常独特。它们既是论文又不像论文,既像随笔又不是随笔;有论文的理性深度,有散文的随意洒脱,有记叙文的生动鲜活,有的甚至还有报告文学般的丰富与张扬!记忆深处的精彩往事涌上心头,笔下便是情感的世界;往事退场,理性突入,笔下便是思想的战场。真不知道还有谁具有这样的气度,能够让思想在叙事、抒情、议论之间像她这样大开大合、自由流转。我们甚至可以说,于漪独创了教育教学思想表达的"于漪文体"。

(三) 抵达哲学的澄明之境

张汝伦先生曾著文指出,于漪人文主义教育教学思想有于漪自己的"教育哲学"①。此言得之。于漪教育教学思想能够达到令人听之有"如饮琼浆,如饮醍醐"的澄明之境,在于其基于深层的哲学思考。

哲学是什么?这是一个"大哉问",答案不一而足。但有一点是毋庸置疑的,那就是对根本问题的根本思考。而教育哲学,就是对教育根本问题的根本思考。把根本问题思考清楚,就牵住了教育的"牛鼻子",循此而下,则纲举目张,无往而不利。

---

① 张汝伦.人文主义的教育理念[J].上海教育,2019(1):16-17.

于漪经常说:"我这个人其实很简单。"而有时她又会说:"简单就是智慧。"这里的"简单",其实是很不简单的。要达到去除冗杂、直抵本质的哲学境界,哪里会那么简单就容易达到呢?比如她曾说过:"什么是教育?教育就是培养人;什么是中国教育?就是培养有中国心的人……教师靠什么,无权无势,只靠四个字:以身作则,这是我们的法宝。"①话说得简洁而又通俗易懂,还有比这更准确、更纯净的表达吗?恐怕很难了。

也许有人认为,于漪的表述"卑之无甚高论"。当前基础教育的很多问题,其根源也许恰恰就在这里,对于本原性问题思考不深,认识不清,理解不透,所以容易热衷于标新立异,或者被一些炫人耳目的新名词、新概念所迷惑,于是在认识上、行动上就容易出现偏差。而于漪的高明之处就在于,不管遇到什么问题,她都会回到教育的原点,牢牢地植根于教育"培养人"这一根本目的,由此延伸开去,在理论和实践两个层面构建起她的人文主义教育教学思想大厦。正如王阳明所说:"知者行之始,行者知之成。圣学只一个功夫,知行不可分作两事。"②其实真理往往非常朴素,而要真正把真理落实到行动上,做到知行合一,就不那么容易了。如果不能够在"行"上下功夫,我们在教育实践中就会失去主心骨,或者落得个鹦鹉学舌,拾人牙慧,没有自己的想法,或者只是偶尔中的,大多时候则不得要领。"子曰:道不远人,人之为道而远人,不可以为道。"③如果在教育之"为"(教育教学实践)的功夫上没有恒定的价值原则,往往就会在不知不觉中背离教育"立德树人"的初心和使命。于漪一直呼吁"教师要练好'立德树人'的大基本功",正是源于这种"知行合一"的哲学考量,也就是说,不仅要从思想上认识到"立德树人"的重要性,而且要在教育实践和行动中下真功夫,见真章。

于漪人文主义教育教学思想之所以能够达到这样的澄明之境,与她广博的学识、深度的教育实践和勤奋努力的学习品格密不可分,她"讲过近2000节省市级

---

① 于漪.于漪全集:第1卷[M].上海:上海教育出版社,2018:135.
② 王阳明.王阳明全集:卷一[M].北京:线装书局,2012:88.
③ 朱熹.四书章句集注[M].北京:中华书局,1983:23.

以上探索课、示范性公开课,其中50多节被公认为语文教改标志性课例"①,21卷近600万字的《于漪全集》是迄今为止唯一一部基础教育教师所出的全集,这些人所共知,毋庸赘述。需要特别关注的,是于漪的文化底蕴和哲学修养。

于漪有一篇文章,专论中国文化的精神。她深刻地认识到,中华文化,回顾过去,是博大精深;看未来,是澎湃发展。今天我们在传承历史文化的基础上,又要加以发展,因为时代在发展。中国文化与西方文化有很多不同的地方,其最基本最核心的特征,就是很强的人文精神。中国文化人文精神,第一个特点是尊重人,是对人的尊崇。第二个特点是重视人的修养,追求理想和人格的完美。第三个特点是宽容精神与博大胸怀。中国文化人文精神还有尚群的特点,崇尚群体,讲仁而爱人,不仅要爱自己,而且要爱别人。生命是生生不息、不断传承的,我们的文化也生生不息,它一代一代地培养着人,又由一代一代的人传承着。我们要把过去人类最好的东西,最精华的东西传给我们下一代,从而使中华文化更加优秀。② 正是源于对中华文化根本精神的深度体认,于漪才能站在文化的高度,站在民族文化传承发展的历史洪流中,对当今教育作出准确的思考和定位。

于漪一直重视作为教师的哲学修养,她不仅有很好的哲学修养,而且大力提倡教师学一点哲学,使教师拥有一颗哲学头脑。为此,她组织专家学者在《上海教师》的《于漪茶座》栏目里专门探讨这一问题,还特意撰写文章向教师发出呼吁。她说:"哲学的思维对教育工作者来说是一项基本功,没有这方面的修养,就难以成为一个合格的教师,更不要说是称职的领导了。"③"育人,还是育分,是教育者长期面临的一个重大问题。从哲学的视角看,'育人'是富有哲学头脑的思考,是抓住了教育的根本问题的根本思考。而所谓'育分',它说到底不过是衡量人的知识水准的一种手段。"④我们认为,于漪教育教学思想之所以

---

① 中央庆祝改革开放40周年表彰工作领导小组办公室.改革先锋风采录[M].北京:党建读物出版社,2019:9.
② 于漪.于漪全集:第1卷[M].上海:上海教育出版社,2018:198-206.
③ 于漪.于漪全集:第17卷[M].上海:上海教育出版社,2018:229.
④ 同③233-234.

是人文主义的,是因为她对教育的终极价值和根本目的的思考,其深厚的哲学修养是非常重要的因素。

四、通向人文主义理想教育建设

于漪人文主义教育教学思想是历史的产物,也是时代的产物,是我们中华民族教育传统在新中国这一特定时代背景下的延续和绽放。当前,在中华民族伟大复兴的时代命题面前,教育如何才能"五育并举",真正承担起培养新时代中国特色社会主义伟大事业的建设者和接班人的重任,我们每一个教育人,尤其是基础教育工作者都需要认真思考,躬身实践。而于漪以人为本的人文主义教育教学思想,对于贯彻落实"立德树人"根本任务和党的教育方针路线,无疑具有十分重要的学术意义和实践价值。因为,在教育进入核心素养时代,课程改革不断深化的当前背景下,"核心素养"的提出,意味着教育教学育人价值的庄严回归。于漪"目中有人""教书育人"的人文主义教育教学思想,对于学校办学如何贯彻落实"立德树人"根本任务,如何在核心素养视野下充分彰显各类课程的育人价值,无疑能够提供十分丰富的理论启示和实践参考。她的许多教育教学思想,对于当前教师正普遍感到困惑的学科核心素养如何落地的问题,不仅具有价值引领意义,而且具有极其丰富的方法论意义。

因此,我们应该在新的历史起点更加全面、完整地认识于漪教育教学思想的人文主义特质,更加深入、系统地开展实践探索,更加深刻、透彻地认识贯彻落实党的教育目标和教育方针与学习研究于漪教育教学思想之间互为表里、密不可分的内在联系,高举"五育并举"的人文主义教育旗帜,弘扬人文,改革弊端,以立足当下、面向未来的姿态,做绝不缺少人文精神的教师,培育有中国情怀、有世界视野、有文化格局、有科学精神的现代学生,让我们的教育秋水共长天一色,科学与人文齐飞。

后记

2020年9月5日,国家教育部教师工作司,中共上海市教育卫生工作委员会、上海市教育委员会,中共杨浦区委、杨浦区人民政府共同发起建设的"于漪教育教学思想研究中心"正式揭牌。

在揭牌仪式现场,有专家提议:于漪老师从事新中国基础教育工作70年,她将教育理想书写在中国大地上,用人生之卷记录了一名新中国教师的奋斗史,她的教育实践硕果累累,她的文章著述卷帙浩繁,提到于漪,人们就会肃然起敬,然而对很多人来说,对"于漪"的了解,还只停留在"旗手""楷模""先锋"等标签符号的层面,而对"于漪教育教学思想"却不甚了然。因此很有必要编写一本普及性、概述性的小册子,较为全面、系统地呈现于漪教育教学思想的全貌,同时也可以为相关的学习和研究提供较为全面的材料。

在上海市教卫党委、上海市教育委员会、上海市教育发展基金会的指导和支持下,研究中心组织了一支精干队伍,诚请鲐背之年的于漪老师亲自指导,正式启动了《于漪教育教学思想概要》的撰写工作。上海市教师学研究会会长陈军老师引领团队成员认真研读《于漪全集》,在系统深入学习的基础上,确定了《于漪教育教学思想概要》的编写原则和体例。我们认为,任何思想都是特定历史的产物,而每一段历史也都是那个时代的当下,并且必将以合乎其自身品性的方式而影响或昭示着未来,于漪教育教学思想当然也概莫能外。其思想形成的过程,勾勒出了于漪在教育发展的每一个历史阶段,直面教育的现实问题,坚持教育的理想向度,寻求破解难题的途径和方法,从而引领教育教学发展的清晰轨迹。因此,本着"尊重历史,立足当下,放眼未来"的原则,每一讲先以"思想旨要"的方式提炼于漪的核心观点和关键表述,继而通过"简明解读",梳理其思想的形成和发展过程,从学理层面对其思想观点展开探讨,揭示其在当下教育改革时代大潮中的现实意义与未来启示。

初稿形成后,上海市教师学研究会牵头邀请了王荣华、李骏修、冷家瑞、俞玲萍、王厥轩、凤光宇、华长庆、陆继椿、邢继祖、俞达珍、管彦丰、王明复、张中韧等学会历届老领导、老专家通读书稿,并开展了专题研讨。编写团队在充分吸纳他们宝贵意见的基础上,对原书稿进行深度修改,然后由出版社邀请郭景扬、李政涛、夏惠贤、王意如等专家进一步审读,编写团队再次修改后定稿。

本书的编写,既是一次学习于漪的过程,也是一次精神洗礼的过程。在这个过程中,于漪教育教学思想的学术能级所具有的那种震撼力量自不必说,就是每位审稿专家表现出来的专业高度和敬业精神,也每每令我们动容,其审稿之精细、建议之中肯、见解之高明,对于《于漪教育教学思想概要》撰写贡献良多。原上海市政协副主席、现任国家教材委员会专家委员王荣华同志,上海市教卫党委副书记、市教委主任王平同志欣然担任本书主编,具体指导编写工作;华东师范大学李政涛教授在审读书稿后,还积极撰写评述文章作为全书的阅读导引。对以上领导和专家的加盟助力特致谢忱。

本书由于漪教育教学思想研究中心组织编写,王荣华、王平担任主编,参与书稿写作的人员有:陈军(开篇)、李政涛(导语)、兰保民(第一讲、第十二讲)、谭轶斌(第二讲)、黄音(第三讲、第四讲)、孙宗良(第五讲、第十讲)、金薇(第六讲)、黄荣华(第七讲、第八讲)、马玉文(第九讲)、王友(第十一讲)。由于时间仓促，水平有限，本书虽然在编写过程中几易其稿，然而不足之处定然还有许多，我们真诚地希望这一抛砖引玉之作，既能够得到匡扶指正，又能够引发广大一线教师和教育工作者深入研究于漪教育教学思想的热情。

什么是于漪教育教学思想？说实在的，本书无意也不能提供唯一的、标准的答案。我们衷心希望每一位读者能从书里找到属于自己的答案。正如于漪老师所说：教育即人生，人生即教育。本书是一番对于漪教育教学思想内涵的探究，也希望能够成为——

一场时代与个人之间的深度对话，

一次探索教育本质和真谛的旅程，

一堂上到学生和教师心眼里的课，

……

编者

2021年6月

图书在版编目（CIP）数据

于漪教育教学思想概要 / 于漪教育教学思想研究中心组织编写；王荣华，王平主编. — 上海：上海教育出版社，2021.9（2024.6重印）
ISBN 978-7-5720-1098-9

Ⅰ.①于… Ⅱ.①于… ②王… ③王… Ⅲ.①于漪－教育思想－研究②于漪－教学思想－研究 Ⅳ.①G40-092.7

中国版本图书馆CIP数据核字(2021)第175950号

责任编辑　陈晓琼　向文祺　易英华
封面设计　陆　弦

于漪教育教学思想概要
于漪教育教学思想研究中心　组织编写
王荣华　王　平　主编

出版发行	上海教育出版社有限公司
官　　网	www.seph.com.cn
地　　址	上海市闵行区号景路159弄C座
邮　　编	201101
印　　刷	上海展强印刷有限公司
开　　本	700×1000　1/16　印张 15
字　　数	216 千字
版　　次	2021年9月第1版
印　　次	2024年6月第3次印刷
书　　号	ISBN 978-7-5720-1098-9/G·0859
定　　价	49.80 元

如发现质量问题，读者可向本社调换　电话：021-64373213